高等学校管理类专业互联网 + 新实践系列教材

山东省 2018 年省级教学成果奖一等奖

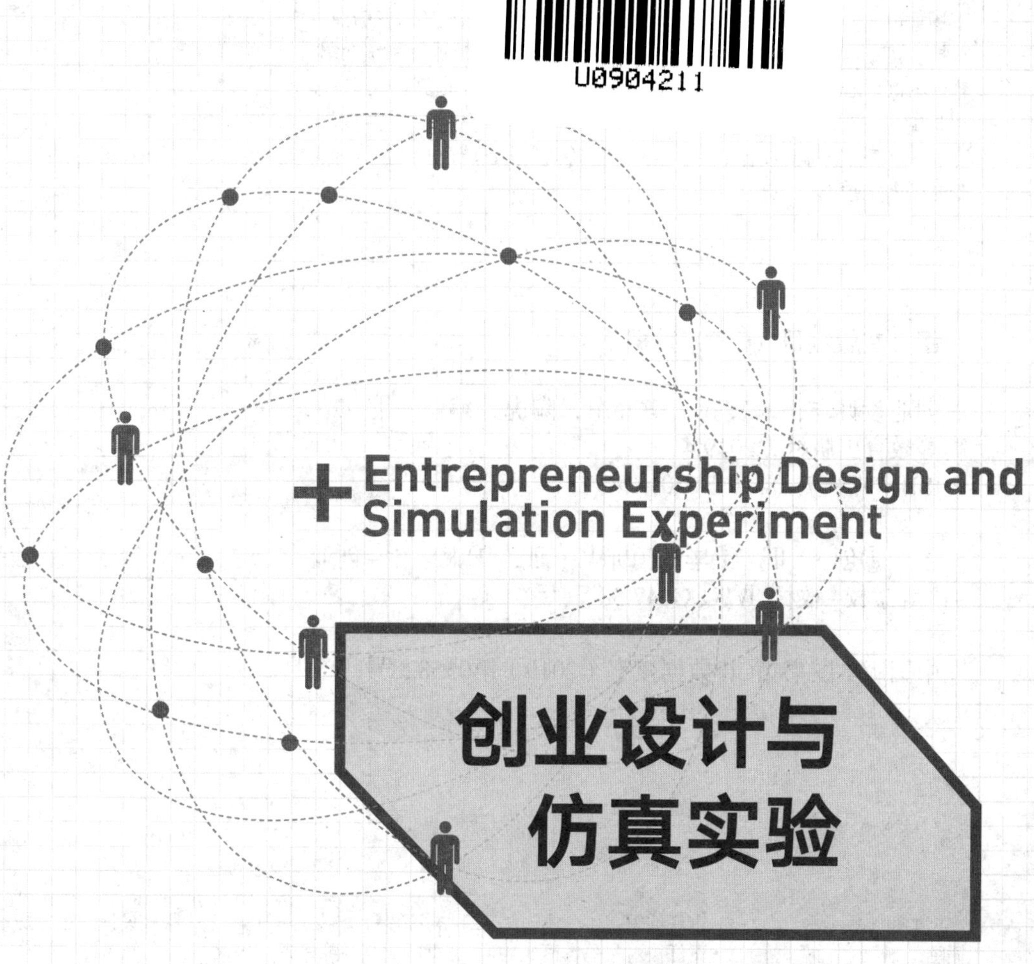

Entrepreneurship Design and Simulation Experiment

创业设计与仿真实验

主　编　毕继东　陶　虎

副主编　葛培波　费振国　李　斌

参　编（按姓氏笔画排序）

于　强　卞亚斌　夏兆敏

高等教育出版社·北京

内容简介

本书以企业价值链为逻辑主线，以创业企业仿真实验为基础，构建了创业理论与实践教学相结合的完整体系。书中既阐述了创业企业运营、市场营销、人力资源等方面的基本知识，为学生开展创业实验、培养实践技能奠定基础；又对仿真场景设置、教学运行等环节进行系统介绍，辅以案例讨论、示例、二维码扩展阅读等元素，从而帮助读者牢固掌握创业知识、提升创业技能。

本书适合高等院校各专业学生作为创新创业实训、企业经营管理实验课程教材使用。

图书在版编目（CIP）数据

创业设计与仿真实验 / 毕继东，陶虎主编. —北京：高等教育出版社，2019.4
ISBN 978-7-04-051650-0

Ⅰ. ①创… Ⅱ. ①毕… ②陶… Ⅲ. ①大学生–创业–高等学校–教材 Ⅳ. ①G647.38

中国版本图书馆CIP数据核字（2019）第055828号

策划编辑 牛 杰　责任编辑 牛 杰　封面设计 赵 阳　版式设计 于 婕
插图绘制 于 博　责任校对 马鑫蕊　责任印制 陈伟光

出版发行 高等教育出版社
社　　址 北京市西城区德外大街4号
邮政编码 100120
印　　刷 中青印刷厂
开　　本 787 mm×1092 mm　1/16
印　　张 15.5
字　　数 380千字
购书热线 010-58581118
咨询电话 400-810-0598
网　　址 http://www.hep.edu.cn
　　　　 http://www.hep.com.cn
网上订购 http://www.hepmall.com.cn
　　　　 http://www.hepmall.com
　　　　 http://www.hepmall.cn
版　　次 2019年4月第1版
印　　次 2019年4月第1次印刷
定　　价 39.00 元

物 料 号 51650-00

前言

随着互联网、大数据等现代信息技术不断取得突破，当今世界，正在经历一场更大范围、更深层次的科技革命和产业变革。教育领域中，一场信息化的颠覆性变革也正悄悄地发生着。互联网的发展打破了传统教育的一些局限，促使教育的方式变得多样化、自由化、多元化。基于联通主义理论和网络化学习的慕课，打破了学习的时空局限，让教育实现了开放和共享。

《国家中长期教育改革和发展规划纲要(2010—2020 年)》中把提高学生的创新精神和实践能力作为战略重点之一。2015 年 6 月，国务院《关于大力推进大众创业万众创新若干政策措施的意见》的出台，也为大学生创业提供了千载难逢的新机遇。2018 年 6 月 21 日，教育部在四川成都召开新时代全国高等学校本科教育工作会议上，坚持“以本为本”，推进“四个回归”，全面提高人才培养能力，造就堪当民族复兴大任的时代新人。2018 年召开的全国教育大会，强调要着重培养创新型、复合型、应用型人才。

基于对上述社会现实和政策背景的认识，我们认为培养大学生的创业意识、创新创业能力和实践能力是高等教育改革刻不容缓的任务之一。从 2012 年开始，山东财经大学就着手通过跨专业虚拟仿真实验培养学生的创新创业能力，并开设了“企业运营管理仿真综合实验”课程。经过 7 年多的教学实践，该课程已形成了多元融合的教学特色，教学范围也不断拓展，从最初覆盖 11 个本科专业，后又推广到 MBA 项目，目前已成为山东财经大学全校学生创新创业实训的必修课。结合多年来的教学实践和探索，我们组织全体任课教师编写了这本《创业设计与仿真实验》教材。

本书着力体现创业素质教育与能力本位的精神，立足于应用型、创新型、复合型人才培养，实现了创业理论和仿真实验的结合，提出了基于企业价值链理论的经管类跨专业仿真综合实验平台建设理念，并通过信息网络新技术、多样化教学评价等对实验课程的内容体系、教学组织、运行管理进行了富有成效的探索。本书特色主要体现在以下方面：

1. 创新创业混合式教学思路

本书结合教学实际，在学生创新创业素质和能力培养方面，体现了理论 + 实验，线上 + 线下的混合式教学思路。理论 + 实验的混合是指，首先通过创业理论的讲解，让学生熟悉从创业团队组建到后期企业运营所需的专业知识，再通过虚拟仿真实验让学生体验企业设立与运营的各类相关业务；线上 + 线下混合是指创业理论的讲解通过慕课在线学习来完成，虚拟仿真实验会结合现实场景和线下专题活动来开展。

2. 仿真实验混合式教学思路

虚拟仿真实验的混合式思路体现为：课内 + 课外，线上 + 线下。课内 + 课外的混合是指，在虚拟仿真实验启动与总结阶段，学生会集中在实验室进行，而软件业务运营环节，则打破时空局限主要在课外完成；虚拟仿真实验的线上 + 线下混合是指，一方面要通过软件进行线上的业务决策，另一方面也会安排实验室内外的线下专题活动贯穿课程的始终。

3. 图文并茂展示教学内容

本书的语言简明、朴实，内容丰富，深入浅出。一方面在各章节适当添加二维码教学资源，学生通过手机扫描，可以获取有价值的相关拓展资讯；另外在教学软件的介绍与操作展示方面，本书配以丰富的图片、图表，将主要的知识点与操作流程尽可能以直观明了的形式展现出来，以便于学生阅读、理解和掌握。

本书是在编写组 7 年多虚拟仿真实验教学的研究与实践的基础上完成的。多年来，编写组成员积极探索国内外创新创业、虚拟仿真实验教学的理论，并在教学中实践和完善。本书是山东省 2018 年省级教学改革项目《财经类创新创业实验课程混合式教学设计与实践》(M2018X167)；山东省 2016 年省级教学改革项目《延伸、对接与融合：经管类专业一体化实验教学体系综合改革研究》(Z2016Z035)；山东省 2018 年省级教学改革项目《“互联网 +”时代经管类专业虚拟仿真实验教学资源跨域共享模式研究——基于校校、校企协同的实践 》(Z2018S024)的阶段性研究成果。

本书的编写分工(按各章先后顺序)是：毕继东编写第一、第二、第十、第十一、第十二章；葛培波编写第三、第七章；费振国编写第四、第九章；于强编写第五章；卞亚斌编写第六章；夏兆敏编写第八章。

山东财经大学的陶虎教授、李斌副教授，多次参加编写组会议，对本书的理论架构和初稿给出了很多中肯的建议和具体的修改意见，这对于完善教材是非常有益的。毕继东、陶虎、葛培波在教学、科研任务繁重的情况下，审阅了全书，逐章提出具体修改建议，并补充、完善后定稿。

本书的编写过程中得到多方面的支持和帮助。感谢山东财经大学工商管理学院、实验教学中心、创新创业学院的各位领导和老师，他们在行政管理和实验教学方面给予了很大支持和帮助；感谢广西大学、西南财经大学等兄弟院校同仁，分享财经类虚拟仿真实验教学的宝贵经验，在课程设计与教学方面提供了有益的参考；感谢北京方宇博业在多年实验教学中给予的及时、细致的技术支持；感谢高等教育出版社在教材出版环节提供的大力支持；感谢山东财经大学参加过跨专业虚拟仿真实验的可爱同学们，你们课上的沉浸感与积极表现是我们不断前行的动力。

由于编者水平有限，本书难免有欠妥与不足之处，敬请广大读者批评指正，我们共同努力将使财经类虚拟仿真综合实验不断得到提高和完善。

毕继东

2019 年 1 月 7 日于泉城济南

目录

第一章 导论

本章导读

2018 年 9 月 10 日，习近平总书记出席全国教育大会并发表重要讲话，就加快推进教育现代化、建设教育强国、办好人民满意的教育做出全方位部署。讲话中的这些“数字”别有深意。(1) 强调 5 个“人”的工作目标：以凝聚人心、完善人格、开发人力、培育人才、造福人民为工作目标，培养德智体美劳全面发展的社会主义建设者和接班人，加快推进教育现代化、建设教育强国、办好人民满意的教育；(2) 明确 1 个“根本任务”：我国是中国共产党领导的社会主义国家，这就决定了我们的教育必须把培养社会主义建设者和接班人作为根本任务，培养一代又一代拥护中国共产党领导和我国社会主义制度、立志为中国特色社会主义奋斗终身的有用人才。(3) 围绕 1 个“目标”：要把立德树人融入思想道德教育、文化知识教育、社会实践教育各环节，贯穿基础教育、职业教育、高等教育各领域，学科体系、教学体系、教材体系、管理体系要围绕这个目标来设计，教师要围绕这个目标来教，学生要围绕这个目标来学。凡是不利于实现这个目标的做法都要坚决改过来。(4) 着重培养 3 种人才：着重培养创新型、复合型、应用型人才。

2018 年 10 月，教育部印发《关于加快建设高水平本科教育　全面提高人才培养能力的意见》等文件，决定实施“六卓越一拔尖”计划 2.0。强调以现代信息技术为支撑，创设线上线下、课内课外、虚拟与现实相结合的学习环境和机制，提高学习成效；强化实践能力和创新创业能力，培育科学道德、批判精神和创新精神，提升沟通表达能力和团队协作精神，造就敢闯会创、敢为天下先的青年英才。教育部早在《关于大力推进高等学校创新创业教育和大学生自主创业工作的意见》(教办〔2010〕3 号) 中就指出，在高等学校开展创新创业教育，积极鼓励高校学生自主创业，是深化高等教育教学改革，培养学生创新精神和实践能力的重要途径。大学生是创业的重要主体，大学生创业既是教育体制改革和高新技术产业跨越式发展的动力源，又可以为社会提供更多的就业机会。因此，培养大学生的创业意识和创业能力是高等教育改革刻不容缓的任务。

创业能力被联合国教科文组织列为继学术能力、职业技能之后,大学生应具备的第三种能力护照。美国作为创业教育的发源地,其创业教育在理论和实践方面都积累了丰富的经验,大学生创业型就业是美国经济发展的主要动力之一。法国也重视社会实践,注重培养学生面向社会的能力。2015 年 6 月,国务院《关于大力推进大众创业万众创新若干政策措施的意见》的出台,也为大学生创业提供了千载难逢的新机遇,各种优惠政策和措施将会造就更多的大学生投入创业的浪潮。

为促进大学生创业,许多高校开设创业学课程、成立创业指导中心与高科技创业园区,并采取具有鲜明学校特色的创业教育与服务措施,取得了积极的效果。如北京大学创立了包括融资服务、营销服务与管理服务于一体的 3M 创业模式,有效促进了大学生创业。复旦大学在设立创业学课程的基础上,成立了创业中心,对促进大学生创业发挥了积极的作用。中山大学通过举办创业大赛的方式,为大学生创业大赛优胜者提供场地的支持。其他高校也分别出台了相关优惠措施,有力地支持了大学生创业,在缓解大学生就业压力的同时,有效地提高了科技创新水平。

大学生创业除了面临资金、技术以及商业模式选择等问题外,对于创业企业所需的企业注册、管理、市场营销与资金融通等多方面知识也所知不多,在缺乏相应知识储备的情况下,仓促创业不仅难以融到必需的资金,而且在残酷的市场竞争中也将处于劣势。

为了给不同专业背景的创业人才提供一个弥补此类知识的平台,高校可以以创业企业虚拟仿真实验为基础,向学生展示现实经济环境的各类企业业务,给学生提供体验的同时,激发其学习的兴趣,培养其综合管理能力和创新精神。财经类仿真综合实验以价值链为逻辑主线,按照“内容模块化、场景仿真化、业务虚拟化、区划功能化”的思路,对实验教学内容、仿真场景布置、教学运行与管理软件、师资团队组建等环节进行系统设计,同时设置思维拓展、素质培养、能力提升等特色环节,辅以课堂教学、案例分析、专题讲座、参观实习等多种形式的创新教学方式方法。创业企业虚拟仿真实验教学环节可以包括:制造企业业务;市场监督管理局业务;税务局业务;银行业务;物流公司业务;商贸公司业务;媒体公司业务;管委会业务;等等。

第一节 创业的内涵

创业是创业者对自己拥有的资源或通过努力对能够拥有的资源进行优化整合,从而创造出更大经济价值和社会价值的过程。创业的内涵主要包括以下三个方面。

一、创业是一种生产活动

创业以提供产品或服务作为活动的直接结果。创业区别于一般的生产活动,在于它的发展特性。就创业本身来讲,既可以是从无到有的创造,也可以是现有基础上的革新。但不论是创造还是革新,独立地考察创业的内涵都是一个从无到有、从弱到强、从幼稚到成熟的过程,发展是创业最重要的特性,成功的创业都是快速、稳健的发展过程,维持创业企业的健康发展是创业重要而基本的任务。

二、创业是一种复杂的系统活动

创业的实现是一个复杂的系统过程，是一个由多个创业要素组成的复杂系统。创业者创立的企业是一个投入产出系统，即投入资源产出产品与服务，创业的过程就是不断地投入资源以连续地提供产品与服务的过程。能否以最少的资源获得最大的产出，使得企业具有竞争力并盈利，是衡量创业企业活动成效的标准之一。

三、创业是一种不断学习的过程

由于创业活动的模糊性、不确定性和风险性，创业者一开始就要注重学习，学习掌握市场规律，学习组织协调创业资源，学习生产经营管理，学习塑造企业文化等。成功的创业过程，必然是一种不断向社会和他人学习的过程。有作为的、与时俱进的创业团队，必然是一个学习型组织。

第二节 认识创业设计

一、创业设计的含义

创业设计旨在探索如何将专业知识与社会实践、创新思维完美结合。创业设计作为专业实践，主要强调实践性和运用性，即通过创业理念、知识和方法方面的训练，能具备编写一份基本完整的创业计划书或者商业计划书的能力，不断提高发现问题、分析问题的基本能力和素质，增强创业动机、创业兴趣和创业理想，做好创业的心理、知识、技能等的储备。

二、创业设计计划书内容

（一）计划摘要

创业设计的计划摘要浓缩了创业设计的精华。首先，要说明创业企业的思路、新思想的形成过程以及企业的目标和发展战略。其次，要交代企业现状、过去的背景和企业的经营范围。最后，介绍一下创业者自己的背景、经历、经验和特长等。在计划摘要中，创业者还必须回答下列问题：(1) 企业所处行业，企业经营的性质和范围；(2) 企业的主要产品；(3) 企业的市场、顾客及其需求；(4) 企业的合伙人、投资人；(5) 企业的竞争及其对企业发展的影响。计划摘要一般包括以下内容：创业企业介绍；主要产品和业务范围；市场概况；营销策略；销售计划；生产管理计划；管理者及其组织；财务计划；资金需求状况等。

（二）产品（服务）

在进行创业项目评估时，创业者最关心的问题之一就是，企业的产品、技术或服务能否以及在多大程度上解决现实生活中的问题，或者，产品（服务）能否帮助顾客节约开支，增加收入。一般地，产品介绍必须回答以下问题：(1) 顾客希望企业的产品能解决什么问题，顾客能从企业的产品中获得什么好处？(2) 企业的产品与竞争对手的产品相比有哪些优缺点，顾客为什么会选择本企业的产品？(3) 企业为自己的产品采取了何种保护措施，企业拥有哪些专利、许可证，或与已申请专利的厂家达成了哪些协议？(4) 为什么企业的产品定价可以使企业产生足够的利润，为什么用户会大批量地购买企业的产品？(5) 企业采用何种方式去改进产品的质量、性能，企业对发展新产品有哪些计划？等等。

产品介绍是创业设计中必不可少的一项内容。创业者要对产品（服务）作出详细的说明，说明要准确，也要通俗易懂，使不是专业人员的投资者也能明白。一般地，产品介绍都要附上产品原型、照片或其他介绍。通常，产品介绍应包括以下内容：产品的概念、性能及特性；主要产品；产品的市场竞争力；产品的研究和开发过程；发展新产品的计划和成本分析；产品的市场前景预测；产品的品牌和专利。

(三) 人员及组织结构

有了产品(服务)之后，创业设计的第二步要做的就是组成一支有战斗力的管理队伍。创业企业管理得好坏，直接决定了企业经营风险的大小。而高素质的管理人员和良好的组织结构则是管理好企业的重要保证。因此，创业者要特别注重对管理队伍的招聘和组建。

创业团队人员应该是互补型的，而且要具有团队精神。创业企业必须具备负责产品设计与开发、市场营销、生产作业管理、企业理财等方面的专门人才。在创业设计中，必须对主要管理人员加以阐明，介绍他们所具有的能力，他们在本企业中的职务和责任，他们过去的详细经历及背景。具体内容包括：公司的组织机构图；各部门的功能与责任；各部门的负责人及主要成员；公司的薪酬体系；公司的股东名单，包括认股权、比例和特权；公司的董事会成员；各位董事的背景资料。

(四) 市场预测

创业企业要开发一种新产品或向新的市场扩展时，首先就要进行市场预测。如果预测的结果并不乐观，或者预测的可信度让人怀疑，那么创业者就要承担更大的风险。因此，创业企业应尽量扩大收集信息的范围，重视对环境的预测和采用科学的预测手段和方法。首先市场预测要对需求进行预测：市场是否存在对该种产品的需求？需求程度是否可以给企业带来所期望的利益？新的市场规模有多大？需求发展的未来趋向及其状态如何？影响需求的都有哪些因素？其次，市场预测要对市场竞争情况——企业所面对的竞争格局进行分析：市场中主要的竞争者有哪些？是否存在有利于本企业产品的市场空间？本企业预计的市场占有率是多少？本企业进入市场会引起竞争者怎样的反应，这些反应对企业会有什么影响？等等。为此，市场预测应包括以下内容：市场现状综述；竞争厂商概览；目标顾客和目标市场；本企业产品的市场地位；市场区格和特征；等等。创业者应牢记的是，市场预测不是凭空想象出来的，对市场错误的认识是企业经营失败的最主要原因之一。

(五) 营销策略

营销是创业企业经营中最富挑战性的环节，影响营销策略的主要因素有：(1) 消费者的特点；(2) 产品的特性；(3) 企业自身的状况；(4) 市场环境方面的因素。最终影响营销策略的则是营销成本和营销效益因素。

在创业设计中，营销策略应包括以下内容：(1) 市场机构和营销渠道的选择；(2) 营销队伍和管理；(3) 促销计划和广告策略；(4) 价格决策。创业企业由于产品和企业的知名度低，很难进入其他企业已经稳定的销售渠道中去。因此，企业不得不暂时采取高成本低效益的营销战略，如上门推销、打商品广告、向批发商和零售商让利，或交给愿意经销的企业销售。

（六）制造计划

在寻求资金的过程中，为了增大企业在投资前的评估价值，创业者应尽量使生产制造计划更加详细、可靠。一般地，生产制造计划应回答以下问题：企业生产制造所需的厂房、设备情况如何；怎样保证新产品在进入规模生产时的稳定性和可靠性；设备的供应商及引进和安装情况；生产线的设计与产品组装情况；供货者的前置期和资源的需求量；生产周期标准的制定以及生产作业计划的编制；物料需求计划及其保证措施；质量控制的方法；相关的其他问题。为此，创业设计的生产制造计划应包括以下内容：产品制造和技术设备现状；新产品投产计划；技术提升和设备更新的要求；质量控制和质量改进计划。

（七）财务规划

财务规划需要花费较多的精力来做具体分析，其中包括现金流量表、资产负债表以及损益表的制备。流动资金是企业的生命线，因此企业在初创或扩张时，需要对流动资金有预先周详的计划和进行过程中的严格控制；损益表反映的是企业的盈利状况，它是企业在一段时间运作后的经营结果；资产负债表则反映某一时刻的企业状况，投资者可以用资产负债表中的数据得到的比率指标来衡量企业的经营状况以及可能的投资回报率。企业的财务规划应保证和创业计划书的假设相一致。事实上，财务规划和企业的生产计划、人力资源计划、营销计划等都是密不可分的。要完成财务规划，必须明确下列问题：(1) 产品在每一个期间的发出量有多大？(2) 什么时候开始产品线扩张？(3) 单位产品的生产费用是多少？(4) 每件产品的定价是多少？(5) 使用什么分销渠道，所预期的成本和利润是多少？(6) 需要雇用哪几种类型的人？(7) 雇用何时开始，工资预算是多少？为此创业设计中的财务规划一般要包括以下内容：(1) 创业计划书的条件假设；(2) 预计的资产负债表；(3) 预计的损益表；(4) 现金收支分析；(5) 资金的来源和使用。

第三节 大学创新创业教育的典型做法

创业教育概念的提出及创业教育的兴起有深刻的社会原因。随着国际经济形势的变化，在当前就业已成为制约各国经济发展难题的情况下，大企业不仅没有创造新的就业，反而制造了新的失业。与此同时，以高科技为主导、运行机制灵活、不断创新的中小企业迅速发展，它们的崛起不仅支撑了各国经济增长，而且为社会创造了更多的就业机会。而在中小企业的创业实践引发经济领域变革的过程中，创业的内涵早已不仅仅局限于新企业的建立，它已经成为一种思维方式和行动模式，作为一种整合的概念全面渗透到社会生活的各个领域。

创业教育可以看作通过教育培养创业意识，形成创业能力和技能，最终促成个体的创业行为。这种创业行为不仅指在新领域或新市场内开创式地自行从事商业活动的行为，也指在兴趣和就业压力等内外因的作用下，借鉴他人的商业项目自行创业的行为，同时也包括在已有组织内开拓自己事业的行为。为达成教育目的，创业教育要以培养创业精神和创新意

扩展阅读：创新创业教育实践的中国样本——党的十八大以来创新创业教育改革综述

识为重点，以培养创业能力、技能及执行力为落脚点，以最终形成创业行为，持续创造经济效益为归宿。

大学双创教育的本质并非只是解决就业问题，另一个更重要的目标是培养学生的创业意识与实践能力，塑造学生成为创新型综合人才；大学创业教育的范围不仅面向在校的本科、硕士和博士学生，还包括志在创业的毕业生群体。

一、美国创业教育

通过对美国大学生创业教育的研究，我们可以发现创业教育在美国已形成一个相当完备的体系：有系统的创业课程，稳定的创业教育教学和科研队伍；注重创业教育的实践性和应用性，注重学生就业观念的改变；有财力支持和社会保障。在创业教育的发展过程中更是形成了以百森商学院、哈佛大学等为代表的多种创业教育模式。因为这种相对成熟的创业教育和相对完善的创业环境，美国的大学生创业呈现出愈发繁荣的局面。这也为美国的经济增添了活力，创造了大量的就业机会。

1990 年以来，美国每年都有 100 多万家新公司成立，即平均每 250 个美国公民就有一家新公司。美国考夫曼企业家领袖中心在 1999 年 6 月的一份研究报告中显示，每 12 个美国人中就有一个人期望开办自己的企业；91% 的美国人认为，创办自己的企业是“一项令人尊敬的工作”。据麻省理工学院 1999 年的一项统计，该校毕业生已经创办了 4 000 家公司，仅 1994 年这些公司就雇用了 110 万人，创造了 23 220 亿美元的销售额。管理学大师彼得·德鲁克也认为：创业型就业是美国经济发展的主要动力之一，是美国就业政策成功的核心。

在美国，创业教育已经有 50 多年的历史，有些学校甚至以专注创业领域的研究教学作为学校的策略中心及竞争优势。它们重视理论联系实际，突出个性化教育，这些都直接或间接地促进了新型创业教育的发展，形成了富有特色的人才培养模式。

在创业教育开展最早和最为完善的美国大学中，百森商学院（Babson College）、哈佛大学（Harvard University）和斯坦福大学（Standford University）各有千秋，代表了美国高等院校创业教育的典型模式。

（一）百森商学院：培养创业意识为主

美国的百森商学院是全球创业管理教育和研究最著名的商学院，且始终是创业学领域的领导者。百森商学院和伦敦商学院共同承担一年一度的“全球创业观察”（GEM）研究，自 1981 年以来举办一年一度的百森—考夫曼基金创业研究会议，组织每年的全球创业研讨会。百森商学院的创业教育主要由创业教育研究中心承担，其宗旨是全力帮助学生发展创业导向的思维方式、进取心、灵活性、创造力、冒险的愿望、抽象思维能力以及视市场变化为商机的能力。其模式是通过创新性教学计划、外延拓展计划以及学术研究来支撑创业教育，倡导创业精神。例如，创业教育研究中心为本科学生设计了一个著名的创业课程教学大纲，由一系列必修课和选修课组成。不少课程极富特色，如“新生管理体验”课程，新生班级被分成若干小组，在教师指导下各组制定出创业计划，学校提供给每小组最多 3 000 美元的原始资本创办并经营新公司，公司在学年结束时清算，超过原始资本的利润成为大一年级学生开办慈善事业的基金。

（二）哈佛大学：培养实际管理经验为主

哈佛大学商学院认为，创业精神隐含的是一种创新行为，而不是一个特别的经济现象，或个人的特质表现。到 2001 年年底，哈佛大学商学院共开设了 15 门创业管理课程。哈佛商学院的优势在于针对创业管理建立完整的资料和案例库，为研究者提供良好的学习环境，是唯一为创业管理与创业教育研究发行期刊的院校。他们非常注重对学生创业意识、创业精神和创业技能的塑造和培养，如在“开创新企业”这门课中，着重探讨设立新公司时所需要的技能、技巧以及新企业发展的知识。学生们组成小组，由创意概念展开，进而完成一个设立新公司所需要的完整经营计划，并将计划付诸实施。通过这一完整过程的学习，学生可以学到创业理论，也能学习到具体的创业技能技巧，并能实践具体的创业行动规划。在“小企业的经营与成长”课程中则采用小组的个案教学法，个案由校友们在社会实践或工作中的经历汇总写成，重点探讨小企业生产与运作管理方面的问题，如怎样应对日常工作中的压力、如何研究拟订影响竞争优势的关键策略等，从而培养学生能够在苛刻的资源限制与不确定环境下追求创业机会，从容应对企业成长的挑战，有效回收创业成果。

（三）斯坦福大学：培养系统的创业知识为主

斯坦福大学商学院在强调实际管理经验的同时，也强调对经济、金融、市场运转等理论的长期研究。商学院共开设 17 门创业管理课程，除了提供许多有关创业财务筹资的课程外，也非常重视创业战略以及创业环境的研究，尤其是对创业过程中各阶段、各层面的策略与操作议题，以及产学合作、产业网络等环境方面的议题。作为著名的理工大学，斯坦福大学非常注重应用导向和学科间的优势互补，创业教育从创业者而非投资者的角度来规划创业个案，学生必须学会评估创业机会，并且结合个人能力、专业特长以及面对的外部环境，来采取具体的创业行动。比如，在课程设计上采取团队教学与两段式教学方式，由多元学科背景的学生组成团队，进行市场调研与分析，激发创意并设计产品，进而在实验室开发、生产制造其欲推向市场的产品。这种全过程参与有助于学生探讨和处理创业过程中所涉及的全部议题，全面了解如何将一个“点子”转变成为一个完整的企业，大大增强了学生的实际知识和技能。

二、英国创业教育

随着世界各国对创业教育的重视，创业教育也进一步发展壮大。欧美等国家的创业教育开始较早，并且已经取得了一些成绩；在英国，创业教育至今已经有 40 余年的历史，逐渐形成了一定的规模，深受社会各界的重视。创业教育的发展使得英国形成了创业型的社会环境。

英国高校创业教育主要分为两种方式：课内创业教育课和课外活动性质的创业教育课。

（一）课内创业教育课程

英国高校课内创业教育课程的主要形式是通过课堂传授创业教育知识，这样的教学方式有利于创业知识的系统传授，有利于学生快速、全面掌握创业的基本理论知识。课堂教学的目的就是使学生学习创业基础知识。在教学过程中，教师重视学生主观能动性的培养。主观能动性是学生今后创业活动必不可少的因素。

课堂教学分为必修和选修课程。必修课程是学生学习创业基础理论课程，使学生掌握创业的基本知识。选修课程是对创业基础知识的延伸，扩展学生的视野。在课内创业课程中，教师运用相关创业案例进行教学。案例既包括成功的案例，也包括失败的案例。这样有利于学生掌握创业的间接经验，也避免机械化教学，使学生在课堂中学习的知识能够更好地运用到实践中去。

（二）课外创业教育活动

从目前英国高校创业教育整体发展情况来看，几乎所有开展创业教育课程的学校都开展了相应的创业教育课外活动。课内教育和课外活动相结合，调动了学生参与创业活动的积极性。根据英国全国大学生创业委员会 2006 年的统计，英国高校开展的创业教育课外活动多达 24 种。其中，主要的课外活动有以下几种：

1. 学生社团创业部

创业教育活动和学生社团相结合，使得创业教育从课堂内扩展到课堂以外。社团一般要求大学给予资金支持，由所在大学创业中心资助或者由英国科学创业中心资助。社团成员会随着学生的入学和毕业不断地更换。要想了解创业活动的教师、学生、校友和创业家都可以参加社团创业部。在创业部，通常会举办互动性的活动，邀请当地知名人士与学生进行面对面交流，或者定期举办系列创业报告，传授创业知识。比如，格拉摩根大学（University of Glamorgan）学生社团创业部拥有的成员 300 多人，最初的创业交流活动为一周一次，随着创业需求的增加改为每周两次活动。活动的形式也多种多样，有讨论会、演讲会、报告等。其中最吸引人的是成功人士的创业演讲。

2. 创业大赛

创业大赛为创业活动最核心的部分，是大学作为创业课外活动的项目之一。有竞争才会有进步。创业大赛是发掘创业者潜在的能力。不同的学校对于创业大赛的要求不同。有的学校只要求学生提出创业想法，有的学校则要求学生模拟创办企业。在校本科生、研究生和参加工作的校友都可以参加创业大赛。大赛的奖金平均在 2 000～3 000 英镑。英国著名的谢菲尔德·哈勒姆大学（Sheffield Hallam University）每年举办创业大赛。大赛对所有在校大学生和毕业生开放，大赛提供奖金 4 000 英镑。从某种意义上说，在国际竞争日趋激烈的时代，创业大赛成为英国经济的重要驱动力之一。

3. 创业暑期学校

在暑期，英国各地高校会为创业者提供短期集中创业培训，申请参加暑期培训的学生需要提出一个创业案例或者与创业有关的资料。培训的时间为 3 天到 7 天不等，教学方式一般为谈话法、集中培训法或者是一对一的咨询。创业暑期培训的规模一般较小，通常班级人数在 40 人以下。学校会积极为学生联系企业家对学生进行创业指导。如谢菲尔德·哈勒姆大学每年都举办为期一周的创业暑期培训，为准备自己创业的学生和已经毕业的创业者提供他们需要的咨询和指导。

4. 大学生创业论坛

大学生创业论坛是创业教育课外活动的一种平台形式，为大学生提供更多的创业成长机会。杜海姆大学创业论坛中大学生创业成长论坛鼓励大学生到中小企业就业，鼓励学生积极参加创业活动，创办自己的企业。创业论坛定期开展活动，成员交流自己的经验，取长补短，以期更好地进行创业实践。大学生论坛促进大学生创业成长。

5. 学生创业实习活动

学校鼓励学生到中小企业实习，以培养学生的创业技能，使学生获得更多的创业能力。实习生在为企业带来利益、提高企业经济效益的同时，还增加了到中小企业工作经验。威尔士地区的就业中心每年都会安置高校学生在暑期到中小企业实习，实习的时间为 14 周，中小企业给学生一定的津贴。在实习期间，学生将他们所学理论运用到实践当中去，增强创业所需技能。

三、中国创业教育

中国著名教育家陶行知先生很早就开始倡导创新教育，他曾指出：处处是创造之地，天天是创造之时，人人是创造之人。现在，我国一些院校已经建有创新中心。我国的创业教育起于 1978 年规划的深圳特区，即以社会政策、法律法规为导向，结合市场和经济规律，是一种社会形式的创业教育。

高等院校中的创新创业教育始于 1999 年 1 月教育部公布《面向 21 世纪教育振兴行动计划》。该计划指出：要加强对教师和学生的创业教育，鼓励他们自主创办高新技术企业。同年，中共中央国务院下发《关于深化教育改革　全面推进素质教育的决定》中指出：高等教育要重视培养大学生的创新能力、实践能力和创业精神，普遍提高大学生的人文素养和科学素养。同年，清华大学举办创业计划大赛。这一年是创新创业教育源起之年。

2002 年，确定九所大学作为创业教育试点院校。随着党的十七大提出“建设创新型国家”和“促进以创业带动就业”的发展战略，创业教育也开始探索将创新和创业相结合之路。2005 年 8 月，共青团中央、全国青联与国际劳工组织合作开展 KAB 高校创业教育项目。2009 年 4 月 16 日，中国高等教育学会创新创业教育分会成立。2010 年，为宣传、研究和推广创新创业教育，由中南大学和创新创业学会联合创办了《创新与创业教育》期刊。

2010 年 4 月 8 日，教育部联合科技部印发《高校学生科技创业实习基地认定办法(试行)》的通知。2010 年 5 月 4 日，教育部发出的《关于大力推进高等学校创新创业教育和大学生自主创业工作的意见》提出“在高等学校开展创新创业教育，积极鼓励高校学生自主创业”，并从创新创业课程体系建设、创新创业师资队伍建设、创新创业基地建设等方面对省级教育行政机构、部属高校和国家级大学科技园区提出纲领性的创新创业教育建设意见。创新创业教育通过培养学生的创业意识、创业心理品质、创业能力、创业知识，将对社会、经济和个人的发展起到巨大的推动作用。教育部在政策性文件中，将创业教育拓展为“创新创业教育”理念和模式。这一文件的出台标志着创新创业教育由试点走向全面推广。

在高等教育领域，未来中国要打造五类“金课”：线下“金课”、线上“金课”、线上线下混合式“金课”、虚拟仿真“金课”和社会实践“金课”。在社会实践“金课”方面，鼓励老师和学生积极参加“青年红色筑梦之旅”活动，锤炼大学生意志品质，使大学生扎根中国大地了解国情民情，在创新创业中增长智慧才干。并且努力把“互联网＋”大学生创新创业大赛办成高等教育领域覆盖面最广、影响力最大的赛事，培养学生敢闯会创、爱拼会赢的意志品质和身心素质，提供让大学生展现自我、绽放青春的人生大舞台。

这一系列背景都推动着我国创业教育向新的阶段发展。

本章小结

本章首先分析了当前我国创新创业大背景，并指出高校创新创业教育的趋势和使命；其次分析了创业的内涵，即创业是一种生产活动、复杂的系统活动和不断学习的过程；再次分析了创业设计的含义及内容；最后针对大学生创新创业教育进行了国内外的比较分析。

复习思考题

1. 谈一下你对创业内涵的认识。
2. 创业计划书包括哪些内容?
3. 谈谈你对美国创业教育的认识。
4. 谈谈你对中国创业教育的认识。

案例讨论题

中国互联网大学生创新创业大赛

2015 年首届中国“互联网 +”大学生创新创业大赛，以“‘互联网 +’成就梦想，创新创业开辟未来”为主题，由教育部与有关部委和吉林省人民政府共同主办。大赛旨在深化高等教育综合改革，激发大学生的创造力，培养造就“大众创业、万众创新”的生力军；推动赛事成果转化，促进“互联网 +”新业态形成，服务经济提质增效升级；以创新引领创业、创业带动就业，推动高校毕业生更高质量创业就业。

首届大赛是根据习近平总书记系列重要讲话精神、李克强总理亲自提议举办的。总决赛前夕，李克强总理又对大赛作出了重要批示。要全面贯彻落实党中央、国务院决策部署，以提高人才培养质量为核心，以创新人才培养机制为重点，以完善条件和政策保障为支撑，促进高等教育与经济社会紧密结合，加快培养规模宏大、富有创新精神、勇于投身实践的创新创业人才，为建设创新型国家、实现“两个一百年”奋斗目标和中华民族伟大复兴的中国梦提供强大的人才智力支撑。

首届大赛掀起了大学生创新创业的热潮，进一步凸显了大学生中蕴藏的创新创业热情和生机，进一步明确了大学生创新创业所需的知识和能力结构，进一步坚定了深化高校创新创业教育改革的决心和信心。

2018 年 10 月 13 日，由教育部等 13 个部委和福建省人民政府共同主办、厦门大学承办的第四届中国“互联网 +”大学生创新创业大赛总决赛开赛。本届大赛以“勇立时代潮头敢闯会创，扎根中国大地书写人生华章”为主题，大赛于 2018 年 3 月全面启动。大陆(内地)共有 2 278 所高校的 265 万名大学生、64 万个团队报名参赛，超过以往三届的总和。经激烈角逐，共有 400 多支队伍参加总决赛。港澳台项目方面，共有近百个项目参赛，从中产生 20 支队伍参加总决赛。国际赛道方面，来自全球 50 个国家的 600 多支队伍参赛，最终 60 支队伍参加总决赛。

资料来源：网络相关报道.

问题：谈谈校内仿真实验与校外创新创业大赛在培养学生素质和能力方面的联系与区别。

第二章 认识虚拟仿真实验

本章导读

2018 年 6 月 21 日，教育部在四川成都召开新时代全国高等学校本科教育工作会议。在会议期间举行的“以本为本 四个回归 一流本科建设”论坛上，150 所高校联合发出《一流本科教育宣言》（又称《成都宣言》），提出培养一流人才，建设一流本科教育。

《成都宣言》强调发展素质教育，围绕激发学生学习兴趣和潜能深化教学改革，全面提高学生的社会责任感、创新精神和实践能力。深入推进“互联网＋高等教育”，打破传统教育的时空界限和学校围墙，以教育教学模式的深刻变革推动高等教育变轨超车。大力推动现代信息技术的应用，打造智慧课堂、智慧实验室、智慧校园，探索实施网络化、数字化、智能化、个性化的教育，重塑教育教学形态。加大慕课平台开放力度，打造更多精品慕课，推动教师用好慕课和各种数字化资源。

第一节 创业型人才培养如何创新

一、创业型人才培养模式创新

人才培养模式可以理解为：在一定教育思想和教育理论的指导下，为实现特定的培养目标（含培养规格），对人才培养活动全过程进行设计所形成的某种标准样式和运行方式，具有明显的系统性。

创业型人才是广博的知识和精深的专业水平的组合。创业型人才适应了当代科技迅猛发展、多学科交叉渗透的发展趋势。必须构建与创业人才培养目标相适应的人才培养模式。针对目前我国综合性应用型人才培养中存在的问题以及市场需要和学生的特点，在构建创业型人才培养模式的过程中，应注意以下问题。

（一）先进的办学理念是先导

任何改革都必须以理念作为先导。构建创业型人才教育模式，必须围绕人才培养目标，更新教育观念。为了克服传统教学模式的不足，要求教师在教学过程中采用全新的教育理念与指导原则，要强调人的价值，把增强人的主体意识、提升人的主体地位放在首位，重新确立学生在教育过程中的中心地位，彻底摒弃以教师为中心、强调知识传授、把学生当作知识灌输对象的传统教育思想与教学模式，真正实现互动式、引导式、启发式、讨论式课堂教学模式，保证大学生素质拓展目标的实现。

（二）强化师资队伍建设是关键

教师对教育、教师对大学的重要性，是一个古老而又常新的教育命题。一个学校只有拥有了一个领域的学术大师，才能使该领域以及学校在全国占有一席之地。造就一支高水平的师资队伍，已成为我国建设高水平研究型大学的关键。首先，要严把教师入口关。吸纳具备深厚的专业知识和从事科学研究能力强的教师执教，不仅能够以自己的专业知识教育学生，还能够始终站在学术的前沿，以一门学科的全部学术成就为依据来开展教学活动。其次，完善教师评价机制。应该给予教师全面、综合的评价，克服片面评价，这对提高教师的工作积极性起着关键性的作用。再次，要广纳贤才。向全国乃至全世界广纳人才，并且用最好的条件吸引优秀人才，因为从某种意义上说，一流的教师是迈向一流大学的前提和保障。最后，要力行教授上课。名教授、院士在学识和阅历等方面有着其他教师无法比拟的优势，让他们尽可能地给本科生上基础课，定能取得较大的成效。

（三）深化教学改革是重点

首先，改革课程体制，完善知识结构体系。依照“厚基础、宽口径、强能力、高素质”的原则进行课程改革。进一步改革人才培养方案，将课程结构简化，按照“通识教育基础上的宽口径的专业教育”的原则，调整各门课程的学分比例。其次，要改革教学方法和手段，提高教学质量。主要可以从以下四个方面着手：第一，采用启发式教学，加强学生在教学过程中的主体性。第二，采用探究式教学。通过整合课程内容，引导学生提出问题，养成批判性思维方式，从而开阔学科知识视野。第三，加强实践性环节教学。采用大量的案例、模拟、实训进行教学深化提升学生对本专业理论和实践的兴趣，保证学生动手能力的养成。第四，实行现代化教学。教师可以运用现代教育技术丰富教学表现形式，促进教、学互动。

（四）完善管理体系是保障

教学管理是教学建设中相当重要的一个环节，教学管理建设是人才培养模式改革与建设的保障。在培养复合型人才的过程中，要始终树立“质量第一”的观念，强化“质量是特色，质量是生命”的意识，创造一个有利于人才成长的学习环境，使其创造性地开展学习。

二、创业型人才培养中的体验式教学

（一）体验式教学法的含义

体验式教学法（Experiential Learning），就是指在教学过程中，根据学生的认知特点和教学内容，通过创造实际的或重复经历的情境和机会，呈现或还原教学内容，引导学生由被动到主动、由依赖到自主、由接受性到创造性地体验教育情境，使学生在亲历的过程中理解知识、掌握知识、发展能力的教学形式。

（二）体验式教学法的基本原理

研究表明：“阅读的信息，我们能记得 10%；听到的信息，我们能记得 20%；但所经历过的事，我们却能记得80%。”体验式教学法的作用机理来源于以上研究结论。正如华盛顿儿童博物馆墙上所写:I hear,I forget,I see,I remember,I do,I understand。

体验式教学法打破了传统的班级授课制组织形式，减少教师在课堂上的讲授时间，调动学生参与性学习的积极性，发挥学生体验感悟、自主探究的能动性，让学生在活动中学习，在主动中发展，在合作中增知，在探究中创新，从而培养出全面发展的人才。

(三) 体验式教学的特征

1. 亲历性

这是体验式教学的本质特征，体验式教学的另外两个特征皆由它派生。亲历不同于亲身经历，它包括:① 实践层面的亲历，即主体通过实际行动亲身经历某件事，比如学生在教学活动中行为的参与，包括主体扮演客体和主体不扮演客体两种情况;② 心理层面的亲历，即主体在心理上虚拟地“亲身经历”某件事，也包括两种情况:对别人的移情性理解、对自身的回顾与反思。体验式教学主张，在教学活动中学生不再是被动的知识接受者，而是从行为和感情上直接参与活动，通过自身的体验和亲历来建构知识。

2. 个人性

各个主体是存在差异的。各主体水平不一，兴趣爱好各异，对事物的理解不同，故其体验也各不相同。即便对于同一事物，不同的主体也完全可以以不同的方式去亲历，得到不同的认识，产生不同的情感。然而个人性的体验又是可以分享的。正因为主体的体验存在差异，他们之间才有交流和分享的必要和可能。不同的方式，不同的感受，不同的理解，经过交往和沟通能碰撞出心灵的火花。

3. 缄默性

体验是主体的亲历，意味着在场，主体从体验中获得的丰富的内心感受，对不在场的另一主体而言，有些成分是可以言说的，有的则只能意会、不可言传，这可称为“缄默性知识”。如审美体验就是这种情形，主体在观赏和享受美时，伴随着丰富的想象、热烈欢快的情感，产生的是深层次的、活生生的、令人沉醉痴迷而难以言说的内心感觉。

4. 寓教于乐

体验式学习为寓教于乐的研究开辟了新思路。“乐”并非教师单方面制造乐趣，而是学生主动体会到的乐趣。寓教于乐中的“乐”字应包含两层意义:一是指教师把传授的知识融入能激发学生兴趣的教学方法中去，尽量使教学过程像娱乐活动一样吸引人。二是指教师通过调动学生学习的积极性，将被动学习变成主动掌握，使学生明确学习的目的，并体验到学习的快乐。

(四) 体验式教学法的优点

1. 学生成为学习的主体

在体验式教学法中，学生是学习的主体。学生在情境再现中，再没有那种被动、压抑、被钳制的感觉;而是在体验中增强了参与学习的愿望与热情。渐进的探索，使学生的独特性、自主性得到高度发掘。体验式教学法变情节串讲为主动体验的发现式学习，使学生能从模拟情境等教学活动中，掌握学习方法和学习内容。

2. 教学方式灵活、丰富，富有创造性

体验式教学法变传统的“一言堂”式为学生为主体的对话式。对话是老师与学生、学生与学生、学生与书本之间的通道，通过相互交流，形成一种网络式的立体学习方式。在对话过程中，每个人的思维都处在活跃、开放的状态，学生在主动参与、积极体验过程中，会产生各种新奇的思想，增强自己的创造能力。

3. 学用结合

学以致用是传统教育的一个难题，原因之一是学生在校园中、教室里很少有应用理论知识解决实际问题的时间和机会。在教学中则表现为学生不了解在真实的环境中，书上的理论如何与现实的情况相结合，迷失了学习的方向，陷入了学习的误区。体验式教学法的优势在于，它为学生及时提供了一个运用所学理论知识的空间，使学习者能够在一定程度上进入实际的情境之中。

4. 有利于加快知识经验的转换

学生在课堂教学中不断接受知识、积累经验。但是这种知识和经验往往是平面的、抽象的，难以内化为学生独特的知识和经验结构。这就需要在认识主体与认识客体之间建立一个通道，这个通道就是体验。通过这个通道，认识主体就能够比较快地进到认识对象之中，从物境到情境，再到意境，有所感悟。也就是说，体验式教学法打破了传统教学法机械、孤立的学习状态，促使学生在解决问题时能综合运用已有的知识和经验，获得新的结果和感受。

5. 改善学生的学习态度

体验式学习要求学生发挥主动精神，对自己的学习负主要责任，真正成为教学过程的主体。如果没有学习者积极主动的参与，就不能产生任何体验，更谈不上学习过程的完成。这种主动学习精神的培养对学生一生都很重要。心若改变，你的态度跟着改变；态度改变，你的习惯跟着改变；习惯改变，你的性格跟着改变；性格改变，你的人生跟着改变。课程体系是对专业的直接界定，是学生知识体系结构的外在体现。复合型人才培养要求专业教育与一般教育的统一，学生技能培养与素质全面提高的统一。因此，建立基础化、综合化、结构化的课程体系，是复合型人才培养模式改革的核心内容。课程体系和教学内容改革要突破强调学科纵向知识系统性的传统教学观念，从专业知识的学科本位向社会需要本位转变，拓宽专业口径，丰富教学内容，建立起适应新时期需要的教学内容和课程体系。

构建科学、先进的教学内容和课程体系应本着“拓宽基础、强化能力、注重创新、加强素质教育”的原则，拓宽通识教育课程，夯实学科基础课程，精炼专业主干课程，灵活设置专业方向选修课程，努力完善实践教学课程。构建起通识教育课程（公共基础课程）、学科基础课程、专业主干课程、专业方向课程（组）和实践教学课程的科学合理的课程系统。

第二节 为什么进行虚拟仿真实验教学

一、现实背景

据 2019 年 2 月 CNNIC 第 43 次《中国互联网络发展状况统计报告》显示，我国网民规模达到 8.29 亿，普及率为 59.6%，其中手机网民占比为 98.6%。这使得网络社会融合发展，互联网应用技术商业化进程快速推进。

当前，我国高等教育步入大众化阶段，高校办学普遍由注重外延式发展转向注重内涵式发展。2007 年，经国务院批准，教育部和财政部开始实施“高等学校本科教学质量与教学改革工程”，从政策支持和资金资助等方面大力推进高等院校的实践教学改革以及人才培养模式的改革和创新。教育部等部门《关于进一步加强高校实践育人工作的若干意见》(教思政〔2012〕1 号)指出，实践教学方法改革是推动实践教学改革和人才培养模式改革的关键；要加强大学生创新创业教育，支持学生开展研究性学习、创新性实验、创业计划和创业模拟活动。2012 年教育部下发的《教育部关于全面提高高等教育质量的若干意见》(教高〔2012〕4 号)提出重点建设一批高校学生科技创业实习基地；完善职业发展和就业指导课程体系等。《山东省中长期教育改革和发展规划纲要(2011—2020 年)》提出，树立全面发展和人人成才的观念，整合实践教学资源，强化实践环节教学，培养大学生创新创业和实际操作能力。

总之，随着信息技术的迅猛发展，我们的经济结构在发生着变化，服务业在国民经济中所占比重越来越大，这对人才的需求提出了新的要求。对于培养具有高素质、全面发展的人才基地的高等院校来说，无论是教学模式、教学内容还是教学形式，都要相应地发生变革，这样才能培养出适合市场发展的优质人才。

国内高校在经济与管理学科仿真实践教学改革领域开展了如下有益的探索和实践：第一类，以 ERP 为核心的沙盘模拟教学、情境式实验教学、实训教学等；第二类，以各相关专业实验教学项目开发、储备为基础的超市型、即用即取型经济与管理学科综合实验教学平台设计；第三类，建立经济管理综合实验中心，整合各专业实验室资源，侧重从软硬件资源、师资资源到技术支持的全方位整合。上述研究和实践没有突破如下五个方面的瓶颈：一是普遍强调计算机模拟的作用，而忽视真实工作环境中学生心理、学习效率和综合素质的培养；二是缺乏动态性，重复使用静态实验数据，对学生的综合应变能力培养不足；三是缺乏真实的实践场景，难以激发学生的参与热情；四是评价标准单一，不利于培养学生的创新能力；五是单独设计实验项目，使得知识点之间、课程之间、专业之间处于封闭或半封闭状态，各专业、各课程之间不能相互渗透，这对于培养学生的综合能力和全局观十分不利，延宕了复合型、创新型人才培养目标的实现。

国际上高校管理仿真实践教学主要有模拟公司和 ERP 教学两种形式(鉴于国外 ERP 教学模式与国内相似，在此不再赘述)。模拟公司是指人为创造一种经济活动仿真模拟环境，以此作为经济管理类专业的实践教学场所和组织形式，模拟公司可以说是仿真实践教学的原型。学生在其中可经历全部业务操作过程，了解和弄清各环节之间的联系，而又不必承担任何实际的经济管理活动风险。仿真模拟时，除货物是虚拟的并且不发生实体位移外，其他如票据、账册、操作方式、核算办法等均按照现实经济管理活动的通行做法予以设计和运作。模拟公司起源于德国。德国著名教育家卡尔·F. 巴斯 1776 年提出：“让学生在教师指导下自主地选择一种活动和一种交易地点……每位学生将获得假想的资金和货物等。”20 世纪 80 年代后期，模拟公司在世界范围内得到了迅猛发展。1993 年 11 月，欧盟和德国北威州州政府自主建立了“欧洲模拟公司”网络，现已发展成为国际性协会，拥有 19 个成员协会国。

20 世纪 80 年代，商务模拟公司作为一种培训模式被引入中国，主要在职业院校进行推广。我国高校现有的“模拟公司”规模不一，档次不同，实践内容也各有侧重，在实践教学中取得了较大的成绩；但仍需加强师资队伍建设、提升操作规范性等。

综上，在实践教学中，主要存在两种类型的仿真型实践教学：情境仿真型实验教学和仿真软件应用型实验教学。前者主要通过设计真实管理场景，如人际沟通场景、对抗性沟通场景、谈判场景、团队沟通场景、拓展训练场景等，实地训练学生的沟通谈判能力；后者则主要应用计算机系统仿真原理和决策支持系统（DSS），对企业经营管理的各个环节、各个方面进行模拟仿真，将企业管理经营决策的信息、流程、方法和理论架构于信息技术和网络技术之上，创建一个形象、直观的企业管理经营决策模拟环境，让学生可以通过在计算机上进行事前的经营决策，适时地仿真出结果，并可互动性地调整决策，从而提高学生的决策能力，改善经营决策效果。但是，以上两种仿真实践教学模式彼此孤立，相互割裂，未能集成融合，在通过场景视觉形象刺激调动学生学习热情与通过角色扮演完成知识、能力、素质的习得与迁移之间，在生动活泼的角色互动与机械枯燥的人机对话之间缺乏有效的连接通道。

二、存在问题

（一）学生的实践能力、创新能力、创业能力培养不足

大学生创业，除了面临资金、技术以及商业模式选择等问题外，对于创业企业所需的企业注册、管理、市场营销与资金融通等多方面的知识也所知不多，且学校的实习实训难，在缺乏相应知识储备的情况下，仓促创业不仅难以融到必需的资金，而且在残酷的市场竞争中也将处于劣势。本教材构建了基于价值链的实验项目群，让学生在沉浸式、体验式、互动式氛围中参与商务环境、职场环境下的能力训练，强化实践能力、创新能力、创业能力。

扩展阅读：实习实训难 已成为影响高校人才培养的瓶颈

（二）理论教学与实验教学不能相互促进

经济管理类专业的传统教学重视理论教学和案例教学，实验教学作为补充，不能很好地反馈和改进理论教学，两者是单向的影响关系。本教材给学生提供了验证所学知识的机会，同时能够启发学生发现自身知识储备的不足，强化其进一步学习理论的意愿，从而实现了理论教学和实验教学的双向互动，相互促进。

（三）经济管理类专业壁垒不易打破

传统课程体系门类划分过细、过专，课程偏于专业，总量过多且内容有所重叠，导致学生无暇涉猎专业以外的领域，学科视野不够宽广、底蕴不足、创新能力不强。本教材消除了经管类不同专业之间的知识壁垒，将各个专业涉及的上下游岗位串联起来，可由不同专业的学生分团队参与实验，通过相互学习，进一步弥补学生创新创业能力的缺陷。

（四）学生缺乏学习的主动性和积极性

传统课堂灌输式理论教学，使学生被动地接受知识，教学过程的参与性低，最终导致学生学习的主动性和积极性有待提高。本教材通过构建仿真教学环境，广阔、弹性的实验教学内容，学生主体教师指导的方式，可以提高学生学习兴趣和学习意愿，从而强化学生的学习主动性和积极性。

三、开设虚拟仿真实验教学课程

课程公众号：创业设计与实验

综上所述，在高校开展虚拟仿真实验教学，既符合现实需要，也具有技术和社会的可能性。如山东财经大学等高校针对经管类专业存在的上述问题，提出了多元融合的跨专业综合仿真实验教学理念，借助方宇博业等公司的软件平台，正式开设了经济管理类跨专业虚拟仿真综合实验课程——企业运营管理仿真综合实验，打造了互联网 + 创新创业的教学特色。

第三节　创业设计与仿真实验的教学设计

一、课程设计原则

本课程以学生创新创业能力培养为目标，在教学内容、教学方法、考核机制、教学团队等方面实现多元融合，形成了仿真性、职场化的实验教学特色。教学内容的多元融合构建了基于商务运行环境的实验项目群；教学方法的多元融合表现为线上线下混合教学；考核机制的多元融合整合了过程与结果、个人与团体等评价方式；教学团队实现了跨专业的多元融合。

仿真综合实验课程是以创业企业岗位所需要的职业能力要求为依据，以工作过程为主线，以工作项目为核心，将职业技能和能力培养所涉及的理论知识、应用知识、工作过程知识、操作技能有机结合的集中实验课程。

仿真综合实验课程具有以下鲜明特点：系统综合性强、关联集成度高、程序规范性好、模拟职业性强、动态性与完整性好、仿真性与实用性强、现代教育技术手段突出、自主学习性高以及开展综合业务实训的总体思路。仿真综合实验课程的开发遵循以下原则：

（一）综合性与集成性原则

综合性与集成性是融专业基础理论、专业知识、基本技能、专业技能和职业素养于一体，以工作岗位群之间相互关联的业务过程为主线，体现出全面、系统、综合的原则。

在若干专业各自综合自己实验内容的基础上，还应该进行专业之间实验内容的集成。这种集成可以促使各个专业的综合业务实验之间相互配合、相互制约、相互促进。还应该体现出业务与管理的综合与集成。

仿真综合实验不仅要求业务上的训练，而且要求专业之间实验内容的集成，同时让学生考虑如何设置业务岗位、如何完善管理制度、怎样突出团队精神、怎样与他人和其他部门协调沟通以提高工作效率和工作质量等管理方面的内容。

（二）仿真性与实用性原则

为了突出实验特色，虽然仿真综合实验内容不可能完全是真实的，但是一定要保证模拟仿真性好、实用性强。实验的内容与做法要尽可能地贴近实际和现实情况，要设置“真实”的岗位、流程，设计严格执行“真实”的制度、规范、条例的方法，准备各类“真实性”的软件、数据、资料、合同、单证、账表、票据、图章等。如在处理一单出口业务的业务流程中，让学生以一名模拟的创业企业的业务员身份开展业务；按照银行业务的实际要求设置储蓄员、出纳员、会计记账员、会计复核员、同城清算员、会计主管等岗位；按照企业会计部门的实际情况设置财务经理、出纳、费用会计、存货会计、固定资产会计、工资会计、成本会计和总账会计等岗位，组织学生扮演各类会计人员，熟悉各个岗位的工作内容与要求。

（三）动态性与完整性原则

静态性的实验往往导致内容比较简单，不完整、不系统，层次低、机械式的训练比较多，灵活性、应变性的训练比较少。因此，仿真综合实验内容要设计做一单完整的业务流程或一个完整的业务周期，实现动态连续，以保证训练内容的完整。同时，要设计使训练的情景有较大的灵活性，以训练学生的应变能力和灵活处理业务的能力。

（四）技术手段现代化原则

当前在经济管理领域，各项业务的操作手段都已向计算机化、信息化、网络化、电子化方向发展。因此在仿真综合实验中应尽可能地运用这些现代化的技术手段和方法，这样不仅可以提高实验的效率，而且也能使学生在今后工作中很快加以应用。

（五）辅助指导性与自主积极性原则

对于这种综合性的实验课程，一定要改变以往教师讲，学生照葫芦画瓢的做法，要给学生较大的自由度和发挥的空间。教师通过设置场景和要求，由学生自主地发挥积极性，创造性地去完成工作任务。

教师主要是起到教学设计与组织、指导、监控（激励、答疑、纠错）和评估的作用。从以教师管理为主转向以学生自我管理、自主管理为主，教学活动的教学设计与组织、指导、监控（激励、答疑、纠错）和评估学生的学习活动主要由教师来承担，具体学习活动的策划、组织与实施则主要由学生学习小组来承担。这样有利于发挥学生的主动性和创造性，有利于教师分别指导和因材施教，提高实验的质量和效果。

二、实验平台建设

（一）实验平台内涵

伴随社会经济的日新月异，人才培养的模式也在发生着改变，高校人才培养的现状已经落后于社会经济的发展，需要进行新的变革和探索。综合实验平台就是在这样的双重变革中根据需要而产生的，它以软件平台的形式固化综合实习教学并持续改进提高。

因此，我们给综合实验平台的定义是，一套仿真经济环境的经营模拟演练教学平台。它依托院校的基础硬件进行仿真环境设计，以企业经营与管理为主旨，采用信息技术建立软件对抗演练环境，开展宏观微观分析，进行多组织对抗、多人协同的模拟经营和业务运作，通过与虚拟环境中的不同对象进行交互作用和影响，产生“沉浸”于等同真实环境的感受和体验，从而训练学生在真实环境中运用已经掌握的专业知识，并在模拟与现实接轨的基础上实现最真实化的实习。

（二）综合实验平台内容

仿真综合实验是基于企业价值链理论的仿真实训项目，整合了企业管理、市场营销、会计、金融、物流、政务服务等多方面的知识，将各个专业涉及的上下游岗位串联起来，使学生形成立体化的知识和能力，是跨学科、跨专业的综合型、设计型、创新型实验大平台。该仿真实验模拟的岗位包括生产制造型（商贸型）企业等核心企业及市场监督管理局、税务局、商业银行、会计师事务所、第三方物流企业、招投标中心、服务型公司等外围服务企业。学生通过企业设立、产品决策、市场决策、销售决策、管理决策及模拟与市场监督管理局、税务局、银行和第三方物流企业等业务往来，较好地将理论知识和企业实操业务结合起来。

仿真综合平台采用连续集中、分散集中、半集中教学形式，通过博弈、实景、角色扮演、协作、讨论、激励、验证等多种教学方法，完成从企业经营到供应链竞合与服务业协同的仿真环境实习，从知识、能力、职业素养三方面进行综合评价，最终形成各阶段实习成果（见图 2-1）。

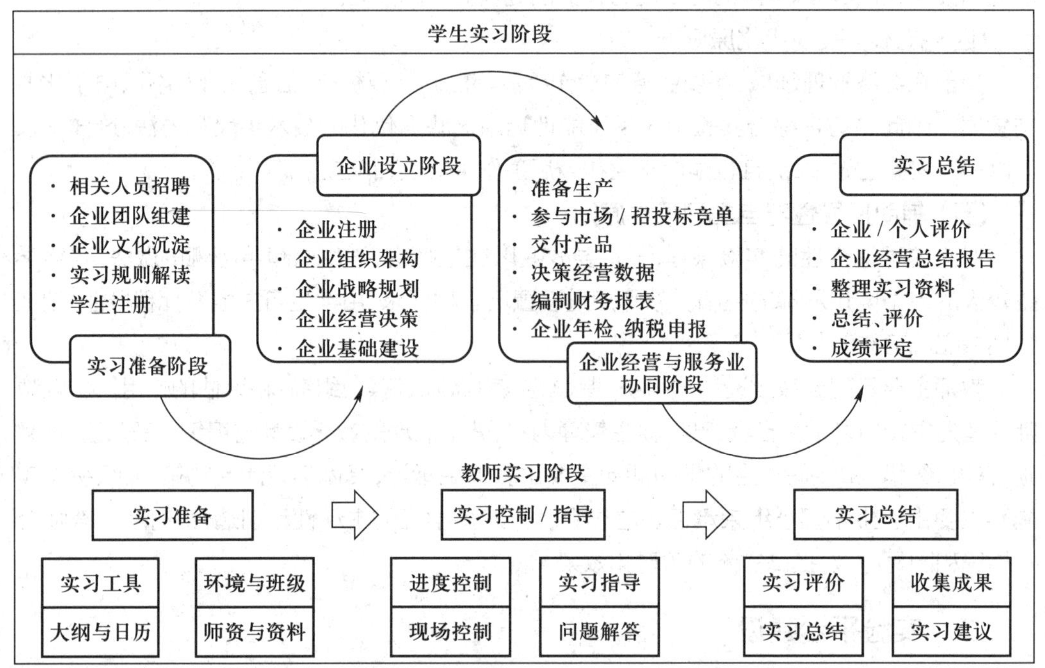

图 2-1　创业仿真平台各阶段内容

（三）实验平台主题选择

由于创业内容的复杂性和丰富性，建设仿真综合实验平台必然面对系统性和复杂性的问题。一方面，从无到有地进行综合实验平台的建设需要全面的资源支持，而且在平台建成后复杂系统的应用也将是一个难题；另一方面，由于目前各个院校的培养目标及教学目标不同，对内容要求有所侧重，所以显而易见的结论就是平台建设应该有主题、有方向。依据产业划分及院校的学科分类，综合实验平台主题可以有现代服务业综合实验、现代制造业综合实验等，随着平台建设的发展，主题也必将不断丰富和完善。

1. 现代服务业综合实验

现代服务业不同于传统服务业，它已经成为我国国民经济的重要产业和经济发展的新增长点，而且由于高人力资本含量、高技术含量和高附加价值（简称“三高”）的特征，对人才有着特殊的要求。以现代服务业为主题的综合实习是符合现阶段国情的一大特色。

自大学扩招以来，扩招的学生大量集中在经济类、管理类专业上，这部分人才走向社会就业主要集中在现代服务业机构中，以现代服务业为主题的综合实验是目前就业创业教育的一个可行方法。

2. 现代制造业综合实验

随着当代信息技术、先进制造技术和全球化的发展,制造业的发展技术、发展模式发生了较大的变化。现代制造业是相对于传统制造业来说的,前者对信息化水平、企业的组织形式、经营的开放性与全球性、企业的研究开发能力与产品的技术含量都有较高的要求,对制造业的从业人员也有了更新的要求。高等院校作为人才输出的重要机构,有产学研多方面的任务,以现代制造业为主题开展教学、科研是高等院校与时俱进的体现,现代制造业综合实验更是教学的一大主题活动。

三、课程教学方式

本课程的教学目的是:① 使具有不同专业背景的学生在系统学习本专业知识之前,有一个全面触摸现代企业的核心业务环节和功能的机会,并通过企业业务流程模拟竞争,使学生了解企业管理、市场营销、会计、金融、物流、政务服务等多方面的知识;② 训练学生在面对多变的企业经营环境、众多竞争对手情况下,制定正确的决策,实现企业持续发展的战略目标;③ 通过学生之间的互动,培养学生的团队合作精神;④ 使学生熟悉工商管理、市场营销等各学科的知识,并增强其面对复杂环境的分析、判断和应变的能力。具体的教学方式包括:

(一) 线上线下融合的教学方式

本课程教学包括在线慕课学习、见面课指导和仿真实验教学三部分。仿真实验教学按照虚拟仿真、虚实结合的原则,塑造线下职场情境和线上虚拟商务情境。线下职场情境依托仿真场景化实验室;线上虚拟商务情境依托软件系统,构建了“互联网 +”的教学模式。课程教学通过采取线上和线下相结合、虚拟流程与实务操作相融合的方式,引导学生在仿真的商务环境下完成多岗位角色扮演。

(二) 多指标融合的学生考核

本课程构建了过程考核与结果考核相结合、教师考核与学生自我考核相结合、团队考核与个人考核相结合、履行岗位职责与特别贡献相结合的多维度、全方位、动态化的评价考核机制,并在创新意识、专业知识、组织协调、团队协作和职业技能等方面对学生进行多点、多方位的评价。

(三) 多专业融合的教学组织

本课程打破传统高校专业教学中按专业门类分别授课的壁垒,实现跨专业集中授课;根据现实企业经营环境,设计实验项目群,让不同专业学生承担实验的不同岗位,既能发挥各专业优势,又能实现跨专业协作。

(四) 多学科融合的教学团队

本课程需要组建一支多元化的教学团队,由具有不同学科背景的专任教师和思政教师组成,才能满足跨专业教学与实验的需要。

四、课程教学内容

(一) 模拟企业基本环境

现代服务业环境下的现代制造业已经不再像传统制造业一样封闭,对信息化水平、企业的组织形式、经营的开放性与全球性、企业的研究开发能力与产品的技术含量都有较高的要求。我们假定本系统模拟的行业是一个从生产技术水平相对较低向研发、生产高技术产品发展的行业，行业技术进步快，所生产的产品正朝着多功能、复合化、轻便化、智能化和品位化的方向发展，产品应用范围广，在模拟的时候可以将具体产品限定在某一特定领域，甚至是某几种代表性的产品上，以便具有可操作性。

基于此，我们选择手机制造业作为本制造业经营模拟的行业，以手机作为产品。制造企业可以生产多种手机产品，各种类型手机产品的原材料不尽相同。

在模拟初期我们设定企业是一家新成立的企业，在成立初看到行业里的市场，由一位创业者一步步把公司组建起来，拥有了自己的管理团队和创业资金。需要管理团队建立各项制度，并在产品研发、市场开发、生产设施建设方面努力，开始一家企业的运营。

生产制造企业创造初始，将获得股东 1 000 万元资金投资，资金比较充裕，企业的成立与运转靠企业管理层在调查研究的基础上，在产品研发、市场开发、生产设施建设等方面做出科学决策，使企业能在短短几年时间里发展壮大。

（二）实验教学环节

1. 慕课在线学习

山东财经大学已在智慧树平台上线“创业设计与实验”慕课。慕课内容包括：虚拟仿真实验启动、实验团队的组建、初创企业的建立、生产运营管理、市场营销管理、人力资源管理、外部商务服务机构设立、企业经营专题活动、实验软件规则、实验软件演示、实验常见问题解答等。

2. 实验启动见面课

包括实验教学动员和团队组建两方面。实验教学动员涉及：讲解仿真实验背景与必要性、实验教学内容、实验教学日程安排、实验教学考核等（时长 1 小时，采取网络直播形式，向本学期课程所有授课对象开放）；关注创新创业学院和本课程公众号；建立实验班级群。团队组建主要包括：竞选模拟机构负责人、现场招聘会、公司筹备；模拟团队展示，介绍公司的理念、发展战略等；网络注册账号等。

3. 虚拟仿真实验

虚拟仿真实验打破时空限制，在第一次见面课注册完账号后，后续企业运营业务通过在线经营完成，经营周期为 2 个模拟季度和 10 个正式季度，时长为两周。模拟季度持续两天，后续一天一个季度，每天晚上 20:30 转入新的经营季度。本课程以企业价值链为基础，对现实商务运行主体机构、工作岗位、业务流程进行了虚拟化、模块化、系统化梳理，创新性地构建了以生产制造业为核心、政务服务机构和商务服务机构为外围的仿真教学内容体系。实验设计了制造企业、市场监督管理局、税务局、商业银行、物流企业、招投标中心、商贸公司、媒体公司等机构。

4. 实验总结见面课

实验总结见面课包括优秀模拟团队评选和团队路演两方面。优秀模拟团队评选包括优秀制造企业评选和优秀服务机构评选两部分。制造企业以经营业绩为评价指标，服务机构以机构互评作为评价指标，现场颁发荣誉证书；团队路演（每个团队 7 分钟，采取网络直播形式，向本学期课程所有授课对象开放），主要介绍实训过程，对经济环境、企业经营管理等的认识，心得体会与经历分享等。

五、课程成绩考核

实验课的成绩根据慕课学习、慕课答题、仿真实验业绩、团队互评、考勤、实习报告等方面综合进行评定。实验课成绩评定采用百分制，兼顾过程评价和结果评价。过程评价主要涉及实验过程中各专项活动的得分及考勤情况，结果评价包括机构经营绩效、组织机构互评成绩和教师的评价等内容。各指标的权重的确定，一方面兼顾每项活动的开展质量，同时适当加大结果指标的权重。课程考核成绩 = 慕课成绩（30%）+ 考勤成绩（10%）+ 实验业绩（40%）+ 实习报告（10%）+CEO 评价（10%）。

本章小结

本章从分析创业型人才培养问题入手，探讨了创业型人才培养的模式以及体验式教学的价值；其次在现实背景及存在的问题分析基础上，回答了为什么进行虚拟仿真实验教学；再次具体分析了“创业设计与仿真实验”的教学设计，包括课程设计的原则、仿真综合实验平台建设、实验教学的方式、实验教学的内容及学生实验成绩的考核等内容。

复习思考题

1. 谈谈你对体验式教学的认识。
2. 仿真综合实验课程的设计原则有哪些？
3. 谈谈你对仿真综合实验课程的具体学习方式的认识。

案例讨论题

中国“金课”要具备高阶性、创新性与挑战度

2018 年 11 月 24 日举行的第十一届“中国大学教学论坛”上，教育部高等教育司司长吴岩表示，课程是人才培养的核心要素，是教育的微观问题，解决的却是战略大问题。课程是“立德树人成效”这一人才培养根本标准的具体化、操作化和目标化，也是当前中国大学带有普遍意义的短板、瓶颈和关键所在。

究竟什么样的课是“金课”？我们应该打造什么样的“金课”？如何打造“金课”？吴岩在此一一给出解答。

“两性一度”，这是吴岩所提出的“金课”标准，即高阶性、创新性、挑战度。所谓“高阶性”，就是知识能力素质的有机融合，是要培养学生解决复杂问题的综合能力和高级思维。所谓“创新性”，是指课程内容要反映前沿性和时代性，教学形式呈现先进性和互动性，学习结果具有探究性和个性化。所谓“挑战度”，是指课程有一定难度，需要跳一跳才能够得着，老师备课和学生课下有较高要求。相反，“水课”是低阶性、陈旧性和不用心的课。

打造什么样的“金课”？吴岩提出了建设五大“金课”目标，包括线下“金课”、线上“金课”、线上线下混合式“金课”、虚拟仿真“金课”和社会实践“金课”。打造“金课”，要充分重视课堂教学这一主阵地，努力营造课堂教学的热烈氛围。要合理运用现代信息技术手段，积极推进慕课建设与应用，开展基于慕课的线上线下混合式教学。要抓好虚拟仿真实验实训项目建设，开辟“智能 + 教育”新途径。要抓实两堂社会实践大课，一个是有温度的国情思政金课，即“青年红色筑梦之旅”，另一个是有激情的创新创业“金课”，即中国“互联网 +”大学生创新创业大赛。

如何打造“金课”？吴岩强调要调动各方积极性，为建设中国“金课”提供五大保障，包括政策保障、组织保障、机制保障、评价保障和经费保障。建设中国“金课”，没有旁观者，都是建设者。“金课”建设要在文、理、工、农、医类全面精准发力，特别要在“新工科、新医科、新农科、新文科”建设中率先发力。要做好实施一流课程“双万计划”建设，以 1 万门国家级和 1 万门省级一流线上线下精品课程建设为牵引，打造一大批国家“金课”和地方“金课”。展望未来，如果我们建设了两万门中国“金课”，让“金课”异彩纷呈、多种多样，我们就可以说有了提高人才培养质量的杀手锏，有了实现学生更好发展的金钥匙，从而让三个“一去不复返”变成现实。

问题：

1. 你认为中国“金课”可以解决高校人才培养中存在的哪些问题？
2. 你如何规划自己的大学学习计划？

第三章 实验团队的组建

本章导读

雁群在天空中飞行，一般都是排成人字阵或一字斜阵，并定时变换位置。生物学家研究后认为，雁群这一飞行阵势是飞得最快、最省力的方式，因为它们在飞行中后一只大雁的羽翼，能够借助于前一只大雁的羽翼所产生的空气动力，使飞行省力，一段时间后，它们交换左右位置，目的是使另一侧的羽翼也能借助于空气动力缓解疲劳，雁阵能取得比具有同样能量而单独飞行的大雁多飞 70% 路程的良好效果。管理学将这种有趣的雁群飞翔阵势原理形象地称为“雁阵效应”。这说明加入一个团队，团队成员密切配合，可以产生 1+1 > 2 的效果，从而大大地提高效率。

第一节 如何设计岗位

岗位是组织要求员工个体完成的一项或多项任务及赋予个体的权力的总和。简单地说，一个岗位就是指由一个人所从事的工作。一个组织要高效地开展工作，实现组织战略目标，就必须首先设计好工作岗位。

一、岗位设计应遵循的主要原则

（一）目标任务原则

岗位是为了实现特定的目标任务而存在的，不管什么行业、什么单位，必须遵循这一原则。要明确每个岗位的目标是什么，使岗位目标具体化、明晰化，岗位任务量化，杜绝岗位重叠、人浮于事、效率低下等现象。

（二）分工协作原则

分工协作指组织内部既要分工明确，又要互相沟通、协作，以达成共同的目标。组织按照职能、流程、产品或服务、区域、客户专业化要求，设计组织架构和岗位，把组织的任务、目标分成各个层次、各个部门以及各个岗位的任务和目标，同时也要明确各部门、各岗位间的协调关系与配合方法。要做到分工不分家,相互支持,相互配合,产生 1+1 > 2 的效果,形成合力。

(三) 责权对等原则

有权无责,必滥用职权;有责无权,必难尽其责。组织的每一个岗位的责权是对等的,必须保证组织中的每一个岗位拥有的权力与其承担的责任相称,责权相等是发挥组织成员能力与积极性的必要条件。

(四) 因事设岗原则

设置岗位既要着眼于企业现实,又要着眼于企业发展。应从适应企业发展战略需要出发,参照同行业先进标准,总结以往设岗经验,科学分析组织性质、规模、工作量和管理幅度,合理确定岗位,明确岗位职责,做到有事有岗有责,而不应因人设岗。

(五) 精简高效原则

以效率为前提,保证每个岗位满负荷工作,发挥岗位的最佳效能。能以少量岗位满足需要者,不多设岗位,不交叉设岗和重复设岗。根据实际工作需要进行优化调整,达到岗位职责明确,各岗位协调、规范、有序,发挥最佳整体效益。

二、制定明确的岗位职责

(一) 明确岗位职责是关键

法国人瑞格曼(Ringelman,1913)做了一个拔河比赛的实验。他要求被试者分别在单独的与群体的情境下拔河,同时用仪器来测量他们的拉力。结果发现随着被试人数的增加,每个被试者平均使出的力减少了。1 个人拉时平均出力 63 千克;3 个人的群体拉时,平均出力是 53.5 千克;8 个人时是 31 千克。这种现象被称为社会惰化或社会浪费,和我们所说“一个和尚挑水吃,二个和尚抬水吃,三个和尚没水吃”是一个道理。

造成社会惰化的原因很多,其中一个重要原因是责任分散。管理实践中,岗位职责不明确,也是造成推诿、扯皮、摩擦、内耗、效率低下的重要原因。所以,明确岗位职责十分重要。

美国社会心理学家津巴多(Philip Zimbardo)曾经做过这样一个实验。他们把两辆外形抢眼的敞篷汽车拉下敞篷、取下车牌,分别放到繁华的纽约和西海岸一个小城市。结果发现,在纽约这个繁华都市来来往往的行人就像展开了一场拆车大赛,纷纷停下来卸走车上的东西。而在帕洛阿尔托这个人口稀疏的小城市,实验人员的摄像头整整监视了一个星期都没有人“下手”,有一天下雨,还有人将车盖拉上了。最后当津巴多把车开回去时,竟然有热心人报警说有人偷车。研究者认为,对于纽约这样人口密度大的城市来说,“责任分散”是造成上述现象的原因之一。

在岗位设计工作中,明确岗位职责的重要性具体表现在:

(1) 只有明确岗位职责,才能充分发挥岗位职能,提高工作效率。

(2) 只有明确岗位职责,才有可能减少推诿、扯皮等现象。

(3) 只有明确岗位职责,才能有效地规范、引导、激励员工的行为。

(二) 制定岗位职责

(1) 每个岗位都应制定明确的岗位职责。

(2) 岗位职责应明文规定,每个员工都知晓并做出承诺。

(3) 岗位职责必须全面、准确、清楚、具体。

例 3-1

人力资源部经理的岗位职责

(1) 在公司经理的领导下,全面负责和主持人力资源部工作。

(2) 参与制定人力资源规划,为公司人力决策提供人力资源建议和信息支持。

(3) 依据公司的年度经营目标及经营计划,拟订公司年度人力资源管理目标与年度工作规划,确保人力资源规划目标及行政后勤管理目标的达成。

(4) 依据公司的经营目标及经营计划,负责设置企业组织机构,进行公司各岗位的定岗定员定编,进行职位分析,明确各岗位权、责、利及任职资格要求。

(5) 负责公司目标管理绩效考核的推行,并不断完善绩效管理体系;与财务部及各相关职能部门完成对各部门、各岗位、各员工的工作业绩量化考核;督导人力资源专员及时收集各部门及各岗位与目标管理绩效考核有关的年、季、月、周、日报表等。

(6) 建立并执行公司的薪资、福利制度。

(7) 依公司经营发展战略的人力需求,开发短、中、长期人力资源,合理调配公司的人力资源。

(8) 建立规范化的招聘系统,并实施各类管理、技术人员的招聘工作。

(9) 建立并实施培训系统及编制、实施年度培训计划;外部培训机构及培训课程的评定与选择;协助员工建立职业生涯规划。

(10) 人事政策制定与修改,人事规章制度的规划、制定、修订,使员工管理有章可循。

(11) 各类人事表单及人事工作流程的制定、修订及呈报。

(12) 深化与宣传公司企业文化,将企业文化落实到企业管理制度与管理规范中;营造积极向上、团结友爱、协作忠诚的企业文化氛围。

(13) 负责组织公司管理标准、规章制度的拟订、修改和编写工作。

(14) 协助、督促各部门制定与公司人力资源管理政策、制度匹配的各项管理措施。

(15) 培训各部门各级主管掌握人力资源管理知识、技能,站在人力资源的角度管理下属。

(16) 负责贯彻落实国家、省有关劳动人事、工资保险、员工培训等方面的法律、政策和规定,注重对公司人力资源管理工作的宏观控制。

(17) 负责安排、协调、控制部门内部工作,解决处理疑难问题,并实施检查、监督和奖惩。

(18) 处理劳资纠纷和员工投诉。

(19) 组织完成公司领导交办的其他工作。

三、制定岗位的任职资格条件

(一) 制定岗位任职资格条件的原因

(1) 为岗位选聘合适的人才提供基本依据。

(2) 做到人与事有机匹配,人尽其才,物尽其用,提高工作效率。

(3) 为员工培训、职业生涯规划和职位晋升提供指导。任职资格为员工的能力发展提供了"看得见"的阶梯,不同的岗位任职资格不同,高等级岗位任职资格要求也相应提高。员工为了职业发展和职位晋升,就会按照高等级岗位的任职资格要求,不断提高自己的能力素质,从而促进员工的职业发展。

(4) 这是加强岗位管理,实现岗位管理规范化、科学化的必然要求。

(二) 岗位任职资格条件一般包括的内容

一般来说,任职资格应包括以下内容:所学专业、学历水平、资格证书、工作经验、必要的知识和能力以及身体状况。需要强调的是,不管任职资格包括什么内容,其要求都是最基本的,即承担这一职位工作的最低要求。

例 3-2

某公司财务主管岗位的任职资格条件

(1) 财务、会计、工商管理、金融、投资或经济学等专业本科以上(硕士以上学历者优先)。

(2) 有 5 年以上财务管理工作经历。

(3) 熟悉财务管理细节、工作流程、业务、文件处理。

(4) 年龄 35 岁以下,身体健康。

(5) 具有上市公司资本运作或财务会计工作经验者优先,具有注册会计师或注册审计师资质者优先。

(三) 岗位任职资格条件的制定

(1) 在工作分析的基础上制定。岗位任职资格是工作说明书的重要内容。工作说明书是经过工作分析而形成的规范性文件,是在经过对岗位的性质、内容、职责、工作环境和工作条件系统、科学分析基础上制定的。工作分析又称职位分析、岗位分析或职务分析,是对组织中某个特定职务的设置目的、任务或职责、权力和隶属关系、工作条件和环境、任职资格等相关信息进行收集与分析,并对该岗位的工作做出明确规定的过程。

(2) 结合本单位的实际情况、国家和行业的有关规定制定。国家和行业的硬性规定是必须遵守的,例如,电焊工必须持有焊工证书;司机不能是色盲,同时必须持有相应车型的驾驶执照。

有些企业在建立任职资格体系过程中照搬一些领先企业或者规模比较大的企业的文件,没有根据自己的实际情况进行二次开发,结果造成脱离企业实际,中看不中用。

(3) 采用判断的方法,就是根据实际的情况或者主管人员的经验判断来确定任职资格要求。一般来说，与工作内容有关的要求，如专业、学历水平、身体状况等，可采用该法来确定。

(4) 首先设定影响工作绩效的要素，然后利用统计分析的方法验证这些要素与绩效之间的关系，依此来确定任职资格要求。与工作绩效有关的内容，如能力、知识、素质等，应当通过该法来确定，但是由于该法比较复杂，实践中应用较少。不过随着人力资源管理在我国的深入发展，使用该法来确定任职资格越来越普遍。

(5) 任职资格体系的建立是一项复杂的工作，有必要进行统一规划、系统设计。而且，伴随着任职资格体系的建立，相应的激励体系也要随之建立，甚至有可能涉及组织结构的调整、工作内容的重新分配。而这些，往往是部门层面无法独立完成的。因此，任职资格体系的建立是公司层面的工作，要统一规划，要成立专门的工作小组，加强领导。否则，就会造成思想、方法的差异，力量的分散，导致最终结果事倍而功半。

四、实验平台中相关团队的岗位设置

本仿真综合实验是基于企业价值链理论的仿真实训项目，整合了企业管理、市场营销、会计、金融、物流、政务服务等多方面的知识，将各个专业涉及的上下游岗位串联起来，使学生形成立体化的知识和能力，是跨学科、跨专业的综合型、设计型、创新型实验大平台。该仿真实验模拟的岗位包括制造企业和商贸企业等核心企业及市场监督管理局、税务局、商业银行、会计师事务所、物流企业、招投标中心及其他管理服务机构等外围服务组织。学生通过企业设立、产品决策、市场决策、销售决策、管理决策及模拟与市场监督管理局、税务局和物流企业等业务往来较好地将理论知识和企业实操业务结合起来。

(一) 制造企业的岗位设置

制造企业的岗位主要包括总经理(CEO)、生产部经理、采购部经理、市场部经理、销售部经理、企业管理部经理和财务部经理等。

(1) 总经理(CEO)的岗位职责主要是：制定发展战略、竞争格局分析、经营指标确定、业务策略制定、全面预算管理、经营团队建设与管理、企业绩效管理、业绩考评管理等。

(2) 生产部经理的岗位职责主要是：生产设备管理、产品研发管理、固定资产投资管理、生产计划编制、生产能力管理、生产车间管理、产品质量保证和库存管理等。

(3) 采购部经理的岗位职责主要是：采购计划编制、供应商谈判、采购合同签订、采购过程监控、到货验收、仓储管理、与财务部协调、与生产部协同等。

(4) 市场部经理的岗位职责主要是：市场开拓与市场投资、市场调研、广告宣传策略制定等。

(5) 销售部经理的岗位职责主要是：产品销售管理、销售计划制定、订单争取与谈判、销售合同管理、销售绩效分析等。

(6) 企业管理部经理的岗位职责主要是：人力资源管理、员工招聘与培训、薪酬预算与控制、绩效考核、员工激励、人力资源管理制度建设、信息化管理制度建设、质量管理体系认证等。

(7) 财务部经理的岗位职责主要是：公司财务管理、日常财务记账和登账、税务部门报税、财务报表提供、日常现金管理、企业融资策略制定、成本费用控制、资金调度与风险管理、财务制度与风险管理、财务分析与决策等。

(二) 商贸公司的岗位设置

商贸公司的岗位主要包括:总经理(CEO)、采购部经理、市场部经理、销售部经理、企业管理部经理和财务部经理等。商贸公司与制造企业的岗位设置基本相同,各岗位的职责也相似,在此不再赘述。

(三) 银行的岗位设置

银行的岗位主要包括行长、贷款专员、柜台职员等。

行长的岗位职责主要是:发展战略制定、金融政策分析、经营指标确定、业务策略制定、管理制度制定、绩效考评管理、风险控制管理、授权与总结管理等。

贷款专员的岗位职责主要是:信贷调查、贷款业务洽谈、账户信用管理、贷款业务与还款业务管理、日常工作总结等。

柜台职员的岗位职责主要是:日常业务办理、转账业务办理、结算业务办理、业务咨询、日常工作总结。

(四) 市场监督管理局的岗位设置

市场监督管理局的岗位主要包括局长、设立专员、市场监督专员等。

局长的岗位职责主要是:管理制度、考核方案、工作计划的制定及法规宣传、管理与总结等。

设立专员的岗位职责主要是:企业注册登记、指导商标注册、申诉受理、日常工作总结等。

市场监督专员的岗位职责主要是:市场监督、日常工作总结等。

(五) 税务局的岗位设置

税务局的岗位主要包括局长、设立专员、纳税专员等。

局长的岗位职责主要是:管理制度、考核方案、工作计划的制定及税收政策学习并宣传、法规宣传、管理与总结等。

设立专员的岗位职责主要是:企业注册登记、企业纳税监督、企业税务指导、日常工作总结等。

纳税专员的岗位职责主要是:税款征收、税务审查、减免税办理、日常工作总结等。

其他机构的岗位设置与岗位职责不再一一列举。

第二节　如何做好招聘

人力资源是企业最重要的资源,企业的竞争就是人才的竞争。所以,做好员工招聘工作,对于促进企业发展具有十分重要的意义。同时,员工招聘对于稳定员工队伍、控制人工成本、树立企业形象等也有助益。

应从以下几个方面做好员工招聘工作:

一、坚持招聘的原则

(一) 坚持因事择人原则

所谓因事择人,就是员工的招聘应以实际工作需要和岗位空缺情况为出发点,根据岗位对任职者的资格要求选用人员,也就是要按需招聘。这就首先要求做好招聘需求分析,招聘需求分析是整个招聘活动的起点。

招聘需求分析包括数量(空缺岗位)分析和质量(岗位的任职资格)分析两个方面。要分析是否真正的岗位空缺。当工作任务增加,感到人手不足时,是否可以通过提高工作效率、加班、工作外包等方式解决。如果这些都不能解决时才可确定为岗位空缺。按照岗位的任职资格条件,确定招聘录用标准,严格按照招聘录用标准组织招聘,宁缺毋滥。可招可不招时尽量不招,可少招可多招时尽量少招,一个岗位宁可暂时空缺也不要让不合适的人占据。需求分析也要考虑未来发展对人才数量和质量的要求,做好必要的人才储备。

(二) 坚持公开、公平、公正原则

公开就是要公示招聘信息、招聘方法,这样既可以将招聘工作置于公开监督之下,防止以权谋私、假公济私的现象,又能吸引大量应聘者。公平、公正就是确保招聘制度给予合格应聘者平等的获选机会。

(三) 坚持以德为先原则

司马光曾说:“才者,德之资也;德者,才之帅也。”从古至今,我国大多是倡导“德才兼备,以德为先”。周公力主“惟听用德”,孔子强调“为政以德”,司马光提出“取士之道,当以德行为先”。所以,在企业招聘中,应坚持以德为先的原则。

扩展阅读:用好以德为先的“试金石”

(四) 坚持竞争择优原则

竞争择优原则是指在员工招聘中引入竞争机制,在对应聘者的思想素质、道德品质、业务能力等方面进行全面考查的基础上,按照考查的成绩择优录用员工。要做到德才兼备者重用,有才无德者慎用,无德无才者不用。

(五) 坚持效率优先原则

效率优先原则就是用尽可能低的招聘成本录用到适合岗位需要的最佳人选。

二、制定招聘计划

招聘计划一般包括以下内容:

(一) 确定招聘的数量与录用标准

考虑目前和长远发展需要,经过招聘需求分析,确定招聘数量和录用标准。

(二) 确定招聘的时间

招聘工作本身需要耗费一定的时间,再加上选拔录用和岗前培训的时间,因此,填补一个职位空缺往往需要相当长的时间。为了避免企业因缺少人员而影响正常的运转,企业要合理地确定自己的招聘时间,以保证及时填补职位空缺。

例如,企业计划在未来 6 个月内招聘 30 位销售人员,根据以往的经验,在招聘广告刊登 10 天内征集求职者的简历,面试 5 天,面试后需要 5 天做出录用决策,得到录用通知的人需

要10天做出是否接受工作的决定，接受职位的人需要10天才能到企业报到。按照这样估计，企业应在职位出现空缺之前40天就开始进行招聘。

（三）确定招聘的地域范围

一般来说，范围越大，效果相应也会越好，但是随着范围的扩大，企业的招聘成本也会增加，因此对于理性的企业来说，招聘的范围应当适度，既不能太大也不能太小。在确定招聘范围时，通常需要考虑以下两个主要因素：一是空缺职位的类型。一般来说，层次较高或性质特殊的职位，需要在较大的范围内进行招聘；而层次较低或比较普通的职位，在较小的范围内进行招聘即可。二是企业当地的人力资源市场状况。如果相关职位的人员供给比较少，那么招聘的范围就要扩大；相反，在本地进行招聘就可以满足需求。

（四）招聘渠道的选择

招聘的渠道有内部招聘与外部招聘。内部招聘有竞争上岗、岗位轮换等办法。外部招聘有网络招聘、校园招聘、人才招聘会、猎头招聘等办法。

网络招聘是一种新兴的招聘方式。它具有费用低、覆盖面广、时间周期长、联系快捷方便等优点。用人单位可以将招聘广告张贴在自己的网站上，或者张贴在某些网站上，也可以在一些专门的招聘网站上发布信息。网络招聘由于信息传播范围广、速度快、成本低、供需双方选择余地大，且不受时间、空间的限制，因而被广泛采用。当然也存在一定的缺点，比如容易鱼目混珠、筛选手续繁杂，以及对高级人才的招聘较为困难等。

校园招聘包括在学校举办的毕业生招聘会、招聘讲座等。学校是人才高度集中的地方，是组织获取人力资源的重要源泉。对于大专院校应届毕业生招聘，可以选择在校园进行。校园招聘的优势有：组织可以在校园中招聘到大量的高素质人才；大学毕业生虽然经验较为欠缺，但是具备巨大的发展潜力；由于大学生思想较为活跃，可以给组织带来新的管理理念和新的技术，有利于组织的长远发展。但是，校园招聘也存在明显的不足之处：学校毕业生普遍缺少实际经验，组织需要用较长的时间对其进行培训；新招聘的大学毕业生无法满足组织即时的用人需要，要经过一段较长的相互适应期；招聘所费时间较多，成本也相对较高；在大学中招聘的员工到岗率较低，而且经过一段时间后，离职率较高。

在企业制定招聘计划时，到底应该选择何种招聘方式，选择内部招聘还是外部招聘渠道呢？这主要取决于企业的招聘需求，也要考虑内部招聘和外部招聘的效率比较。内部招聘与外部招聘各有优缺点。

（1）内部招聘的优点：① 对员工产生激励作用，增加员工对组织的忠诚和归属感，激励基层员工努力工作，从而有利于员工队伍的稳定。② 所获得的人员的素质比较可靠。③ 晋升者或调职者能在较短的时间内熟悉工作。④ 降低激励成本。

（2）内部招聘的缺点：① 容易造成近亲繁殖。② 容易加剧组织内部的权力斗争。③ 具有向外部市场传递人才信息的效应，使能力强的人增加跳槽的资本。④ 选择范围较小，往往不能满足组织的需要。

（3）外部招聘的优点：① 候选人员来源广泛，挑选余地大。② 能够带来不同的价值观以及新观点、新思路、新方法。③ 不但能在某种程度上缓解内部候选人竞争的矛盾，还能为组织补充没有复杂背景的员工，避免组织形成小圈子。④ 无形中给组织原有员工施加压力，使其形成危机意识，激发其斗志与潜能，形成“鲶鱼效应”。⑤ 企业可以借此宣传企业文化，树立积极进取、锐意改革的优良形象。

(4) 外部招聘的缺点：① 由于信息不对称，对应聘者的甄选难度大、成本高，应聘者实际水平和能力很难准确判别。② 应聘者带来的文化可能与企业文化有冲突，即出现水土不服现象。③ 应聘者入选后对组织的各方面情况需要有一个熟悉的过程，不能迅速进入角色开展工作。④ 挫伤组织内部员工的积极性。

(五) 确定招聘的流程、甄选方法、评估方案等

包括信息发布内容和方式、选拔考核方法、评估方案等。

(六) 制定招聘预算

主要包括：招聘活动的费用（如资料费、广告费、人才交流会费用、交通费等）、人工费用、甄选的费用、评估的费用等。

(七) 组建领导机构与工作团队

为切实加强组织领导，保证员工招聘工作按政策、按计划、按程序进行，提高招聘工作质量和效率，应成立员工招聘工作领导小组和相应机构，一般办公室设在人力资源部。

三、按计划和流程组织招聘

制定好招聘计划后，就应按照计划和流程开展招聘活动。招聘实施阶段的基本流程见图 3-1。

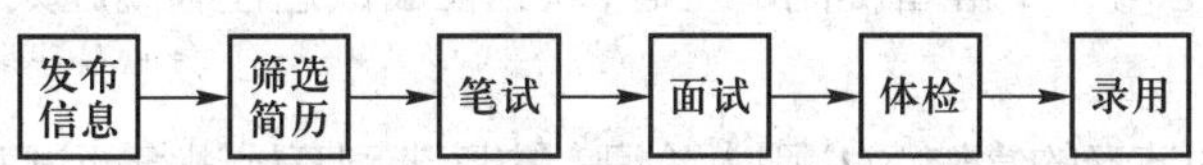

图 3-1 招聘实施阶段的基本流程

用人单位发布招聘信息，收集简历，审核筛选简历，不符合录用条件的淘汰，符合条件的进入笔试环节。笔试合格者进入面试环节，笔试有合格分数线限制。面试选拔，择优竞争，一般按照 1 : 1.1 进入体检考查环节，体检合格者正式录用。有些企业要求现场投递简历，进行初次面试；有的单位将面试放在笔试前面。有很多招聘可能没有笔试环节，直接面试，然后体检。

选拔考核方式很多，可以采用面试，也可以采用无领导小组讨论和心理测验，也可以多种方式结合使用。在此主要介绍使用广泛的面试和无领导小组讨论。

(一) 面试

面试是通过面谈或线上交流（视频、电话）的形式来考查一个人的工作能力与综合素质的一种经过组织者精心策划的招聘活动，是在特定场景下，以面试官对应聘者的交谈与观察为主要手段，由表及里测评应聘者的知识、能力、经验和综合素质的考试活动。

1. 面试的类型

(1) 按照面试的结构化程度，可以分为结构化面试、非结构化面试和半结构化面试三种类型。结构化面试又称标准化面试，是根据特定职位的胜任素质要求，遵循固定程序，采用事先命制好的题目、评价标准和评价方法，通过考官（或考官小组）与应聘者面对面的言语交

流，评价应聘者胜任与否的人才测评过程和方法。这种面试可以对不同的应聘者进行比较，但是缺乏灵活性，不利于对某一问题进行深入了解。非结构化面试是指根据实际情况随机进行提问的面试，这种面试方法的特点正好和结构化面试相反。半结构化面试是指将前两种方法结合起来进行的方式，它可以有效地避免结构化和非结构化面试的缺点。

(2) 按照面试的组织方式，可以分为陪审团式面试和集体面试两种类型。陪审团式面试是指由多个面试考官对一个应聘者进行面试，这种方法可以对应聘者做出比较全面的评价，但是比较耗费时间。集体面试则是指由一个面试考官同时对多个应聘者进行面试，它虽然可以节省大量的时间，但是由于面试考官要同时观察多个应聘者的表现，容易出现观察不到的情况。

(3) 按照面试的过程，可以分为一次性面试和系列面试两种类型。一次性面试是指对应聘者只进行一次面试就做出决策；系列面试则是指要对应聘者依次进行几轮面试才能做出决策。

2. 面试应注意的问题

(1) 选择面试考官。这是决定面试成功与否的一个重要因素。有经验的面试考官能够很好地控制面试进程，能够通过对应聘者的观察做出正确的判断。面试考官一般要由人力资源部门和业务部门的人员共同组成。

(2) 明确面试时间。这样可以让应聘者做好充分准备，保证面试顺利进行。

(3) 制定评价标准，准备面试材料。包括：一是面试评价表。这是面试考官记录应聘者面试表现的工具，一般由应聘者信息、评价要素和评价等级三个部分组成。二是面试提纲。对于结构化和半结构化面试来说，一定要提前准备好面试的提纲，即使是非结构化面试，也要在面试之前大致思考一下准备提问的主题，以免在面试过程中离题太远。三是确定评价标准。

(4) 面试过程中节奏的掌控。① 引入阶段。应聘者刚开始进行面试时往往都比较紧张，因此面试考官不能一上来就切入主题，而应当问一些比较轻松的话题，以消除应聘者的紧张情绪。② 正题阶段。面试考官要按照事先准备的提纲或者根据面试的具体进程，对应聘者提出问题，同时对面试评价表上的各项要素做出评价。

(5) 面试考官应注意个人的仪容仪表，尊重每一位应试者。

(6) 面试应避免首因效应、以偏概全。首因效应又称第一印象。在面试之初考官就可能对应试者有一个比较固定的印象，并且可能根据这个固定的印象对应试者在整个面试过程中的表现给予好或是不好的评价。以偏概全就是考官根据应试者的某一点或是某一个行为做出评价，而不是根据应试者的整体表现做出评价。

(二) 无领导小组讨论

无领导小组讨论指由一组应试者组成一个临时小组，一般 6 ~ 8 人，时间 30 ~ 60 分钟，讨论给定的问题，并做出决策。不指定小组负责人，目的就在于考查应试者的表现，观测应聘者的组织协调能力、口头表达能力、辩论的说服能力等各方面的能力和素质是否达到拟任岗位的要求，以及自信程度、进取心、情绪稳定性、反应灵活性等个性特点是否符合拟任岗位的要求。

整个讨论可以分为三个阶段。第一阶段：面试官宣读试题，受测者了解试题，独立思考，列出发言提纲，一般规定为 5 ~ 10 分钟。第二阶段：应试者轮流发言阐述自己的观点，时间一般2分钟。第三阶段:应试者自由发言,不但阐述自己的观点,而且对别人的观点提出看法,最后达成某一协议,时间一般15分钟。第四阶段,每个人总结陈述,时间一般2分钟;也可以是小组推举1人为代表,总结小组讨论的主要观点。

无领导小组讨论的讨论题从形式上来分,可以分为以下五种:

(1) 开放式问题。所谓开放式问题,是其答案的范围可以很广很宽。主要考查应试者思考问题时是否全面,是否有针对性,思路是否清晰,是否有新的观点和见解。例如,你认为什么样的领导是好领导?关于此问题,应试者可以从很多方面如领导的人格魅力、领导的才能、领导的亲和力、领导的管理取向等方面来回答,可以列出很多优良品质。开放式问题对于评价者来说,容易出题,但是不容易对应试者进行评价,因为此类问题不太容易引起应试者之间的争辩,所考查应试者的能力范围较为有限。

(2) 两难问题。所谓两难问题,是让应试者在两种互有利弊的答案中选择其中的一种。主要考查应试者分析能力、语言表达能力以及说服力等。例如,你认为以工作取向的领导是好领导,还是以人为取向的领导是好领导?一方面此类问题对于应试者而言,不但通俗易懂,而且能够引起充分的辩论;另一方面对于评价者而言,不但在编制题目方面比较方便,而且在评价应试者方面也比较有效。但是,此种类型的题目需要注意的是两种备选答案一定要有同等程度的利弊,不能是其中一个答案比另一个答案有很明显的选择性优势。

(3) 多项选择问题。此类问题是让应试者在多种备选答案中选择其中有效的几种或对备选答案的重要性进行排序,主要考查应试者分析问题、抓住问题本质的能力。此类问题对于评价者来说,比较难于出题目,但对于评价应试者各个方面的能力和人格特点则比较有利。

(4) 操作性问题。这是给应试者一些材料、工具或者道具,让他们利用所给的这些材料,设计一个或一些由考官指定的物体来,主要考查应试者的主动性、合作能力以及在这一实际操作任务中充当的角色。如给应试者一些材料,要求他们相互配合,构建一座铁塔或者一座楼房的模型。此类问题,在考查应试者的操作行为方面要比其他方面多一些,同时情景模拟的程度要大一些,但考查言语方面的能力则较少,同时考官必须很好地准备所能用到的一切材料,对考官的要求和题目的要求都比较高。

(5) 资源争夺问题。此类问题适用于指定角色的无领导小组讨论,是让处于同等地位的应试者就有限的资源进行分配,从而考查应试者的语言表达能力、分析问题能力、概括或总结能力、发言的积极性和反应的灵敏性等。如让应试者担当各个分部门的经理,并就有限数量的资金进行分配,因为要想获得更多的资源,自己必须有理有据,必须能说服他人,所以此类问题可以引起应试者的充分辩论,也有利于考官对应试者的评价,但是对讨论题的要求较高,即讨论题本身必须具有角色地位的平等性和准备材料的充分性。

四、做好招聘评估

招聘评估一般从以下三个方面进行:

(一) 招聘成本评估

包括两个方面:

(1) 将实际招聘费用与预算比较。

(2) 比较招聘单价。

招聘单价 = 招聘费用 / 录用人数

如果招聘单价低,说明这种招聘方法效果好。

(二) 录用比率评估

录用比 = 录用人数 / 应聘人数 ×100%

录用比越小,说明录用者素质相对越高;反之,则说明录用者素质相对较低。

招聘完成比 = 录用人数 / 计划招聘人数 ×100%

招聘完成比等于或大于 100%,说明完成或超额完成招聘计划。

(三) 效果评估

新录用员工上岗一段时间后,通过新员工的工作效率状况、新员工的发展状况、与团队的融合程度、企业效益的变化等方面,来综合评价招聘效果。

五、实验平台中各机构的招聘

(一) 制定招聘计划

各机构(团队、组织)的 CEO 应根据组织的岗位设置、岗位任职资格条件、组织的业务领域、组织发展战略等因素,制定出详细的招聘计划,尤其是要明确招聘的人数和录用的标准,即明确招聘的需求。需求不同,招聘的人员也不同。例如,媒体中心的工作主要是采编、摄影等,招聘的人员就应考虑是否文字编辑能力较强,是否摄影、影像制作技术较强等。财务人员专业性较强,每家机构在人员招聘中,应考虑招聘一名财务会计专业或者这方面知识掌握相对较好的人员。

(二) 绘制招聘海报

根据招聘需求、招聘计划、公司发展战略、公司文化等,制作招聘海报,在现场招聘的时候悬挂或张贴招聘海报。

(三) 制定面试方案

应主要包括面试的流程、面试的方法、面试的评价标准等内容。

(四) 特定要求

(1) 各机构招聘的人员应考虑专业班级构成。如实验的同学来自 3 个班级(或专业),一家机构要招聘 6 名同学,则每个班级招聘 2 名同学。

(2) 各机构招聘的人员应考虑性别构成。为了更好地促进同学间的交流学习,同时也为了做好各个机构的工作,一家机构的男女比例应与参与实验的全体同学的男女构成比例基本一致。

第三节　如何成功应聘

一、做好职业生涯规划

选择职业就是选择未来,拥有成功的职业生涯才能实现完美人生。机会总是给有准备的人，有准备的人生才有可能是精彩的人生。因此，树立职业理想，做好职业生涯规划具有重要意义。

职业生涯规划是在对一个人职业生涯的主客观条件进行测定、分析、总结的基础上，对自己的兴趣、爱好、能力、特点进行综合分析与权衡，结合时代特点，根据自己的职业倾向，确定其最佳的职业奋斗目标，并为实现这一目标做出行之有效的安排。

扩展阅读：上好人学教育第一课 扣好人生第一粒扣子

职业生涯规划的步骤是：

（一）自我评估（我是谁？）

自我评估要从三个方面进行：

1. 爱好

爱好应该是放在职业生涯规划考虑的首位。因为只有你喜欢这个职业，你才可能去主动投入，也只有你主动投入了，你才可能有收获，才会取得成就。如你不喜欢营销这个职业，所有的工作你都是在被动地接受，手到了心却没到，没用心自然不会获得好的结果。所以，当你决定从事某种行业时，你要问自己是否真的因为喜欢这个行业，还是抱着试试看的态度或其他原因。

传统的职业观是“做一行，爱一行”，这就使很多人“爱”得很痛苦，明明不喜欢的工作又必须天天去面对。兴趣是最好的老师。做与自己职业兴趣吻合度高的工作，可能工作更快乐，更容易发挥出自己的能力。现在我们所倡导的职业观念是“爱一行，做一行”，对于喜欢做、擅长做、有能力做的事情、有条件做的事情，你才能做得更好。

2. 性格

通常性格被分为外向、中性和内向。你要分析你的性格属于哪一种。有些职业，如营销，决定了你的大部分时间是在和人打交道，因此外向的性格当然较好。但也不代表内向的人就不能做营销，对于一个性格内向（如不善于和陌生人打交道、不善言辞、不善沟通）的人，关键看能不能改变自己以适应营销职业的需要。

3. 特长

特长是现有专长和潜在专长的总称。特长可分为基础特长和专业特长。基础特长如沟通能力强、组织能力强等。专业特长如计算机熟练、擅长策划等。在市场经济条件下，职业人的流动性增强，成功一定属于擅长发挥自身优势的人。

（二）分析环境

分析环境就是要认清环境支持或允许我做什么。

1. 认识职业

通过课堂学习、沟通交流、查阅资料、社会实践、社团活动等多种途径，认识职业。了解职业的核心工作内容，岗位设置及不同行业、企业间的差别，入门岗位及其职业发展通路，职业素质要求等。

2. 分析环境状况，分析面临的机会与威胁

职业生涯规划还要充分认识与了解相关的环境，评估环境因素对自己职业生涯发展的影响，分析环境条件的特点、发展变化情况，把握环境因素的优势与限制。如要分析经济形势、就业状况、行业发展趋势等，如我国人力资源供给总量大，每年有 800 万大学毕业生，每

年城镇新增就业在1 200万以上,新成长劳动力就业比较困难。还要了解本专业、本行业的地位、形势以及发展趋势,了解任职者素质要求等。

也就是要试着进行SWOT分析,分析自己的性格、能力、爱好、长处、短处、所处环境的优势和劣势,以及一生中可能会有哪些机遇,职业生涯中可能有哪些威胁等。

(三) 确立职业目标

1. 有目标,才有努力的方向

哈佛大学有一个非常著名的关于目标对人生影响的跟踪调查,对象是一群智力、学历、环境等条件都差不多的年轻人。调查结果如下:3%有清晰且长期的目标;10%有清晰但短期的目标;60%有较模糊的目标;27%无目标。25年后,那3%的人25年来都几乎不曾更改过人生的目标。他们都朝着同一方向不懈地努力,现在他们几乎都成了社会各界的顶尖成功人士,他们中不乏白手创业者、行业领袖、社会精英。10%的人大都生活在社会的中上层,他们的共同特点是:那些短期目标不断被达成,生活状态稳步上升,成为各行各业不可或缺的专业人士,如医生、律师、工程师、高级主管等。60%的人几乎都生活在社会的中下层,他们能安稳地生活与工作,但没有什么特别的成绩。最后那27%的人几乎都生活在社会的最底层,他们的生活都过得很不如意,常常失业,靠社会救济,并且常常在抱怨他人,抱怨社会,抱怨世界。由此看来,人必须要有长期清晰的目标,利用目标来牵引实现个人发展。

2. 职业目标设立的原则

设立职业目标应遵循以下原则:

(1) 可行的。意思是说就你的能力和特点而言,实现这个目标是现实的、可能的。

(2) 可信的。这是指你真的相信自己能完成这个目标,对自己的能力非常有信心,相信自己能够在设立的时间之内完成。高成就者常会通过设立目标来激励自己,但他们设立的目标再困难也不会难到使自己都失去完成它的信心或是连自己也不相信能完成。

(3) 可控的。主要是指对一些可能会最终影响到实现目标的因素的控制能力。

(4) 明确的。只陈述某一特定的目标,并且在一段时间之内只集中于这一个目标。

(5) 促进成长的。目标应该是对自己和他人均无伤害性或破坏性的。

(6) 可量化的。目标尽量以一种能够用数字加以衡量的方式来表达,而尽量不要用宽泛的、一般的、模糊的或抽象的形式。要有一个可以衡量的成功或者失败的标准,以此来准确评价自己的目标。

(四) 制定具体的行动计划与措施,提高执行力

实现职业目标,就要有具体的行为措施来保证。没有行动,职业目标只能是一种梦想。要制定周详的行动方案,更要注意去落实这一行动方案,提高执行力。在大学学习阶段,要重视基础知识、专业知识、专业技能的学习;要提高自学能力,培养创新思维意识;通过仿真实验、创新创业教育、校内外实践、社团活动等环节提高自己的综合素质;科学利用时间,培养兴趣,积极做事;锻炼身体,养成好习惯;修炼身心,健全人格,乐观向上。

(五) 职业生涯规划要适时调整

由于自身和外部环境都是处于不断的变化之中,而规划作为一种对未来情况的预期和

指导,要随着具体情况和环境的变化做出调整。调整职业生涯规划的过程也是个体对自己认识深化的过程。在参与具体工作以后,可能会发现很多情况与自己原本料想的有较大差别,这时就应该及时调整职业生涯规划,与时俱进。

二、认真准备简历

找工作、应聘一般都需要投简历、参加面试。你是不是遇到过这样的困境:简历不知道从何写起?网络上模板很多,不知道该选哪一个?投递了很多份简历,却总是泥牛入海?我的简历到底有没有人看?他们怎么看,看什么?

(一)简历的主要内容

简历的主要内容一般包括:个人基本资料、教育背景、个人技能、社会实践或工作经历、个人所获荣誉等。用人单位特别关注简历中体现的求职者的职业素养和专业能力,而职业素养和专业能力往往是通过工作经历或社会实践的内容体现出来的。

所以要重视工作经历或社会实践内容的撰写。在工作经历或社会实践的内容中要写清楚你的工作职责、工作内容和工作成果三个方面的内容。工作职责要写清楚你任什么样的职位、管辖的人数和承担的工作职责。工作内容最好有具体事项或例子来说明,所取得的工作成果要尽量用数字来描述。如果你的工作经历或社会实践与你的求职岗位不完全相同,你可以强调以往的工作经历或社会实践使自己得到了锻炼,能力有了显著提高,而做好工作的能力和职业素养是相通的。

(二)制作简历的原则

1. 真实性

简历是给企业的第一张名片,不可以撒谎,更不可以掺假,但可以进行优化处理。可以选择突出强项,忽略弱势。比如,一个应届大学毕业生,可以重点突出在校时的学生会工作和实习、志愿者、支教等工作经历,不单单是陈述这些经历本身,更重要的是提炼出自己从中得到了什么具有价值的经验,而这些收获能在今后持续发挥效用。如此一来,HR 便不会用“应届生没有工作经验”为由而拒你于千里之外了。

2. 针对性

做简历时可以事先结合职业规划确定自己的求职目标,做出有针对性的版本,运用专门的语言对不同企业递送不同的简历。这样做往往更容易得到 HR 的认可。

3. 价值性

最有价值的内容放在简历中,无关痛痒的不需要浪费篇幅。使用语言讲究平实、客观和精练,不宜出现太感性的描述。通常简历的篇幅为 A4 纸版面 1~2 页,不宜过长,也不宜更短。简历中尽量提供能够证明自己工作业绩的量化数据,比如拓展了多少个新的市场客户,年销售业绩达到多少万元,每年发表学术论文多少篇等。最好可以提供能够提高职业含金量的成功经历,比如完成了一个很难的项目,拿下了一个很大的客户等。对于自己独有的经历一定要保留,在著名公司工作、参加著名培训、与著名人士接触等都可以重点突出处理。

4. 条理性

将公司可能雇用你的理由用自己过去的经历有条理地表达出来,最重点的内容有:个人基本资料、工作经历(职责和业绩)、教育与培训经历,次重要的信息有:职业目标(这个一定要标示出来)、核心技能、背景概述、语言与计算机能力以及奖励和荣誉信息,其他的信息可不作展示,对于自己的最闪光点可以点到即止,不要过于详细,留在面试时再做详尽展开。

(三) 简历制作应注意的问题

1. 高度重视

简历是总结过往、影响未来的重要文件,是求职的敲门砖,是向用人单位推销自己的书面材料,所以必须做好自己的求职简历。

2. 突出重点

一个招聘者希望看到你对自己的事业采取的是认真负责的态度。不要忘记雇主在寻找的是适合某一特定职位的人,这个人将是数百应聘者中最合适的一人。简历是推销自己的广告,最成功的广告则要有简短而富有感召力,并且能够多次重复重要的信息。简历尽量运用动作性短语以使语言更加鲜活有力;在简历页面上端写一段总结性的语言,陈述你在求职上最大的优势,然后在个人介绍中将这些优势以经历和成绩的形式加以叙述。

3. 注意细节

个人简历最好用 A4 标准复印纸打印,字体最好采用常用的宋体或楷体,尽量不要用花里胡哨的艺术字体和彩色字,排版要简洁明快,切忌标新立异,排得像广告一样。要保证简历会使招聘者在 30 秒之内,即可判断出投递者的价值,并且决定是否聘用。切记不要仅仅寄你的个人简历给应聘的公司,附上一封简短的应聘信,会使公司增加对你的好感。要尽量提供个人简历中提到的业绩和能力的证明资料,并作为附件附在个人简历的后面。一定要记住是复印件,千万不要寄原件给招聘单位,以防丢失。一定要用积极的语言,切忌用缺乏自信和消极的语言写个人简历。个人经历顺序应该从现在开始倒过去叙述,这样可使招聘单位在最短的时间内了解你最近的经历。个人资料里的联系方式一定要齐全,包括手机号码、固定电话、通信地址、E-mail 等,以方便招聘单位第一时间通知参加面试或发布面试结果。

4. 要反复修改你的简历

看看语言是否通顺,用词是否准确,逻辑是否严谨,层次是否清楚,有没有错别字,格式是否统一,字体字号、行间距、页边距是否合适,标点符号的半角、全角是否一致。要切实注意细节,避免出现硬伤,必要时请朋友提提建议。

在这里特别强调的是,最好的简历不是临时制作出来的,而是在日常的学习、生活中通过一点一滴描绘出来的。千里之行,始于足下,重要的是从现在就开始,从点滴做起,努力学习,积极实践,只有这样才能制作出精美的简历。

(四) 简历投递应注意的问题

1. 认真选择职位再投递简历

看一个职位是否适合自己,要“三结合”:一是要结合自己所学专业;二是要结合自己的特长与兴趣爱好;三是要结合自己的职业规划和发展方向。

2. 多上网查看用人单位回信的面试通知

一般来说,用人单位在一个月内都会有反馈,有的直接回复到个人简历系统中的邮箱,有的则发到指定的个人邮箱中。

3. 及时总结和更新自己的简历

大多数专业招聘网站会有自己专有的简历模板，注册填写简历后，多关注一些最新的招聘信息。此外，你一旦激活了自己的简历，即使不投递简历，只要你经常总结自己的经历、更新简历，就会有很多用人单位的人事经理搜索浏览到你的信息，也有利于为自己多争取一个机会。

4. 有针对性地挑选网站

知名招聘网站的"校园招聘"频道、各地的高校毕业生就业服务网站、高校网站的"招生就业"频道、企业网站的"人才招聘"频道等，适合毕业生的岗位相对集中。

5. 忌向一个单位申请多职

在网络求职中，向一个单位同时申请多个职位，并不能表明你的能力超人，相反用人单位会认为你非常盲目，没有自己的目标，缺乏主见。

6. 主动询问应聘结果

尽可能了解招聘方的联系方式、联系人姓名，在简历投递后通过电话、邮件等方式积极主动地与招聘方联系，询问应聘结果。

三、从面试中脱颖而出

要想从面试中脱颖而出，找到满意的工作，加入理想的团队，需特别注意以下方面：

（一）做好面试准备

1. 了解应聘单位

对用人单位的业务领域、经营业绩、发展前景、组织文化、应聘岗位所需的专业知识和技能要有全面的了解，做到"知彼"。要通过网络、实地调查、亲朋好友等多途径了解用人单位。现在社会上有些招聘存在虚假宣传的现象，所以应通过多方了解，避免上当受骗。

2. 有正确的自我认知

对自己的能力、特长、个性、兴趣、爱好、长短处、人生目标、择业倾向有清醒认识，做到"知己"，才能更好地展现自己。

3. 了解职位要求并准备好材料

熟知应聘岗位相关的专业知识、业务技能等，准备好所有求职材料、有关证件等。

4. 做好面试前的角色模拟

模拟从进入面试现场到结束的整个流程，注意行为细节；模拟可能提出的问题，对问题进行准备。

5. 体能、仪表准备

面试前要保证充足的睡眠和愉快的心情，以保持良好的精神状态。面试前还应注意修饰自己的仪表，穿着打扮与自己的年龄、身份等相协调。

6. 做好心理准备

首先要充满信心，要有积极的心态。其次，由于现在的就业压力较大，找到一份满意的工作相当不容易，稍微好一点的单位往往是几十个应聘者中取一个，有的甚至是百里挑一。

所以面对激烈的竞争环境,要有遭受挫折的思想准备,要胜不骄败不馁。

7. 调整压力

第一,学习并应用一些适合自己的消除紧张情绪的方法,如腹部呼吸法。第二,问自己“最坏可能是什么情况”。人们很容易会把一件事情想复杂,并推断可能发生的后果也会很严重。但事情通常都不是你想得这么严重。通过问类似这样的问题,让自己往积极、健康的角度考虑。我们要往好的方面想,保持积极向上的心态,想象事情正在按照你预想的那样发展。虽然你的想象并不是实际存在的,但是这样能够得到更舒缓的心情,同时阻止内心消极想法的滋生。心理学家做了一个有趣的实验,他们要求人们把自己未来 7 天内所有感到忧虑和烦恼的事情写下来,投入一个“烦恼箱”里。三周后,人们打开了“烦恼箱”,逐一核对自己写下的烦恼。结果发现,其中九成的烦恼并未真正发生,绝大多数烦恼已经不存在了。专家表示“烦恼不寻人”,大多数烦恼都是人们想象出来的,并且不断放大强化,使它们成为心理负担。第三,反复练习。只有在练习基础上,才能增加应聘者的知识储备、答题技巧、解题思路,才能最终消除紧张,提高自信。

(二) 面试中要做到

1. 注意礼仪

一个人的形象在求职中起着举足轻重的作用。无论你的求职信写得如何出色,招聘者还是在见到你的那一刻才对你产生真正的第一印象。因此,应注意:遵守时间,提早到达应聘现场;进入房间前应先敲门;坐姿端正,眼神自然,面带微笑;服饰得体。

2. 讲话要得体

第一,谈话应自然。不要误解话题,不要固执,不要独占话题,不要插话,不要过分说奉承话。第二,留意对方反应。交谈中很重要的一点是把握谈话的气氛和时机,这就需要随时注意观察对方的反应。如果对方的眼神或表情显示对你所涉及的某个话题已失去了兴趣,应该尽快找一两句话将话题收住。第三,有良好的语言习惯。如发音清晰、语调得体、音量适中、语速适宜。

3. 禁忌小动作

不要有下列小动作:边说话边拽衣角;跷二郎腿或两手交叉于胸前;弄头发;夸张的肢体动作;眼神飘忽;不停地看表。

4. 礼貌再见

首先,不要在招聘者结束谈话前表现出浮躁不安的样子。其次,告辞时应感谢对方花时间同你面谈。走时,如果有秘书或接待员接待过你或招待过你的话,也应向他们致谢告辞。

(三) 面试礼仪

1. 着装得体

适宜的装扮容易给予招聘者留下良好的印象,也是一种礼貌的行为。面试时的着装应该注意以下四点:首先,着装必须整洁。其次,着装应当简单大方。再次,求职者要力求通过仪表、举止、谈吐形象,充分显示自身所具有的气质特征。最后,头发要整齐、清洁。

2. 男士着装

(1) 西装。在现代社会的公关社交活动中,人们普遍认为“西装革履”是现代职业男士的正规服饰。就求职面试活动而言，穿西装也是最为稳妥和安全的。因此，西装一般成为许多求职者的首选装束。然而，穿西装也有许多讲究：① 颜色的选择。应聘者最好穿深色的西服，灰色和深蓝色都是不错的选择，它们给人以稳重、可靠、忠诚、朴实、干练的印象。② 面料的选择。穿天然织物做的衣服。人造织物的光泽和质地给人一种廉价的感觉，通常不像天然织物做的衣服那样有种吸引人的下垂感。而且，这种面料常常留有人体的气味，且不易去除。③ 西装要得体。体瘦的人，如果着深蓝色或中粗竖条的西装，会露出其纤细、瘦弱的缺憾，而穿米色、鼠灰色等暖色调，图案选用格子或人字斜纹的西装，就会显得较为丰满、强壮。瘦高的人，宜穿双排扣或三件套西装，面料选用质感和温暖感觉的，不要选用廓形细窄而锐利的套装。瘦矮的人穿西装时，可用胸袋装饰手帕，为增加胸部的厚度，还可在内袋装入钱包、笔记本等物品。体胖的人可穿深蓝、深灰、深咖啡色等西装，忌米色、银灰等膨胀色。

(2) 衬衫。衬衫必须是长袖的。有些衬衣的袖口上有简单的链扣，给人以格外注重细节的感觉。衬衫应当是白色或淡蓝色，不带图案或条纹。印有交织字母的衬衫对面试者可能有利也可能不利，有些面试者会认为这代表有个性、成功以及自信，而其他人则认为这是炫耀，甚至有点粗俗。最安全的办法就是避开印有交织字母的衬衫。跟西服一样，衬衫的最理想布料也是天然织物。要穿那些经过精心缝制、专业洗涤、中度上浆(挺括)的衬衫。

(3) 领带。有些专家说，在你跟面试者握手时领带首先受到关注。领带可以使一套昂贵的西服显得很廉价，也可以使普通的穿着提高一个档次。领带的面料选用 100% 的纯丝即可。不要使用亚麻或毛料，前者容易缩水，后者显得太随便。合成织物显得廉价，而且打出的结也不美观。如果穿白色或浅蓝色衬衣，就比较容易挑选与之相配的领带。领带应当为西服增色，且不能与西服的图案有任何冲突。领带的宽度随衣服款式不同而不同。穿西服时，安全的着装规则就是领带宽度要接近西服翻领的宽度。传统的图案如立体形、条纹、印花绸以及不太显眼的蜗旋纹布等都是可以接受的。行政主管们一直喜欢立体宽条纹，因而这种布料被称为“权力条纹”。不过，要避开带有圆点花纹、图画(如动物)、体育形象(如马球棍和高尔夫球棒等)以及设计者的徽标的领带。很多面试人员认为徽标尤其令人讨厌，它使人缺乏安全感，好像你需要设计者的认可才能证明你的着装品位。

(4) 皮鞋。注意使你的鞋面保持锃亮，鞋跟要结实，破旧的鞋跟会使人显得疲软而萎靡。系带的皮鞋一定要检查鞋带是否干净且系紧了。松开或未系的鞋带会给你带来不安全感甚或可以将你绊倒。另外，切勿把黑鞋与棕色西装搭配，这样会显得十分不协调。

3. 女士着装

(1) 服饰。女士着装以整洁美观、稳重大方、协调高雅为总原则，服饰色彩、款式、大小应与自身的年龄、气质、肤色、体态、发型和拟聘职业相协调、相一致。女士求职服装一般以西装、套裙为宜。

(2) 鞋子。女士如何穿鞋也有学问，总的原则是应和整体相协调，在颜色和款式上与服装相配。面试时，不要穿长而尖的高跟鞋，中跟鞋是最佳选择，既结实又能体现职业女性的尊严。设计新颖的靴子也会显得自信而得体。但穿靴子时，应该注意裙子的下摆要长于靴端。

(3) 袜子:袜子不能有脱丝。时装设计师都认为,肉色作为商界着装是最适合的。为保险起见,你应在包里放一双备用,以免脱丝能及时更换。另外,不论你的腿有多漂亮,都不应在面试时露着光腿。

(4) 饰物。① 公文包或手提小包。带一个即可,不要两个都带。在多数面试场合,携带公文包比手提小包体现出更多的权威。你可以把手提包的基本内容放进一个无带小提包,然后把它装进公文包内,但不要塞得满满的。如果你个子较矮小,包则不宜过大,否则会极不协调。② 帽子。不管你是否戴帽子,对此你必须持谨慎态度。假如你的帽子与你全身很相配,就请选择一顶既无饰边也不艳丽却很雅致的帽子。一般有面纱的松软宽边的法式帽子在生意场上易使人心烦。③ 首饰。首饰尽量少戴。应避免像吉卜赛人一样几个手指都戴戒指。拇指戒指不能为人接受。耳环应当小巧且不引人注目。为了使你感到舒适,注意力集中,戴的耳环不要过长,以免发出叮当的声响或者触及脖颈,甚至挂到衣服上。朴实无华的项链就挺好,但别戴假珍珠或华丽的人造珠宝。令人喜爱的手镯是完全可以接受的,但应当避免镯子上的小饰物,也应避免刻有你名字首字母的首饰。面试时一定不要戴脚镯。总之,戴首饰的重要原则是:少则美。④ 眼镜。眼镜会使一些人外表增色,也可能使一些人显得不协调。尽量选择适合自己的镜框,式样以新为好。另外,千万不可戴太阳镜(护目镜)去面试,当然更不能戴反光镜。⑤ 围巾。一条漂亮的围巾有画龙点睛的妙用。一些女士喜欢蓝灰色服装,但穿蓝灰色衣服往往会使面部发暗,如果配上一条色彩浓郁、风格明快的围巾,就能达到生气勃勃的效果。如果穿一套藏青色的西服,应围一条纯色的围巾,既能显托红唇黑眸,又能保持藏青色清爽如水的气质,衬托出女性的敏捷和果断。另有一些女青年,喜欢穿银灰色的衣服。银灰色是高雅大方的色彩,但若围巾搭配不当,便会显得呆板平淡。⑥ 丝巾。丝巾飘逸清秀的特点最能烘托出女性的美,但选择丝巾时一定要注意与衣服协调搭配。如花色丝巾可配素色衣服,而素色丝巾则适合艳丽的服装。

(四) 面试中问题的准备

面试中的提问涉及很多方面,如自我认知、职业认知、人际关系处理、职业道德、敬业精神、技术业务能力等。

1. 自我介绍

思路:介绍内容要与个人简历相一致;表述方式上尽量口语化;要切中要害,不谈无关、无用的内容;条理要清晰,层次要分明;事先最好以文字的形式写好背熟。

2. 谈家庭情况

家庭对于了解应聘者的性格、观念、心态等有一定的作用,这是招聘单位提问该问题的主要原因。思路:简单地罗列家庭人口;宜强调温馨和睦的家庭氛围;宜强调父母对自己教育的重视;宜强调各位家庭成员的良好状况;宜强调家庭成员对自己工作的支持;宜强调自己对家庭的责任感。

3. 谈怎样开展工作

如果应聘者对于应聘的职位缺乏足够的了解,最好不要直接说出自己开展工作的具体办法;可以尝试采用迂回战术来回答,如"首先听取领导的指示和要求,然后就有关情况进行了解和熟悉，接下来制定一份近期的工作计划并报领导批准，最后根据计划开展工作”。

4. 谈失败经历

不宜说自己没有失败的经历；不宜把那些明显的成功说成是失败；不宜说出严重影响所应聘工作的失败经历；所谈经历的结果应是失败的；宜说明失败之前自己曾信心百倍、尽心尽力；说明仅仅是由于外在客观原因导致失败；失败后自己很快振作起来，以更加饱满的热情面对以后的工作。

5. 谈为什么选择面试公司

面试官试图从中了解你求职的动机、愿望以及对此项工作的态度。可从行业、企业和岗位这三个角度来回答如“我十分看好贵公司所在的行业，我认为贵公司十分重视人才，而且这项工作很适合我，相信自己一定能做好”；对该行业应有简单的横向分析。

6. 谈业余爱好

业余爱好能在一定程度上反映应聘者的性格、观念、心态，这是招聘单位提问该问题的主要原因。思路：最好不要说自己没有业余爱好；不要说自己有哪些庸俗的、令人感觉不好的爱好；最好不要说自己仅限于读书、听音乐、上网，否则可能令面试官怀疑应聘者性格孤僻；最好能有一些户外的业余爱好来“点缀”你的形象。

7. 谈与上级意见不一致时的处理

一般可以这样回答：“我会给上级以必要的解释和提醒，在这种情况下，我会服从上级的意见。”如果面试你的是总经理，而你所应聘的职位另有一位经理，且这位经理当时不在场，可以这样回答：“对于非原则性问题，我会服从上级的意见，对于涉及公司利益的重大问题，我希望能向更高层领导反映。”

8. 谈工作经验

如果招聘单位对应届毕业生的应聘者提出这个问题，说明招聘单位并不真正在乎“经验”，关键看应聘者怎样回答。思路：对这个问题的回答最好要体现出应聘者的诚恳、机智、果敢及敬业。如“作为应届毕业生，在工作经验方面的确会有所欠缺，因此在读书期间我一直利用各种机会在这个行业里做兼职。我也发现，实际工作远比书本知识丰富、复杂。但我有较强的责任心、适应能力和学习能力，而且比较勤奋，所以在兼职中均能圆满完成各项工作，从中获取的经验也令我受益匪浅。请贵公司放心，学校所学及兼职的工作经验使我一定能胜任这个职位”。

9. 谈离开前一家公司的原因

回答这一问题最重要的是，应聘者要使招聘单位相信，应聘者的离职原因在该招聘单位不存在；避免把离职原因说得太详细、太具体；不能掺杂主观的负面感受，如“太辛苦”“人际关系复杂”“管理太混乱”“公司不重视人才”“公司排斥我们某某的员工”等；但也不能躲闪、回避，如“想换换环境”“个人原因”等；不能涉及自己负面的人格特征，如不诚实、懒惰、缺乏责任感、不随和等；尽量使解释的理由为应聘者个人形象添彩，如“我离职是因为这家公司倒闭，我在公司工作了三年多，有较深的感情，从去年始，由于市场形势突变，公司的局面急转直下。到眼下这一步我觉得很遗憾，但还要面对现实，重新寻找能发挥我能力的舞台”。

本章小结

一个组织要高效地开展工作，实现组织战略目标，就必须首先设计好工作岗位。应遵循目标任务原则、分工协作原则、责权对等原则、因事设岗原则和精简高效原则，来设计好岗位，要制定出明确的岗位职责和岗位的任职资格条件。设置好岗位后，应从坚持招聘原则、制定招聘计划、实施招聘和招聘评估等主要环节，做好员工招聘工作。作为个人，应做好职业生涯规划，认真准备简历，做好面试准备，才能从众多求职者中脱颖而出，找到满意的工作，加入理想的团队。

复习思考题

1. 岗位设计应遵循的主要原则是什么？
2. 招聘的原则有哪些？
3. 内部招聘与外部招聘各自的优缺点是什么？
4. 请设计你所在公司的具体岗位及每个岗位的任职资格条件。
5. 请编制一份公司（机构）的招聘计划（方案）。
6. 请制作一份求职简历，并不断努力去完善你的简历。

案例讨论题

百度如何招到优秀员工

关于人才，到底是选最合适的还是选最好的，一直就争论不休。马云就曾经说过阿里巴巴只选合适的人，华为也只愿“挑选最适合的人”，而百度为什么要选最好的人呢？因为，百度相信只有越来越多的最好的人才加盟，才能打造出一个永远不断上进和自我激励的组织。自我激励的人愿意学习，而且能够快速学习，不断提升自我。只有这样，才能适应互联网企业每天都在发生翻天覆地变化的环境。

百度每年校招都会去国内顶尖的大学招揽人才。那么，是不是意味着成绩最好的就是最好的人才呢？百度的回答是：这样还不够。百度还提出了三条标准：首先，所选的人要能契合百度的企业文化。百度的企业文化，你在官网上可以看到一大堆，而李彦宏曾在2017年8月对百度内部文化风气有过总结：简单、可依赖和风清气正。当然，与文化是否匹配，百度会进行专门的测试。其次，要有优秀的学习能力，这样的人才能不断成长和发展，适应企业和用户的要求。最后，也是最基本的一条，就是要胜任本职工作和岗位要求。

那么，怎样选出最好的人才呢？人才的选拔离不开科学的手段。百度将人工智能和大数据方面的技术应用到人才招聘。百度基于内部所有工作过的 10 万内部员工信息样本，以及其他海外员工资料，构建了“百度人才智库”（简称 TIC）。当业务部门提出人才需求时，TIC 就可以在上千万份简历中即时推荐最适合岗位的优秀候选人才，这比传统人力资源专员在招聘网站中大海捞针般地筛选简历要准确而高效许多。除了 TIC，百度也利用科学的招聘系统，通过职位管理、候选人管理和人才库管理三部分，实现从岗位需求分析、职位发布、简历搜寻与筛选、简历上传与入库、候选人面试安排、线上评估反馈、入职信息提交等招聘全程的优化管理。

资料来源：百度公司人才招聘案例分享，有改写 .

问题：百度选拔人才的标准有哪些？百度的员工招聘有哪些值得学习的地方？

第四章　创业企业的建立

本章导读

对于初创企业来说，在做好寻找创业合作伙伴、组建创业团队的同时，要确定好企业的发展方向和企业战略，科学设计商业模式，谋划融资渠道和方法，也要编制出全面、严谨的创业计划书。本章重点介绍企业战略、商业模式、融资方法和创业计划书四个紧密相关的问题。

第一节　如何选择企业战略

小企业不像大公司，它们不能依赖市场的惯性取得成功；它们不能靠蛮力成功，错误地使用资源。相反，它们应该很清晰地看到所处竞争环境，标出并保护自己能保护的区域。这些就是与战略定位有关的内容。战略定位对于创业型企业而言尤为重要。通过本章的学习，同学们应了解创业型企业恰当的战略定位。

一、何谓企业战略

（一）企业战略的定义

企业战略是企业在成长过程中，面对不断演化的外部环境、不断演化的内部资源能力以及不断调整的主观愿望等动态变化的背景下，识别、发现和确定企业在某时、某地，最合适、最应该做的事情（或业务）的不断循环的动态过程。

（二）企业战略的特点

1. 全局性

企业战略是以企业的全局为对象，根据企业总体发展的需要而制定的。它规定的是企业的总体行为，追求的是企业的总体效果。

2. 长远性

企业战略虽然要依据企业外部环境和内部条件的现实情况加以制定并对企业当前的生产经营活动起到指导和限制作用。但是这一切都是为了更长远的发展。企业战略既是企业谋取长远发展要求的反映，又是企业对未来较长时期内如何生存和发展的通盘筹划。

3. 竞争性

企业战略是关于企业在激烈的竞争中如何与竞争对手抗衡的行动方案。通过竞争确定企业的竞争优势，同时也要注意采用竞争达到双赢和多赢的效果。

4. 纲领性

纲领性指企业战略是企业经营活动的纲领和方针，必须通过展开、分解和落实等过程才能变成具体的行动计划。

5. 稳定性

企业战略需要较长时间保持稳定和贯彻落实，又要根据环境变化进行局部调整。

二、企业战略的分类

（一）公司层战略

公司层战略指企业通过同时在几个市场或行业中发挥它们的资源和能力的杠杆效应，以获取竞争优势的战略活动。包括多元化战略、纵向一体化战略、并购战略、国际化战略等。具体到创业设计与仿真实验中是指连续运营 12 个季度的总体战略设定。

（二）业务层战略

业务层战略指特定市场或行业中的企业能够采取的特定战略行为，包括成本领先战略、差异化战略和两者的混合战略。

（三）职能层战略

职能层包括在公司层和业务层战略指导下制定的关于产品开发、制造、营销、人力资源等方面的具体工作思路和计划。

三、创业企业战略规划的作用

创业企业实施战略规划，可以有效地发现新机会，高效地开发机会并形成竞争优势，保持创业精神。

（1）战略规划是整个企业行动的方向。创业企业由于资源和市场限制，在其经营过程中面临更多不确定性，不同发展阶段的工作重点也有所不同，当团队成员对企业应该开展什么业务存在不同见解、在开拓市场等行动上存在意见分歧时，战略规划可以有效地帮助团队成员统一行动的方向，达成一致的行动，从而齐心协力获得竞争优势。

（2）战略规划可以使创业企业的活动更具计划性，便于组织和有效管理。进行战略规划的创业企业首先需要对环境进行系统研究，对产品战略、技术战略、市场战略等进行了较为详细的评估和权衡，并制定详细的计划方案，以使创业企业的活动有章可循，便于创业企业更有效地组织管理和安排各项活动。

（3）战略规划有助于保障创业企业稳定经营。缺乏战略规划的企业表现出较强的行为随意性，或者谨小慎微，或者做孤注一掷的冒险行为，其结果具有非常强的不确定性。通过有效的战略规划可以有力地保障创业企业的稳定经营。

四、创业企业战略的选择

(一) 企业内部要素评价矩阵

内部要素评价矩阵法是分析企业内部战略条件的有效方法，它可以帮助企业战略决策者对企业内部各个职能领域的主要优势与劣势进行全面、综合的评价。

(1) 识别企业内部战略条件中的关键战略要素。因素总数在 10～20 个之间，包括优势和劣势两个方面。应尽量具体，可采用百分比、比率和对比数字。

(2) 为每个要素指定一个权重以表明战略的重要程度。数值从 0(不重要)到 1(非常重要)，权重可以是集体讨论的共识，所有因素的权重总和必须等于 1。

(3) 以 1、2、3、4 分别代表相应要素对于战略是主要劣势、一般劣势、一般优势、主要优势。

(4) 将要素权重与相应评价值相乘，即该要素加权评价值。

(5) 将每一要素的加权评价值加总，就得到企业内部战略条件优势与劣势情况的综合加权评价值。

(二) 外部因素评价矩阵

企业外部环境关键战略要素评价矩阵分析，主要反映行业前景及行业内企业所面临的主要机会与威胁，帮助战略决策者全面认识外部环境因素，为制定经营战略提供可靠的依据。

企业外部环境关键战略要素评价矩阵分析方法的原理与企业内部关键要素评价矩阵分析法基本相同。

(1) 识别并列出外部环境中的关键战略要素，即找到企业所面临的主要机会与威胁。因素总数为 10～20 个，包括机遇和挑战两个方面。首先列举机会，其次列举威胁。

(2) 为每个关键战略要素指定一个权重，以表明该要素对于该行业中企业经营成败的相对重要度。数值从 0(不重要)到 1(非常重要)，权重可以是集体讨论的共识，所有因素的权重总和必须等于 1。

(3) 用评分值 1、2、3、4 来分别代表相应要素对于企业来说是主要威胁、一般威胁、一般机会、主要机会。

(4) 将每一要素的权重与相应的评价值相乘，从而得到各要素的加权评价值。

(5) 将每一要素的加权评价值加总，以求得企业外部环境机会与威胁的综合加权评价值。

(三) SWOT 分析

所谓 SWOT 分析，就是将企业的各种主要内部优势因素(Strength)、内部劣势因素(Weakness)、外部机会因素(Opportunity)和外部威胁因素(Threats)，通过调查罗列出来，并依照一定的次序按矩阵形式排列起来，然后运用系统分析的思想，把各种因素相互匹配起来加以分析，从中得出一系列相应的结论。

构造 SWOT 矩阵包括如下八个步骤:

(1) 列出公司的关键外部机会;

(2) 列出公司的关键外部威胁;

(3) 列出公司的关键内部优势;

(4) 列出公司的关键内部劣势;

(5) 将内部优势与外部机会相匹配并记录得出 SO 战略;

(6) 将内部劣势与外部机会相匹配并记录得出 WO 战略;

(7) 将内部优势与外部威胁相匹配并记录 ST 战略;

(8) 将内部劣势与外部威胁相匹配并记录 WT 战略。

帮助管理者制定如下四类战略的重要匹配工具:SO、WO、ST、WT 战略。

1. SO 战略:利用优势,抓住机会

具有很好的内部优势及众多的外部机会,应当采取增长型战略,具体有集中化战略、中心多样化战略、垂直一体化战略等。企业通过严格的成本控制,以价格作为主要的竞争手段,在激烈的竞争中进一步发挥企业的市场优势。

2. WO 战略:利用机会,克服劣势

面临巨大的外部机会,却受到内部劣势的限制,应采取转向型战略。在弥补和消除内部劣势的同时,最大限度地利用外部环境带来的机会。

3. ST 战略:利用优势,减少威胁

内部存在劣势,外部面临强大的威胁,应采取防御型战略。这时企业不应该也没有实力实施扩张战略,因此适合采取比较保守的战略,以避开威胁并逐渐消除劣势。

4. WT 战略:将劣势、威胁最小化

具有一定的内部优势,但外部环境存在威胁,应采取多样化经营战略。这样可以利用自己的优势,同时通过多种经营分散环境带来的风险。

(四) 战略地位与行动矩阵

战略地位与行动矩阵的轴线代表了两个内部因素(财务优势和竞争优势),两个外部因素(环境稳定性和产业优势),参见图 4-1。这四个因素对于确定企业的总体战略地位起决定性作用。战略地位与行动矩阵的 4 个象限分别表明进取、保守、防御和竞争这 4 种战略模式。

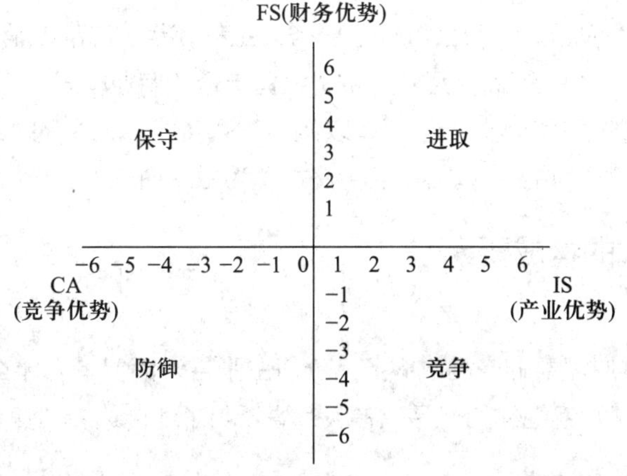

图 4-1 战略地位与行动矩阵

第二节　如何设计商业模式

设计出合适的商业模式，是每个创业者创业成功的基本前提。管理学大师彼得·德鲁克说："当今企业之间的竞争，不是产品之间的竞争，而是商业模式之间的竞争。"本节围绕商业模式展开，重点明确商业模式的概念、商业模式的主要类型、商业模式的选择、商业模式的创新等问题。

一、何谓商业模式

（一）商业模式的定义与作用

商业模式是为了实现消费者价值最大化，把能使企业运行的内外要素整合起来，形成一个完整的、高效率的、具有独特核心竞争力的运行系统，并通过提供产品和服务使企业持续达成盈利目标的整体解决方案。

商业模式的作用：

（1）商业模式设计的目的是最大化企业价值。

（2）商业模式是连接顾客价值与企业价值的桥梁。

（3）商业模式是为企业的各种利益相关者，如供应商、顾客、其他合作伙伴、企业内部部门和员工等提供一个将各方交易活动相互联结的纽带。

（4）一个好的商业模式最终能体现为获得资本和产品市场认同的独特企业价值。

（二）商业模式的类型

商业模式可以从多角度来分类：

（1）按产业价值链划分，有小系统（企业内）和大系统（企业所处整个产业价值链）的商业模式。

（2）按空间定位划分，有虚拟空间的商业模式和现实空间的商业模式。

（3）按创业企业资本的构成划分，主要有以产业资本为主、以商业资本为主、以金融资本为主、产业资本与商业资本相结合的商业模式。

（4）按经营标的物划分，有以经营产品、服务为主的，以经营品牌、信誉为主的，以资本经营为主的，以商品经营为主的，商品经营和资本经营结合的商业模式。

（5）按企业生存的依赖度划分，主要有以偏重于融资模式为主的、以偏重于管理模式为主的、以偏重于营销模式为主的、以偏重于生产加工为主的商业模式。

二、商业模式的构成要素

（一）价值主张

价值主张就是客户需要的产品或服务。价值主张告诉消费者为什么选择你而不是选择你的竞争对手，并一开始就把你的产品或者服务清晰明了地传达给消费者。

（二）客户细分

我们要知道我们为谁创造价值，这就是目标客户群体，它可以是一个或多个群体的集合。如果你的顾客是所有人，说明你的创业项目没有明确的受众，这将直接导致项目无法执行。

（三）关键业务

关键业务是创业者在商业运作中要从事的最为紧要的业务。企业要梳理出哪些是关键业务，这些关键业务事关创业企业能否存活，一旦错误理解和分析，将导致创业项目无法执行。如腾讯的关键业务是社交，阿里的关键业务是电商，百度的关键业务是搜索。

（四）渠道

渠道就是创业企业沟通和交付给目标客户价值的不同方式，能够唤醒潜在客户对于产品（服务）的了解，并促成交易，保证售后满意度。常见的渠道有面谈或电话沟通、店内营销沟通、实物交付、社交平台沟通等。

（五）客户关系

客户关系就是企业与客户建立和保持的不同关系。客户关系会随着目标客户的变化而发生变化，既有时效性又不缺个性。创业企业要不断加强与客户交流，不断了解客户需求，并不断对产品及服务进行改进和提高以满足顾客需求。企业必须基于自身明确定义客户侧重的关系类型，尤其是在当前的互联网＋背景下，创业者稍有不慎，会适得其反。

（六）重要资源

重要资源也是核心资源，是创业企业能够正常投入市场所需要的能力和资源，包括人力资源、实体资产、知识产权、金融资产等。不同的商业模式对资源的要求是不一样的。比如，手机 APP 投入市场前需要大量资金投入。

（七）合作伙伴

任何一个创业企业都不可能拥有所有的资源，因此企业创业都需要有合作伙伴。谁是创业企业的重要伙伴，是商业模式选择中需要解决的一个重要问题。

（八）成本结构

不同企业的成本结构模式是有区别的，创业企业需要掌握自己的成本结构模型。同样的社交平台，有技术团队和没技术团队的成本结构是不一样的。常见的固定成本包括场地成本、人力成本、营销成本等。

（九）收入来源

如果创业者不知道收入来源，该项目将会夭折。所有创业企业必须清楚哪些客户为哪些价值服务付钱，他们最喜欢的付钱方式是什么等。

三、商业模式的设计

（一）定位问题

就是企业准备提供的产品（服务），解决什么需求。换言之，企业的目标用户群体是谁。

（二）市场问题

产品需求的市场是否足够大？如果市场不够大，就很难有大的发展空间。

（三）收入拓展

你的商业模式，会动谁的奶酪？换句话说，你的潜在竞争者威胁有多大？这决定了你创业的摩擦系数与阻力，也决定了创业企业最终能走多远。

（四）壁垒问题

你的商业模式，是否不容易被复制、被抄袭？企业能为顾客提供怎样（独特）的价值和服务？

（五）盈利模式

这是最重要的问题。企业如何以合理的价格为顾客提供这些价值，并从中获得合理的利润。简单地说就是你的商业模式怎么赚到钱。

需要说明的是，创业企业要采取有效的商业模式，常常不得不打破某些既有的行业惯例，即打破那些阻碍企业为目标客户提供价值的管理。创业者要敢于和善于打破行业中不适应客户要求的惯例，按照客户的期望确定企业的规矩，创业者才可能真正发现具有自身特点的、同行难以模拟的、具有竞争力的商业模式。

四、构建商业模式的步骤

（一）界定和把握利润源——顾客

分析和把握顾客需求，并寻求产品在市场中的最佳定位，是商业模式设计的首要工作。为此设计商业模式的时候，首先要分析顾客需求，目的就是为产品寻找能够比较容易呈现价值的顾客群。一般而言，企业营利的难度并不在于技术与产品端，主要在于顾客端。企业顾客需求不明确，是导致商业模式不健全的首要原因。

（二）不断完善企业利润点——产品（服务）

利润点决定了企业为顾客创造的价值是什么，以及企业的主要收入及其结构。好的利润点是顾客价值最大化与企业价值最大化的结合点，它要求一要针对目标顾客的清晰的需求偏好，二要为目标顾客创造价值，三要为企业创造价值。创业企业的产品（服务）如果缺乏顾客针对性，就无法创造利润，形成不了好的利润点。

（三）打造强有力的利润杠杆，构筑商业模式内部运作价值链

打造利润杠杆、规划企业内部运作价值链是商业模式设计与完善的重要内容，决定了产品或服务是否为企业带来价值和带来价值的多少。企业利润杠杆主要包括以下几种：组织与机制杠杆、技术与装备杠杆、生产运作杠杆、资本运作杠杆、供应与物流杠杆、信息杠杆、人力资源杠杆等。同样的产品，由于利润杠杆不同，或者说由于企业内部运作价值链的差异，产品的成本亦有不同。一个企业可能赚钱，另一个企业可能亏损。这足以说明，利润杠杆决定了企业利润的多寡。

（四）疏通拓宽利润渠道，构筑商业模式外部运作价值链

利润渠道即企业向顾客供应产品和传递产品信息的渠道，是商业模式得以正常运作必不可少的外部价值链。产品（服务）的价值传递是企业把产品和服务传递给目标客户的分销和传播活动，目的是便于目标客户方便地购买和了解公司的产品（服务）。

（五）建立有效保护利润的利润屏障

利润屏障是指企业为防止竞争者掠夺本企业的目标客户，保护利润不流失而采取的战略控制手段。为我所有，利润屏障是保护“奶酪”不为他人所动。比较有效的利润屏障主要有建立行业标准、价值链、领导地位、独特的企业文化、良好的客户关系、品牌、版权、专利等。

五、商业模式的发展趋势

在过去，每个行业都有属于自己的成熟的商业模式，而现在行业与行业有交叉，产业链与产业链有融合，而且出现了产品经营、品牌经营、资本经营进一步密切结合的趋势。所以，现在的商业模式较过去的商业模式也就更有生命力，更具竞争力。有如下商业模式发展的新趋势。

（一）跨行业杂交融合的趋势

随着互联网和智能手机的普及，人们的生活方式发生了很大的变化，越来越多原本不相关的产业联合起来，建立了新的商业模式。

（二）各种金融工具及衍生工具综合运用的趋势

这种模式通过扩大消费需求和有效地利用金融工具，解决了经销商常见的发展瓶颈，如果能有效地落实各环节的风险防范措施，该模式可保证整个资金链良性循环，实现经销商、担保公司、银行、消费者四赢局面，是值得借鉴的商业模式。

（三）从产业链低盈利区向高盈利区移动的趋势

这种趋势表现为两种形式：一是价值链的上下移动，从低价值区向高价值区移动；二是对价值链的某点替换或外包，只专注价值链上端。创业企业应该根据自己的发展战略，在商业模式发生变化时及时调整自己的运行系统，向企业核心竞争力的方向努力。

（四）传统行业与互联网的结合趋势

一是传统企业利用互联网、信息技术、高科技改造自己的商业模式，通过拓宽业务领域和盈利空间，提高自己持续盈利的能力，从而更具有竞争力；二是互联网与传统产业业务结合可以达到倍增的效果，由此获得超速发展。

（五）成熟商业模式不断扩展、复制、放大的趋势

对于有比较成熟商业模式的企业来说，不断扩展和复制，无疑是做大做强的唯一路径。商业模式扩展的主要方式有：连锁、委托管理、收购兼并等。

扩展阅读：中国未来商业模式的30个发展趋势

第三节 如何选择融资方式

创业企业要取得长久的发展，离不开资金的支持，所需要的启动资金包括购买固定资产资金和流动资金。固定资产是企业购买的价值较高、使用寿命长的资产，包括企业用地和建筑（建房、买房、租房等）、设备（机器、车辆、办公家具等）。

流动资金是维持企业日常运转所需要支出的资金。包括原材料和产品储存、工资、租金以及电费、交通费等其他费用。现代金融体制为创业企业融资提供了可供选择的渠道，如何识别这些渠道的利弊并为己所用，促进企业健康成长，是每个创业者需要认真思考的问题。

一、何谓融资

（一）融资的定义

融资主要是指资金的融入，也就是资金来源，具体是指通过一定的渠道，采用一定的方法，以一定的经济利益为代价，从资金持有者手中筹集资金，满足企业经济活动中资金需要的一种经济行为。

（二）融资的方式

创业融资的方式可以作三个层次的划分：

第一层次为外源融资和内源融资。

第二层次是将外源融资划分为直接融资和间接融资。

第三层次是对直接融资和间接融资再作进一步的细分。

内源融资是指企业依靠其内部积累进行的融资，包括资本金、折旧基金转化为重置投资和留存收益转化为新增投资。外源融资是指从企业外部融入资金用于投资。

直接融资是指企业作为资金需求者向资金供给者直接融通资金的方式，一般指发行股票和债券等。间接融资是指企业通过金融中介机构间接向资金供给者融入资金的方式，一般是指银行或非银行金融机构的贷款等。

（三）融资成本

融资成本包括融资的显性成本和隐含成本。

显性成本是创业企业的加权平均资本（包括资金筹措和资金占用费）。隐含成本包括创业者融资时所出让的所有权份额、融资不成功所错失的机会成本和创业企业融资契约安排下的代理成本。

创业融资成本的特点是：首先，创业风险高，因此投资者所要求的所有权份额高；其次，缺少抵押和担保，因此资金筹措费用高；最后，创业者拥有创意，投资者有资金，因此融资的代理成本高。

二、融资渠道

（一）个人资金

研究发现，近 70% 的创业者依靠自己的资金为创业企业提供融资。个人资金具有使用成本低、得来容易和使用时间长等优势。其他投资者在提供资金支持时，也会考虑创业者个人资金投入的情况。

（二）私人借贷

私人借贷是指从家人、亲戚或朋友处借来的资金。这种资金具有成本低、容易获取的优势，但是仅能作为自动资金在初期使用，且投资人和创业者在管理权及利益分配上容易产生冲突。

（三）合伙融资

寻找合伙人投资是指按照“共同投资、共同经营、共担风险、共享利润”的原则，直接吸收单位或个人投资，合伙创业的一种筹资途径和方法。合伙创业不但可以有效筹集到资金，还可以充分发挥人才的作用，并且有利于各种资源的利用和整合，降低创业风险。

这种融资方式容易产生意见分歧，降低办事效率，也有可能因为权利与义务不对等而使合伙人产生矛盾，不利于合伙基础的稳定。

（四）具有优惠政策的特殊银行贷款

银行贷款是创业融资的重要融资渠道，具体包括银行商业贷款和专项小额贷款。

银行一般并不从事向创业企业贷款的服务。但若创业者拥有个人资产抵押、拥有银行信用额度（备用资金）或政府担保（低息、还款周期长），则有可能获得银行的贷款。另外，申请贷款除了与银行打交道，还要借助工商管理部门、税务部门、中介机构等，手续繁琐，要做好打“持久战”的准备。

近年来，为支持大学生创业，国家和各级政府出台了许多优惠政策，涉及融资、开业、税收、创业培训、创业指导等诸多方面。

扩展阅读：大学生创业贷款优惠政策及申请流程

大学生创业优惠政策

1. 大学毕业生在毕业后两年内自主创业，到创业实体所在地的工商部门办理营业执照，注册资金（本）在50万元以下的，允许分期到位，首期到位资金不低于注册资本的10%（出资额不低于3万元），1年内实缴注册资本追加到50%以上，余款可在3年内分期到位。

2. 大学毕业生新办咨询业、信息业、技术服务业的企业或经营单位，经税务部门批准，免征企业所得税两年；新办从事交通运输、邮电通信的企业或经营单位，经税务部门批准，第一年免征企业所得税，第二年减半征收企业所得税；新办从事公用事业、商业、物资业、对外贸易业、旅游业、物流业、仓储业、居民服务业、饮食业、教育文化事业、卫生事业的企业或经营单位，经税务部门批准，免征企业所得税一年。

3. 各国有商业银行、股份制银行、城市商业银行和有条件的城市信用社要为自主创业的毕业生提供小额贷款，并简化程序，提供开户和结算便利，贷款额度在5万元左右。贷款期限最长为两年，到期确定需延长的，可申请延期一次。贷款利息按照中国人民银行公布的贷款利率确定，担保最高限额为担保基金的5倍，期限与贷款期限相同。

（五）风险投资

风险投资是一种高风险、高回报的投资，是风险投资家以参股的形式进入创业企业。风险投资比较青睐高科技创业企业。风险资本的主要来源是个人、政府、企业、机构投资者、商业银行、境外投资者等。需要注意的问题是，风险投资家更关注创业企业的盈利模式和创业者本人。

（六）融资租赁

融资租赁是一种以融资为直接目的的信用方式，以租金的方式分期偿还。融资租赁这种筹资方式，比较适合需要购买大件设备的初创企业。在具体选择时，可以挑选那些实力强、资信度高的租赁公司，同时要注意租赁形式的灵活性。

融资租赁主要有直接租赁、售后租赁、转租赁、委托租赁等形式。

(1) 直接租赁,指直接向租赁方提出租赁。

(2) 售后租赁,是在企业短期缺乏资金时,把正在使用的固定资产出卖给租赁公司变现,然后以租赁方式再将其租回使用。目的在于,将原有的固定资产转化为流动资金,加快固定资产折旧,利于今后设备更新换代。

(3) 转租赁,是指把从出租方租入的租赁物,再转租给第三方,收取租金差以实现融资目的。

(4) 委托租赁,类似于做代理,帮助出租人出租租赁物,收取服务费,不承担风险。

(七) 国家财政资金

国家以财政拨款形式投入企业的资金。为了支持创业活动,政府一些部委和地方政府设立了各种基金,对于符合基金条件的创业企业(如技术创新、生态环保等)以无偿拨款、投资、贴现贷款等方式扶持其发展。

三、融资方式的选择

(一) 了解、收集各类潜在资金提供方的基本情况

在了解、收集各类潜在资金提供方基本情况的基础上,才能有的放矢,有针对性地做好各项融资准备工作。可以通过以下问题进行了解:

(1) 资金供给方有哪些? 各类资金供给方有哪些区别和联系? 如何确定资金数量和使用期限长短?

(2) 每一类资金供给方的资金来源有什么特点? 投资方向是什么?

(3) 每一类资金供给方对创业企业有哪些要求?

(4) 每一类资金供给方风险控制的手段有哪些?

(5) 每一类资金供给方工作程序如何?

(6) 如何与资金供给方打交道?

在此基础上,对各类资金提供者按照融资可能性进行分类排序。

(二) 分析创业企业对不同融资渠道的吸引力

考虑以下方面:创业企业所在的行业,不同资金供给方的投资重点不同;融资规模大小;融资成本要求或对股权的要求;自身具备的条件与核心优势,如抵押物、无形资产、市场和管理水平等;融资的时间要求,不同机构的工作程序及所需要的时间不同。

(三) 综合选择融资渠道

1. 融资成本的高低

融资成本关系到融得资金实际数额和企业经营成本及利润,最终影响到创业企业的经济利益。影响融资成本的主要因素有利率、使用期限、证券发行价格等。

2. 融资风险的大小

融资都面临风险,特别是借款,当出现收益不足以偿还债务时,企业将陷入危机之中。在其他条件相同的情况下,企业融资负债的比例越高,其面临的风险也将越大。

3. 融资的机动性

机动性是指创业企业在需要流动资金时能否及时通过融资获得,而不需要资金时能否

及时偿还所融资金,并且提前偿还资金是否会对企业带来相应的损失等。

4. 融资方便程度

融资方便程度一方面是指企业有无自主权通过某种融资方式取得资金,以及这种自主权的大小;另一方面是指借款人是否愿意提供资金,以及提供资金的条件是否苛刻,手续是否繁琐等。

从融资成本的高低、融资风险的大小、融资的机动性、融资方便程度等要素综合分析确定融资渠道的选择。期限长、权益类资金用于项目投资,期限短、债权性资金用于临时周转或流动资金。高成本的资金用于弥补临时性资金需求,低成本的资金用于置换高成本的资金或企业铺底流动资金。

四、融资策略

(一) 不同发展阶段的融资策略

1. 种子期

在种子期,创业者可能只有一个创意或一项尚停留在实验室的科研项目,所需资金不多,应主要靠自有资金、亲朋借贷,吸引天使投资者,也可向政府寻求一些资助。

2. 创建期

在创建期,企业需要一定数量的门槛资金,主要用于购买机器、厂房、办公设备、生产资料、后续研究开发和初期销售等,所需资金往往较大。由于没有经营和信用记录,从银行申请贷款的可能性甚小。这一阶段的融资重点是吸引股权性的机构风险投资。

3. 生存期

在生存期,产品刚投入市场,市场推广需要大量的资金,现金的流出经常大于流入。此阶段要充分利用负债融资,同时还需要通过融资组合多方筹集资金。

4. 扩张期

在扩张期,企业拥有相对稳定的顾客和供应商及良好的信用记录,利用银行贷款或信用融资比较容易,同时由于发展迅速,需要大量的资金以进一步进行开发和市场营销。可以在债务融资的同时,进行增资扩股。

(二) 不同资金需求特点的创业企业融资策略

(1) 资金需求的规模较小时,可以利用员工集资、商业信用融资、典当融资;规模较大时,可以吸引权益投资或银行贷款。

(2) 资金需求的期限较短时,可以选择短期拆借、商业信用、民间借贷;期限较长时,可以选择银行贷款、融资租赁或股权出让。

(3) 资金成本承受能力低时,可以选择股权出让或银行贷款;承受能力强时,可以选择短期拆借、典当、商业信用融资等。

五、创业融资的流程

创业企业融资是一个复杂的过程,要解决目标投资者选择、向目标投资者证明其投资有价值、投资风险可控等问题。一个科学、清晰的融资战略和周密、详尽的融资策划是融资成功的前提，这就需要一套合理的程序或步骤来保障。

（一）事前评估

事前评估就是在充分调查研究和对企业进行 SWOT 分析的基础上，系统分析融资的必要性和可行性。具体包括下述三个方面：

（1）企业发展战略判断。首先要基于 SWOT 等分析工具判断企业战略，然后判断融资与战略方向是否一致。

（2）融资需求的合理性判断。例如，企业为什么要融资？不融资行不行？融资用途是否合理？资金需要量是否合理？还款来源是否合理？等等。

（3）融资具备的基础条件判断——融资可能性分析。包括：融资主体、企业资产、报表、融资资料、融资机构和团队、融资知识和经验、与融资服务机构的合作等基础条件。据此诊断融资成功的可能性及企业近期要做的基础性工作。

（二）融资策划

这个环节主要是就融资中的一系列关键问题进行决策和策划，包括：估算融资规模、确定融资渠道和方式、选择融资期限与时机、估算融资成本、评估融资风险等。

（三）融资材料的准备与谈判

创业企业在该环节一方面要着手准备相关融资资料，编制融资计划书；另一方面要开始与潜在资金提供方接触，就资金的使用价格、期限、提供方式、还款方式等细节进行协商，直到达成一致。

（四）过程管理

该阶段包括融资组织、策划与实施等内容，根据双方谈判的结果和要求，对所有资金到位前的工作进行细化、论证、安排。核心是制定融资实施方案与签订融资协议两个环节。

（五）事后评价

通过分析总结成败之处，为下次融资积累经验和相关资料。包括：融资效果评价及其经验、教训分析，融资参与人的表现及其奖惩处理，企业融资档案的建立等。

第四节　如何编写创业计划书

一份创业计划书是表达企业和赋予企业人性化的证明，所以如何形成一份完整的、合格的创业计划书非常重要。

一、对创业计划书的理解

（一）创业计划书的定义

创业计划书是将有关创业的想法，通过白纸黑字最后落实的载体，其质量往往会直接影响创业发起人能否找到合作伙伴、获得资金及其他政策的支持。具体而言，创业计划书是从企业内部的人员、制度、管理以及企业的产品、营销、市场等方面对即将展开的创业项目进行可行性分析，以全面介绍企业和项目的运作情况，阐述产品市场和融资要求及竞争、风险等未来发展前景。总体要做到:内容翔实、数据丰富、体系完整、通俗易懂、装订精美。

创业计划书要介绍:创办企业的目的;创办企业所需资金;企业的投资价值等。

(二) 创业计划书的作用

创业计划书的作用体现在以下四个方面:一是详细解释企业目标,清晰揭示目标实现步骤及时间进度安排;二是系统指导企业经营并实现目标,为经营企业提供路线图;三是向融资机构和投资者介绍商机,吸引他们投资;四是揭示所有潜在经营风险,明确详细的行动方案。

(三) 创业计划书的特点

1. 切合实际

一份不符合企业实际的创业计划书如同被锁在抽屉里的一份咨询文案,是没有任何意义的。

2. 便于操作

创业计划书不是做出来让人看的,而是自己在创业实践中一一执行的,因此,创业计划的可操作性、可执行性就非常重要。

3. 突出重点

创业计划不求全面,一个健全的组织体系、管理体制不是一两天造就的,市场不会等一切准备好了才开战。因此对于一个初创企业来说,有两点非常重要:一是快速形成企业利润,使初创企业尽快得到血液,为生存发展奠定基础;二是快速建立企业的消费者反应机制。

二、创业计划书的基本框架

创业计划书是给别人讲述自己未来的创业故事,虽不同类型的创业计划书的具体内容不同,甚至也无严格一致的格式与体例,但仍然有一个基本框架。

(一) 事业描述

本部分要描述所要进入的是什么行业,卖什么产品(或服务),谁是主要的客户,所属产业的生命周期,企业采用什么样的组织形式,打算何时开业,营业时间有多长等。

(二) 产品或服务

本部分需要描述企业的产品或服务到底是什么,企业的产品或服务与竞争者的有什么差异。

(三) 市场分析

首先要界定目标市场在哪里,是既有的市场既有的客户,还是在新的市场开发新客户。对于不同的市场、不同的客户都有不同的营销方式。在确定目标之后,决定怎样上市、促销、定价等,并做好预算。

(四) 收入

介绍企业的收入来源,预测收入的增长空间。

(五) 竞争情况及市场营销

分析企业现有和将来的竞争对手及其优势和劣势;明确本企业的优势和战胜竞争对手

的方向,制定营销策略。

(六) 管理团队

企业的主要创立者及其职务、工作经验、受教育程度等,企业的全职员工和兼职员工人数,公司主要股东及其持股的情况。

(七) 财务预测

企业财务报表、投资的退出方式(公开上市、股票回购、出售、兼并)。

(八) 资本结构

企业资金筹集和使用情况、公司的融资方式、融资前后的资本结构表。

(九) 成长与发展

下一步要怎么样,三年后会如何,这也是创业计划书所要提及的。企业要持续经营,所以要说明企业的中长期规划。

(十) 附录

支持上述信息的资料,包括管理层简历、销售手册、产品图纸等。

三、创业计划书的编写步骤

准备创业方案是一个展望项目的未来前景、细致探索其中的合理思路、确认实施项目所需的各种必要资源、再寻求所需支持的过程。

需要注意的是,并非任何创业方案都要完全包括上述大纲中的全部内容。创业内容不同,相互之间的差异也就很大。

第一阶段:经验学习。

第二阶段:创业构思。

第三阶段:市场调研。

第四阶段:方案起草。写好全文,加上封面,将整个创业要点抽出来写成提要,然后按创业计划书内容的顺序将全套创业方案排列起来。

第五阶段:最后修饰阶段。首先,根据你的报告,把最主要的东西做成一个 1~2 页的摘要,放在前面。其次,检查一下,千万不要有错别字之类的错误,否则别人对你做事是否严谨会产生怀疑。最后,设计一个漂亮的封面,编写目录与页码,然后打印、装订成册。

第六阶段:检查。在创业计划书写完之后,创业者要对计划书检查一遍,看看该计划书是否能准确回答投资者的疑问。重点检查以下几个方面:

(1) 创业计划书是否显示创业者具有管理公司的经验?

(2) 创业计划书是否显示了创业者有能力偿还借款,要保证给预期的投资者提供一份完整的比率分析。

(3) 创业计划书是否显示了进行过完整的市场分析。要让投资者相信计划书中阐释的产品需求量分析是可靠的。

(4) 是否容易理解。创业计划书应该具有索引和目录,以便投资者可以较容易地查阅各个章节。

(5) 是否在文字上全部正确,拼写错误和排版错误也会让机会溜走。

(6) 是否打消投资者对产品(服务)的顾虑,如果需要,可以准备一件产品模型。

本章小结

本章主要介绍了企业战略、商业模式、融资方法和创业计划书四个方面的问题。面对不断变化的内外部环境,创业企业首先应确定好企业战略;其次,设计出合适的商业模式,这是每个创业者创业成功的基本前提;再次,创业企业的发展,离不开资金的支持,创业企业要从目标投资者选择、风险控制、融资战略等方面策划融资活动;最后编制出全面、严谨的创业计划书非常重要。

复习思考题

1. 商业模式的构成要素有哪些?
2. 创业融资的渠道有哪些?
3. 请编制一份创业计划书。

案例讨论题

好立方的蜕变

好立方。这个名字是不是似曾相识?北京有个水立方,杭州有个好立方,这就是创意。但杭州这个好立方是做百货超市的。

好立方的创始人陈建华,是浙江一私营企业老板,此前的主业是做食品包装企业,像康师傅方便面的包装盒子就是陈建华做的,在全国几个城市都有包装厂,年销售收入近 30 亿元,每年净利润 2 亿元,比较稳定。但陈建华意识到这个产业到天花板了,因为大的食品企业已都是他的客户,公司的增长要随着食品企业的增长而增长,市场的成长空间很有限。

这样的发展无疑相当于一条腿走路,一定要有相关的产业相辅相成或形成支持,陈建华想到了向下游 B2C 流通行业延伸。因此,两年前,陈把包装企业交给 CEO 管理,自己则开始了第二次创业,"好立方"商标就是在这样的情形下注册的。

一、废弃集装箱"再就业"

好立方要经营的是百货超市,而开超市首先需要场所,要么租房子,要么买房子,又或者自己建房子,但好立方既不租不买也不建房子,而是把超市开进了用废旧的集装箱改造的场所内,属于典型的小超市。其次,大家知道超市要开在人流量大的地方,一般开在城镇里,但好立方把超市开进了村子里。

然而，结果却证明好立方的生命力很强。集装箱开进了哪个村，哪个村的小商店统统关门，因为好立方的产品种类齐全，具有极强的市场吸引力，极大地聚集了人气。把超市开到农村去，极大方便了农民购物。过去，农民到城里买双鞋，来回的路费可以再买一双袜子，况且好立方的价格并不比城里超市高。

好立方也就引起了浙江省委的重视，2010 年 9 月，浙江省商务厅颁布文件，承认了利用农村空闲地放置集装箱用地的合法性，使一直困扰好立方的“房产证”问题在区域内得到了解决。浙江省还发文通告，要求工商、税务、烟草等部门在政策允许的范围内给好立方开绿灯。浙江电视台农村节目对此进行宣传报道，相当于免费的“广告”。

浙江省政府的支持，无疑给陈建华打了“强心针”，他随即给好立方又追加了 5 000 万元的投资。

那么，这样的超市收入如何呢?

一个这样的超市在一个村一年的毛收入在 60 万 ~ 200 万元，因为没有中间环节，毛利率达到 30%，当然，其运输、人工等管理费用也很高，但即便如此，盈利能力仍非常强。为此，陈准备产业化管理，规范化运作，将来好把这个公司打包上市，然后用募集的资金把这个模式复制到其他省份去。

但同时陈建华觉得单枪匹马不如找一个合作伙伴，后来和一个德国的著名超市有初步意向。陈建华看中这个德国超市的管理经验，因为自己这么大的产业需要有经验的合作伙伴来管理，而这个德国超市则看中了好立方的商业模式和大陆的农村市场。于是，好立方和这家德国超市坐下来谈起了战略合作。

二、“卡位”营收方式

找到了“另一半”，就差最后的签字了。想不到的是，双方“谈恋爱”谈了一年半，合同始终不能签下来。因为，彼时的好立方尽管模式好，创意新，但公司是亏本的，开一个亏一个，为什么？原来存在一个天大的麻烦，那就是税收问题。因为要想规范化操作，和德国方合作，那么，所有村里直营超市的组织形态必须是子公司或分公司，也就是说，进货一定要有发票，不然所得税没办法解决。

众所周知，小规模纳税人销售额达到 80 万元以上就变成一般纳税人了，就需要有增值税专用发票。所以，小商品提供者，像生产圆珠笔之类的厂商都不肯开发票，如果一定要开发票，这些中小企业供应商只能去代开，那进货价格就贵了。而原来能实现的 30% 的毛利是在不开发票的情况下做到的。也就是说，如果没有变通的方法，这个买卖就做不下去。

这时，陈建华的财务总监出了个主意，建议用个人的身份证到工商所把开在所有村里的超市都办成个体户。农村一个小商店办个体工商户是不需要建账的，一个月交几百块的定额税就够了。

但陈建华没有接受这个方案，因为这种方式是“做生意”而不是“做企业”，与其这样做不如不做。

由于没有进行个体户化方案，公司还是一直在亏，虽然陈建华深信可以找到一个商业模式，但一直没找到，最后只能依靠包装厂频繁向好立方输血，像一个无底洞。德国人也想不通，会计师、律师找了无数都提不出好的解决方案，最后还找跨国咨询机构，结果仍然一无所获。

由于亏钱，而且未能引入资本，好立方一度到了是关还是继续维持的关键抉择时刻。

三、好立方破茧重生

转机还是在于商业模式的改进，好立方最终进行了颠覆性的变化，获得了重生。

首先，把公司做成“直营店＋加盟店”的形式，注册一个好立方连锁经营公司，直营店开在城里作为形象展示和管理中心，核心功能是管物流。同时，把所有农村里的超市搞成个体加盟，一个村找一个人来做加盟，条件是加盟者出2万元获得加盟，保证一年可赚5万元。按照年利润50万元，给加盟者5万还剩有45万收入，但出2万每年赚5万的条件，这在农村是具有很大诱惑力的。

四、改进后的好立方是怎么赚钱的呢？

直营店在城里面主要赚买卖差价，而所有农村里的超市，好立方有几个赚钱的点子：第一，加盟费，“特许经营费＋管理费”；第二，物流费，所有的进货渠道由好立方掌握，好立方安排统一进货，加盟商要支付物流费和委托代购的手续费，加盟商也乐于其成，因为好立方的运输效率最高、成本最低；第三，向供应商收费，比如有个毛巾厂，若跟好立方合作，那么这个毛巾厂的毛巾就可以卖到整个浙江省的所有加盟店，好立方有渠道优势，就像苏宁电器那样，可以收进场费、商品预存费、仓储费、保管费、商品陈列费、上架费、条码制作费再加广告宣传费等；第四，广告费，好立方的物流配送有很多卡车，可以卖车身广告；第五，将来发展壮大了，好立方可以把产业链纵向延伸，打造自有品牌的产品。

此外，由于供应商供给加盟店仍然都没有也不需要开发票的，所以当好立方的直营店索要发票就很容易被接受了。毕竟，供货商把给全省加盟店的供货价格增加一分钱，同时把给直营店的供货价格减少三分钱，还是可以做到的。由此，好立方公司的账变得干干净净，可以放到太阳底下晒。

如此安排，在账目上，好立方的收入直营店有几十个亿，其他的是好立方的特许经营管理费、手续费、运费、佣金等至少还有70个亿，其毛利率很高，仍然会受到资本市场的青睐。

改进后的好立方现在实行轻资产的管理模式，过去好立方在一个村，至少要发两个人的工资，一万个村就要签两万份劳动合同，交两万份养老保险，发两万个人的工资。好立方现在搞个体加盟，加盟者自己给自己发工资，实际上也等于是赚了两份高工资，但好立方变轻松了，只要在直营店和管理公司各配几十人就足够了。同时，好立方不再购买集装箱了，那是加盟商的固定资产，得自己买，每个集装箱可通过好立方来代买，好立方从中还可以赚3 000元，因为拥有统一的进货渠道并且还要改装后出售。此外，因为这个搭建起来的渠道平台和品牌效应，好立方获得强势地位，可以占用供货商的现金，压款三个月就有三个月的现金流，从而不用再像之前一样需要去贷款提现金了。

五、结语

好立方的招牌打响了，这样的画面出现了：农民没来，村支部书记都来了，最多一天来了几十个村支书来签加盟合同。所以，一个好的商业模式可以让一个濒临倒闭的企业起死回生。

总的来说，好立方的商业模式是根据战略来走的，加盟商的战略是发财，好立方给制定了一个发财的商业模式;好立方的目的是发展,所以制定了一个发展的商业模式。有了战略之后,又有了个好创意,“好立方”这三个字就是创意,然后才有商业模式。与之相伴的是要成立哪些公司,决定集团的组织架构,各个公司股权结构怎样安排。接着,则需要研究业务流程和交易结构,以及相关法律主体的会计税务模拟,最后才是拟订合同,交付执行。

好立方经过改进之后,上述的德国超市已经同意“联姻”,3 000 万股占比 20% 股权,融资了 1.2 个亿,9 000 万作为资本公积,这部分资本公积金就可以弥补前期的大部分亏损数额。

改进后的好立方,充分考虑了资金的运用,利用加盟者自己的资金和供货商资金,在这个商业模式里面,连锁加盟是战略,组织结构交易结构是战术,后面的执行是技术。

资料来源:依据高金平在经理人网站上的文章摘编而成.

问题:你如何看待“好立方”的商业模式创新?

第五章 运营管理

本章导读

真正成功的企业应该清楚自己的营利方式，是为某类特定客户定制高端产品或服务，还是生产一般性的、具有普遍需求的经济型产品。如何根据客户需求设计产品，如何把握市场需求变化合理安排生产计划，如何分析和改善运营流程，使得企业能够更有效地提供产品和服务，这些对任何企业而言都是根本性的问题，是决定企业经营成败的重要因素。本章将介绍运营管理的四个主要内容，说明运营管理如何支持企业以顾客期望的方式提供产品和服务，赢得竞争优势。

第一节 企业如何选址

所谓选址，即选择企业所在的地理位置。它是企业运营系统启动的第一步，对企业以后的经营结果具有决定意义，对于企业的最终成功有着至关重要的作用。选址决策，对于制造企业而言是控制成本的决定性因素；对于服务企业而言则是获得收益的重要决定因素。

一、企业选址的类型

选址问题实质就是在多个备选位置中确定一个相对优越的位置，这取决于所采用的决策标准。常用的选址决策标准要考虑成本、总收入、响应时间等多种因素。由此，企业的选址问题可以分为了以下四种类型（见表5-1）。

表5-1 选址类型举例

选址类型	决策标准	应用举例	决策方法
单设施选址	多重标准	工厂、政府设施、医院、发电厂	因素评分法
多工厂、仓库选址	分销成本最小化	多个工厂、多个仓库、多个工厂和仓库	重心法 线性规划法
竞争性选址	销售收入最大化	银行、商场、超市、餐馆	

续表

选址类型	决策标准	应用举例	决策方法
紧急服务选址	响应时间最小化	急救站、消防站、警察局	最小最大法

(一) 单设施选址问题

所谓单设施选址，是指新建设施不会与已有的其他设施发生相互作用，不会对已有的其他设施产生影响。例如，一个工厂、政府设施或零售商店等。单设施选址问题的一个假设是：其总收入、成本或其他特性不受已有的其他设施的影响。这样一来就可以把单设施选址问题孤立起来考虑。

单设施选址问题通常需要综合考虑多方面因素，既要考虑成本因素，也要考虑非成本因素，例如，劳动力供应、税收政策、生活条件等，所以单设施选择是一个多重标准选址问题。可以用本节后面介绍的因素评分法（Factor-rating Systems）进行决策。单设施选址决策中需要考虑的成本因素和非成本因素如下。

(1) 成本因素：

- 土地、建筑物和设施成本；
- 运输成本；
- 公用设施成本；
- 税收和保险；
- 劳动力成本。

(2) 非成本因素：

- 劳动力供应状况；
- 劳动力和工会关系；
- 社会态度；
- 政府规章制度；
- 环境条件；
- 生活质量（医疗、学校、生活方式、治安、娱乐等）；
- 竞争对手反应。

(二) 多工厂、仓库选址问题

多工厂和仓库选址问题，就是在现有的工厂或仓库系统中，根据公司战略，增设一个新的工厂或仓库，这样原系统内其他工厂或仓库的运输模式和生产水平就需要调整，从而导致原系统的总运输成本和总生产成本发送变化。多工厂和仓库选址的主要决策目标是系统运行成本最小化，即从系统的角度出发，为新设施寻找一个最佳位置，使整个系统的运行成本（运输成本或运输距离）最小。

(三) 竞争性选址问题

竞争性选址问题，典型地出现在像零售店、食品店和快餐店一类的选址中，其特征是总收入与竞争对手的相对位置有关，设施位置是影响总收入高低的重要因素。因此，这类设施的选址决策标准通常是收入最大化。虽然选址对这类服务设施的总收入影响很大，但选址并不是决定这类设施总收入高低的唯一因素，像商店的市场定位、经营策略和特色、附近竞争对手的密度和竞争强度等都会影响总收入的高低，所以竞争性选址问题目前并没有一种普遍适用的模型和方法。

（四）紧急服务选址问题

此类选址问题涉及紧急服务的提供，如消防、治安和急救。这类问题通常把最短响应时间作为决策标准，因为在提供紧急服务时，时间是首先需要考量的因素。对于这类选址问题，可以采用本节介绍的最小最大方法进行决策。

二、企业选址的方法

（一）因素评分法

因素评分法（Factor-rating Systems），作为一种决策技术，在现实中应用广泛。它通过划分不同等级和为不同的影响因素赋予不同的权重，来对每个备选方案在各种相关因素上的表现进行评分，是一种可以综合考虑多种影响因素的决策方法。但因素评分法也有局限性，就是在决策过程中会或多或少地融入决策者的主观因素，使得作出的评估和决策不够客观。

因素评分法的具体步骤如下：

（1）列出主要影响因素（能源供应、运输条件、政府法规等）。

（2）赋予权重（权重之和为 1、10 或 100）。

（3）对全部影响因素划分等级，并确定每一备选方案在该影响因素上的等级得分（因素等级可以划分为 5、10 或 100）。

（4）计算各备选方案因素得分（因素权重乘以因素等级）。

（5）比较各备选方案总得分，得分高者为优。

下面我们通过一个例题来介绍因素评分法。

例 5-1

一个连锁超市要新开设一家分店，现有两个备选位置，具体信息如表 5-2 所示。

表 5-2 连锁超市备选位置信息

影响因素①	权重②	备选位置 A ③	备选位置 B ④	加权得分	
				位置 A：② × ③	位置 B：② × ④
交通条件	1.5	8	10	12	15
面积	1.5	6	4	9	6
租金	1.0	10	8	10	8
附近人口	2.5	6	6	15	15
停车场	1.0	8	6	8	6
周边超市	2.5	6	8	15	20
总得分				69	70

两个位置相差不大，位置B总得分高于位置A，所以应选择位置B作为超市新开店地址。

有关因素评分法需注意：首先，为了便于量化和比较，计算总得分时需要把各个因素的得分进行相加，即各因素得分可以线性相加。这就意味着某一因素上的低得分可以由另一因素上的高得分所补偿，但是这种假设并不是一直成立的。

其次，是模型的选择。因素评分法有两种计算方法：相加模型和相乘模型。相加模型就是把每个位置在各因素上的得分相加，得出一个总分，得分高者为优。相加模型适用于一般情况。但在一些决策中，要求选择的备选方案中所有因素都要有相对高的等级，此时选择相乘模型更为合理。相乘模型就是把每个位置在各因素上的得分相乘。在相乘模型中，任何一个低得分的因素都可导致低的总乘积得分。

（二）重心法

重心法（Centroid Method）主要用于选择配送中心或中转仓库，它把分销成本看作运输距离或运输数量的线性函数，目标是寻找分销成本最低的仓库位置。重心法的步骤如下：

（1）建立坐标系，确定各地点在坐标系中的相对位置。

（2）运用公式计算出重心的坐标位置，计算公式如下：

$$C_x=(\sum d_{ix}V_i)/V_i \quad C_y=(\sum d_{iy}V_i)/V_i$$

式中：C_x——重心横坐标；

C_y——重心纵坐标；

d_{ix}——第 i 地点横坐标；

d_{iy}——第 i 地点纵坐标；

V_i 第 i 地点运往目的地的运输量。

下面我们用一个例题对重心法进行介绍。

例 5-2

某连锁超市要在A、B、C、D四个分店之间建立一个配送中心M，各分店的坐标位置及其物流量如表5-3所示，试确定配送中心M的坐标位置。

表 5-3 各分店位置坐标及物流量

位置	各分店到配送中心物流量
A(200,40)	1 000
B(450,60)	500
C(500,70)	1 500
D(600,50)	2 000

解：$C_x=(\sum d_{ix}V_i)/V_i=(200\times1\ 000+450\times500+500\times1\ 500+600\times2\ 000)/(1\ 000+500+1\ 500+2\ 000)=475$

$C_y=(\sum d_{iy}V_i)/V_i=(40\times1\ 000+60\times500+70\times1\ 500+50\times2\ 000)/(1\ 000+500+1\ 500+2\ 000)=55$

配送中心 M 的位置是(475,55)。

(三) 线性规划法

线性规划法主要用于解决系统优化问题。当一个系统需要从多个生产地运送货物到达多个目的地时,线性规划法可以帮助企业找到运送成本最小、利润最大的系统配送方案。或者在一个有多个生产工厂和仓库的系统中,需要新建一个工厂或仓库时,线性规划法可以帮助企业确定新建工厂、仓库的最佳选址。

线性规划法的具体步骤如下:

(1) 建立目标函数(成本最小化)。

(2) 建立约束方程(各种约束条件)。

(3) 求解。

(4) 运用求解结果,比较各备选方案的总成本,选择总成本最小方案。

下面我们用一个例子对线性规划法进行详细阐述。

例 5-3

某制衣厂现有 A、B 两个生产工厂,负责向四个客户仓库供货。公司管理层计划新建一个生产厂,现有两个备选厂址,试用线性规划法确定一个总配送成本最小的厂址。各工厂供货量、仓库需求及单位产品运输成本如表 5-4 和表 5-5 所示。

表 5-4 成衣工厂供货量及仓库需求

工厂厂址	供货量	仓库位置	需求量
A 工厂	16	1 号仓库	10
B 工厂	7	2 号仓库	12
备选厂址 1	14	3 号仓库	15
备选厂址 2	11	4 号仓库	9

表 5-5 单位产品运输成本

始发地	1 号仓库	2 号仓库	3 号仓库	4 号仓库
A 工厂	25 X_{11}	30 X_{12}	35 X_{13}	55 X_{14}
B 工厂	60 X_{21}	30 X_{22}	25 X_{23}	25 X_{24}
备选厂址 1	35 X_{31}	40 X_{32}	80 X_{33}	95 X_{34}
备选厂址 2	35 X_{41}	40 X_{42}	66 X_{43}	70 X_{44}

解:选址备选厂址 1:

目标函数:$\min Z_1=\sum C_{ij}X_{ij}$

式中:Z_1——总成本;

C_{ij}——i 工厂运到 j 仓库的单位运输成本;

X_{ij}——i 工厂运到 j 仓库的运输量。

约束方程:$X_{11} + X_{12} + X_{13} + X_{14} = 16$

$X_{21} + X_{22} + X_{23} + X_{24} = 7$

$X_{31} + X_{32} + X_{33} + X_{34} = 14$

$X_{11} + X_{21} + X_{31} = 10$

$X_{12} + X_{22} + X_{32} = 12$

$X_{13} + X_{23} + X_{33} = 15$

$X_{14} + X_{24} + X_{34} = 9$

同理,可以列出选址备选厂址 2 的目标函数和约束方程,比较 Z_1 和 Z_2,小者即为总配送成本最小的厂址。

(四) 最小最大法

最小最大法是用于解决紧急服务类选址的一种方法。所谓最小最大,就是在进行决策时,把服务区内所有备选位置提供服务所需的最长时间计算出来,从中选择最长时间最小的位置作为最佳位置。下面我们用一个例子对最小最大法进行阐述。

例 5-4

某小镇有 8 个社区,现在小镇决定建立自己的消防站,为了能够快速服务小镇所有居民,消防站必须建立在公路沿线上的某个社区内。各社区分布及社区之间最短交通时间如图 5-1 所示。那么,消防站建在哪个社区才能满足最快响应时间要求呢?

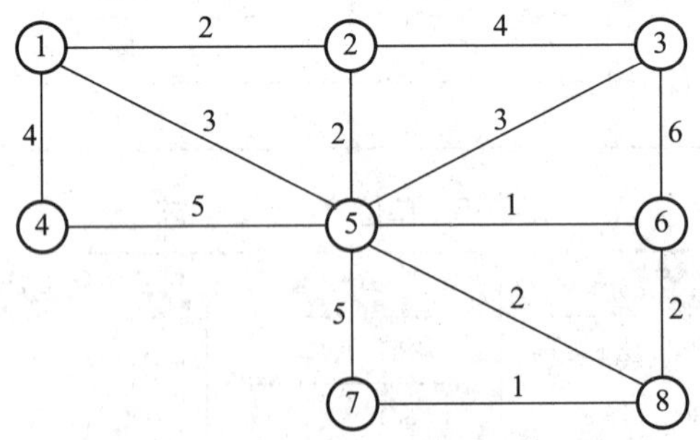

图 5-1 小镇社区分布及交通时间图

对于这个问题,最大最小法是这样来解决的。首先计算消防站在位置 1 的时候消防车到达最远的社区所需要的最长时间,然后再计算消防站在位置 2 的时候消防车到达最远的社区所需要的最长时间,以此类推,直至计算出消防站在所有 8 个位置时,消防车到达最远社区所需要的最长时间。第二步，在上述 8 个最长的时间中，选择那个最长时间最小的位置作为消防站的选址。具体计算过程见表 5-6。

表 5-6 社区之间交通时间

消防站选址	社区 1	社区 2	社区 3	社区 4	社区 5	社区 6	社区 7	社区 8	最长时间
社区 1	—	2	6	4	3	4	8	5	8
社区 2	2	—	4	6	2	3	5	4	6
社区 3	6	4	—	8	3	4	6	5	8
社区 4	4	6	8	—	5	6	8	7	8
社区 5	3	2	3	5	—	1	3	2	5
社区 6	4	3	4	6	1	—	3	2	6
社区 7	8	7	6	8	3	3	—	1	8
社区 8	5	4	5	7	2	2	1	—	7

从表 5-6 中可以看出，消防站位于社区 5 时，最长时间最小，为 5，所以该小镇的消防站应安排在社区 5。

需要注意的是，在这个例子中，并没有考虑诸如交通状况、行驶速度等因素的影响。对于复杂的紧急服务选址问题，我们可以借助大数据、仿真模型把诸如紧急服务密度、道路交通流量、行驶速度、可供调配的车辆等因素加入其中，这样不仅可以做出选址决策，还能做出能力决策。

第二节 如何进行产品设计

在全球竞争趋势愈演愈烈的今天，市场环境在快速变化，新产品设计已成为大多数企业生存的关键。企业需要利用新技术和大数据及时把握快速变化的市场需求，不断改进和开发新产品，以满足用户需求。本节将系统介绍两种产品设计方法：质量功能展开和价值分析。

一、质量功能展开

质量功能展开（Quality Function Deployment，QFD）是一种把顾客需求融入产品设计规范的方法，由日本三菱（Mitsubishi）商会在 1972 年提出，后被丰田汽车公司（Toyota）及其供应商应用并发展。通过使用 QFD 方法，丰田公司大幅缩短了产品设计时间，并将汽车成本降低了 60%。目前 QFD 方法已广泛应用于电子、家电、服装、设备、服务行业等众多领域。

QFD 是通过一个被称为质量屋的工具来进行产品设计的，其结构如图 5-2 所示。它由五个部分组成。最左边的是客户需求区，在这里设计人员把客户需求（意愿）按其重要

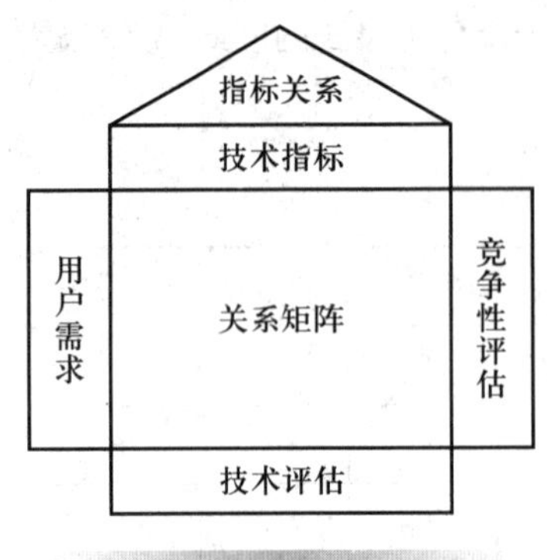

图 5-2 质量屋

性进行排序，并为每一客户需求赋予一个权重。质量屋上部是设计要求区，在这里列出产品应具备的各项技术指标。中间是关系矩阵，它是质量屋的主体，设计人员要在这里把客户需求和产品技术指标关联起来，关联关系可以分为十个等级，也可以简单地划分为强相关、中相关、弱相关三个等级。竞争性评估，是从客户角度把本公司产品与竞争对手产品进行比较。技术评估，是从产品技术指标的角度把本公司产品与竞争对手产品进行比较。三角形指标关系区，则是对产品技术指标之间的互动关系进行描述。

QFD 产品设计过程从倾听和了解顾客需求入手，其具体设计过程如下：

(1) 确定用户需求并赋予相应权重。

(2) 确定产品技术指标。

(3) 利用 QFD 把用户需求与技术指标相关联。

(4) 找出对用户需求影响最大的技术指标。

下面我们用一个汽车车门设计的例子来说明 QFD 的设计方法(见图 5-3)。QFD 设计过程包括三部分：

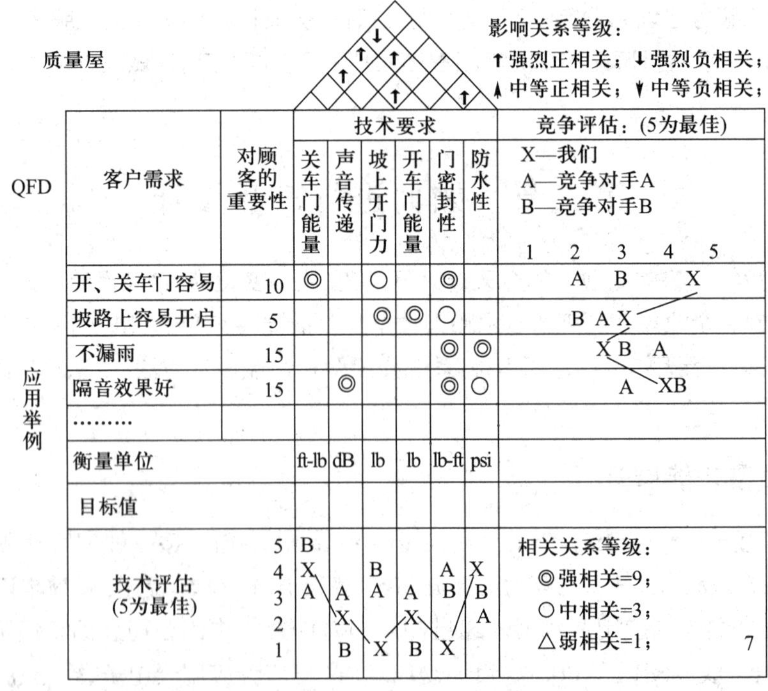

图 5-3 质量屋关系矩阵，表示工程决策如何影响客户感觉

资料来源：John R Hauser, Don Clausing. The House of Quality. Harvard Business Review, May-June 1988: 63-73.

(一) 客户意愿

构造质量屋矩阵是从左边的客户意愿(Customer Aspiration, CA)开始的，在车门设计的例子中,客户意愿可能是“开、关车门容易”“在坡路上容易开启”“不漏雨”“隔音效果好”等。客户意愿通常由市场部通过市场调查确定。在确定了 CA 之后,设计人员要基于客户对 CA 相对重要性评分,给每一项客户意愿赋予一个权重,如图 5-3 所示。权重总分为 10 分或 100 分。在质量屋右边的竞争性评估中,收集客户对每项 CA 的评价数据,并把结果与竞争对手的相比较,以确定公司产品在客户心中是领先、同等还是落后于竞争对手,最后用一个折线图表示出来。例如,在车门设计折线图中,可以很容易地看出公司产品在“开、关车门容易”和“坡路上容易开启”这两项上领先于 A、B,但在“不漏雨”这一项上却不如两个竞争对手。

(二) 技术指标

矩阵左边的 CA 指出客户想要什么,矩阵上部的技术指标(Technical Indicators TI)则显示怎样才能满足这些客户意愿。在矩阵上部,设计团队要列出产品应具备的技术指标(TI),这些指标可能满足客户意愿中的一个或几个。每个技术指标都用量化数值表示,例如,“关闭车门能量”多少磅、“声音传递”多少分贝等。矩阵底部是技术评估,在这里设计团队要把本公司有关车门的各项 TI 数值与竞争对手 A、B 进行比较,并做出折线图。例如,数据显示我们的车门在“声音传递”方面落后于 A 公司产品。在“目标值”栏里,产品设计团队要确定各项 TI 的目标值,以保证公司新车门比竞争对手的车门在哪些 TI 上要领先,哪些要平齐。

(三) CA 与 TI 关系

确定了客户意愿(CA)与技术指标(TI)之后,要逐个评价每个 TI CA 的影响,并在此基础上把两者关联起来。关系等级可以划分为十个等级,用 0 至 9 十个数字表示。也可以简单地划分为三个等级,如图 5-3 所示,◎表示强相关,关系得分为 9；○表示中等相关,关系得分为 6；△表示弱相关,关系得分为 3。确定 CA 与 TI 关系时,可以通过实验数据或工程专家意见等方式来完成。

最后,屋顶由 TI 指标关系构成。在若干 TI 指标中,各指标之间经常是互相影响的,有些是正向的,有些是反向的,有些影响比较强,有些影响比较弱。屋顶指标关系区就是用来表示这些指标间关系的。当需要改变某个 TI 指标时,屋顶的信息用来决定它对其他 TI 指标将产生什么影响。同时也为设计备选方案提供参考。例如,“关车门能量”与“门密封性”是负相关,“关车门能量”的任何改变,都会对门的密封性能产生影响。这样在设计关门力量时,就可以事先把这种情况考虑到。

设计团队根据质量屋中的信息决定 TI 设计目标,这些目标显示在目标值一栏中。通过这种 QFD 设计方法,就能到达产品开发设计人员与客户的良好交流,把客户意愿转化为产品设计的技术指标,使得开发的产品更符合客户需求。另外,质量屋也能用来把产品需求转变为部件需求,然后转变为工艺设计和生产要求,从而形成一条完整的产品设计链。如图5-4所示。

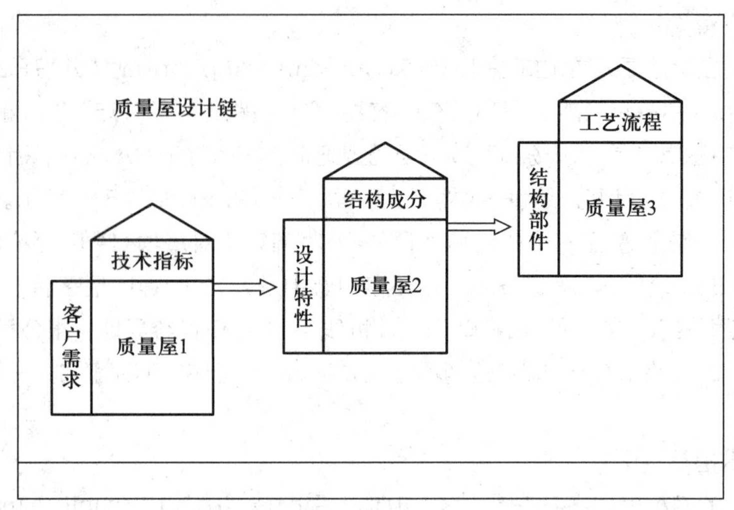

图 5-4 质量屋设计链

二、价值分析

成本和价值是两个不同的概念。成本是从企业角度衡量的，是用货币表示的企业为了创造产品所消耗的资源。通常包括劳动力、材料、企业的管理费用等。而价值则是从客户角度衡量的，是客户对产品实用性相对其成本的比率的理解。实用性包括质量、可靠性以及在未来使用中的性能表现等。价值是以最低成本满足客户需求。因此，基于成本不变增加产品实用功能，或者基于相同实用功能降低产品成本，都可以提高产品价值。

价值分析的基本思想，就是以更低成本获得同样的功能或以同样成本获得更多的功能。用公式表示就是：价值（V）= 功能 / 成本。功能代表产品要实现的基本功用，它是产品存在的价值，是产品设计的目标，是根本的。而成本则代表实现产品功能所需采用的方案和途径，不同的方案、途径成本也不相同。进行产品设计时，功用应保持不变，而途径（成本）则可以广泛选择。即功能是目的，途径（成本）是手段。价值分析提供了一种由目标到手段的思维方式。现实中，人们常把途径（方案）当成了产品设计的目的，因而限制了产品开发、设计的思路。利用价值分析进行产品设计的步骤如下：

（1）清晰界定产品的功能（设计目标）。

（2）基于定义的功能，列出尽可能多的实现上述功能的方案（手段和途径）。

（3）通过比较，找出功能 / 成本比率最高的方案（价值最高方案）。

下面我们以门吸为例，来说明如何利用价值分析方法进行产品设计。首先，我们要界定门吸要实现的基本功能。作为一个常见的家居用品，它的基本功能就是固定房门，保护墙体。那么要实现这一功能，可以有哪些方案呢？很显然，采用磁铁原理的门吸只是方案之一，固定房门还可以有其他途径，如用重物挡住门、用弹簧拉住门……这样，设计思路就会超出磁铁原理的范畴，产生更多想法。图 5-5 右边的小熊门挡就是一个与门吸原理完全不同的固定门的方案。

图 5-5 门吸与门挡

第三节 如何预测市场需求

预测(Forcasting)是根据过去的趋势或规律来推断未来的过程。预测有一个基本假设,即过去存在的变量间关系和相互作用机理,今后仍将存在并继续发挥作用。对于企业而言,需求预测与企业生产经营活动密切相关,它不仅为企业提供了其产品在未来一段时间里的需求期望水平,而且为企业的计划和控制决策提供了依据。

一、影响市场需求的因素

一般地讲,产品或服务的需求取决于该产品或服务的市场容量以及该企业所拥有的市场份额,但市场对企业产品或服务的实际需求是受多种因素影响的,也就是说,实际需求是市场上众多种因素共同作用的结果。其中有些因素是企业可以影响的,但有些因素是企业难以影响的。图 5-6 给出了影响需求的各种因素。

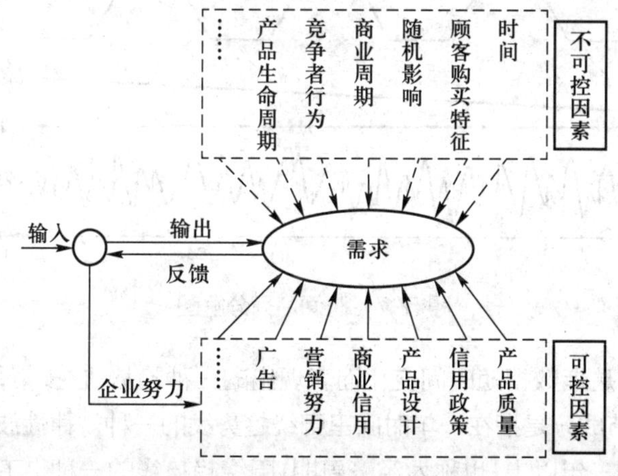

图 5-6 需求影响因素

二、预测的一般步骤

预测过程主要包括以下六个步骤:

(1) 决定预测目的和用途。

(2) 确定预测的时间跨度。

(3) 选择适当的预测方法。

(4) 收集并分析所有可以利用的资料。

(5) 预测。

(6) 对预测过程进行监控,必要时做适当调整。

三、时间序列预测法

时间序列就是按一定的时间间隔,把某种变量的数值依发生的先后顺序排列起来的序列。这些变量可以是销售量、收入、利润、产量等。通常,一个时间序列可以分解为多种需求成分:周期、季节波动、趋势、水平和随机性等。当这些成分叠加综合在一起时,就形成了一个复杂的时间序列,如图 5-7 所示。

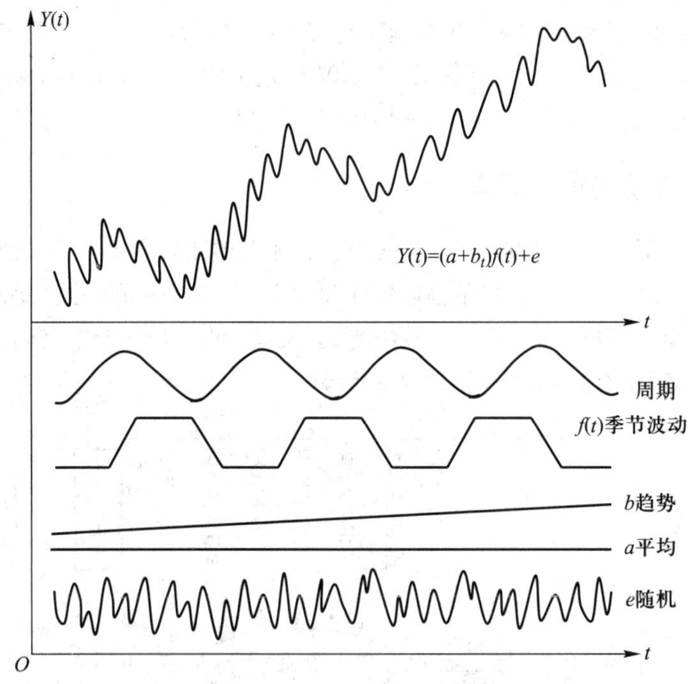

图 5-7 时间序列分解图

其中,趋势成分是指数据随时间变化而表现出的一种趋势,它按某种规律上升、下降或处于某一水平。季节成分是指在一年时间里围绕趋势线的一种规律性波动。周期成分是指在较长时间里(通常一年以上,也称为经济周期)围绕趋势线的一种上下波动。随机成分则是指由很多不可控因素引起的没有规则的上下波动。

时间序列的分解有两种模型:乘法模型(Multiplicative Model)和加法模型(Additive Model)。乘法模型是将各种成分数值相乘,以此得出需求估计值。加法模型则是将各种成分数值相加来得出需求估计值。对于不同的预测问题,人们通过观察时间序列的分布来选

用适当的时间序列分解模型。乘法模型和加法模型的公式如下：

加法模型：$Y_t = a + b_t + f(t) + e$

乘法模型：$Y_t = a \times b_t \times f(t) \times e$

下面，我们来讨论一种只含有平均和随机两种成分的时间序列。

(一) 只含有平均和随机两种成分的时间序列

这种时间序列不含有周期、趋势和季节波动成分，如图 5-8 所示。实际观察值只是围绕一个水平成分随机波动，这样只要确定了水平成分，预测问题也就迎刃而解了。这种时间序列可以用三种方法进行预测。

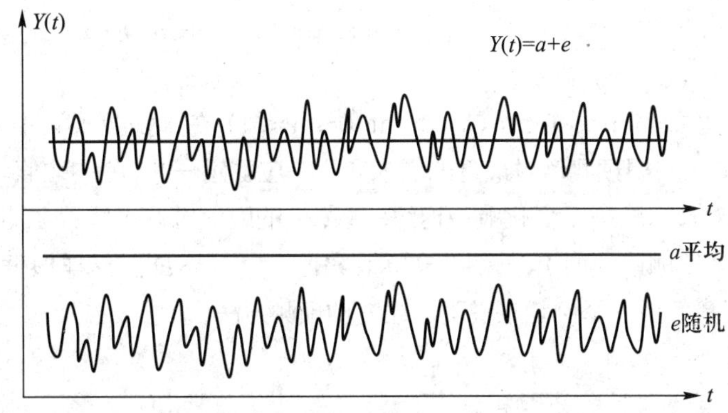

图 5-8 含有平均和随机成分的时间序列

1. 简单移动平均法

简单移动平均预测(Single Moving Average)就是取时间序列中最近的n个观察值的平均值。其计算公式如下：

$$F_{t+1} = A_t = \sum(\text{最近的}\,n\,\text{个观察值})/n$$
$$= (D_t + D_{t-1} + \cdots + D_{t-n+1})/n$$

式中：D_t——第 t 期观察值；

F_t——第 t 期预测值；

A_t——第 t 期平均值；

e_t——第 t 期预测误差；

$e_t = D_t - F_t$

在简单移动平均预测中，随着观察值n增多，预测值对于时间序列变化的响应会变慢，这是因为计算中包含了过多的数据。反之，观察值n减少，预测值对时间序列变化的响应会变快。如果时间序列中存在明显的趋势成分，移动平均预测值会滞后于实际的观察值，导致预测偏差。

2. 加权移动平均法

在简单移动平均法中，所有数据都有相同的权重(1/n)，这并不合理，应该是越接近预测期的数据影响越大，尤其在时间序列变化很快的时候。加权移动平均法就是赋予不同时期的数据以不同的权重。越接近预测期,权重越大。加权移动平均(Weighted Moving Average)的预测公式如下:

$$F_{t+1} = A_t = \omega_t \times D_t + \omega_{t-1} \times D_{t-1} + \cdots + \omega_{t-n+1} \times D_{t-n+1}$$

ω_i 代表第 t 个时期的权重,所有权重之和为 1。

3. 一次指数平滑法

一次指数平滑法(Single Exponential Smoothing,SES)是另一种形式的加权移动平均,它是使用过去时间序列值的加权平均来对未来时期进行预测的。其计算公式如下:

$$F_{t+1} = A_t = \alpha D_t + (1-\alpha)A_{t-1} = \alpha D_t + (1-\alpha)F_t$$

$$\begin{aligned} F_{t+1} = A_t &= \alpha D_t + (1-\alpha)A_{t-1} \\ &= \alpha(1-\alpha)^0 D_t + \alpha(1-\alpha)^1 D_{t-1} + \alpha(1-\alpha)^2 D_{t-2} + \alpha(1-\alpha)^3 D_{t-3} \\ &\quad + \cdots + \alpha(1-\alpha)^n D_{t-n} \end{aligned}$$

α 称为平滑系数(Smoothing Constant,$0 \leqslant \alpha \leqslant 1$),在大多数预测中,$\alpha$ 取值一般在 0.1 到 0.3 之间。如果希望预测值对最近的需求变化响应敏感一些,α 的取值可以偏大;反之,如果希望预测值对最近的需求变化响应迟缓一些,α 的取值应偏小些。在使用这一公式时,通常假定第一期的预测值等于第一期的实际观察值,即 $F_1 = D_1$。这样根据上面的公式,F_2 也等于 D_1。下面我们用一个例题来说明上述三种预测方法。

例 5-5

某乳制品公司去年牛奶的月销售量如表 5-7 所示。试用以下三种方法分别预测来年一月份的牛奶销量。

表 5-7　某乳制品公司去年牛奶月销量(千箱)

月份	1	2	3	4	5	6	7	8	9	10	11	12
销量(千箱)	172	217	190	233	179	162	204	180	225	250	151	218

(1) 简单移动平均法(分别取 $n = 3$ 和 $n = 5$)。

(2) 加权移动平均法($n = 3, \omega_1 = 0.5, \omega_2 = 0.3, \omega_3 = 0.2$)。

(3) 一次指数平滑($\alpha = 0.25$)。

解:(1)$n = 3$ 时,$F_{13} = (D_{12} + D_{11} + D_{10})/3 = (218 + 151 + 250) \div 3 = 206$(千箱)

$n = 5$ 时,$F_{13} = (D_{12} + D_{11} + D_{10} + D_9 + D_8)/5$

$= (218 + 151 + 250 + 225 + 180) \div 5 = 205$(千箱)

(2) $F_{13} = \omega_1 \times D_{12} + \omega_2 \times D_{11} + \omega_3 \times D_{10}$

$= 218 \times 0.5 + 151 \times 0.3 + 250 \times 0.2 = 204.3$(千箱)

(3) $F_2 = D_1$,根据公式 $F_{t+1} = \alpha D_t + (1-\alpha)F_t$ 逐次平滑计算,得 $F_{13} = 201$(千箱)

如果根据下面的平滑展开式计算,则得 $F_{13} = 195.5$(千箱)

$F_t+1 = A_t = \alpha D_t + (1-\alpha)A_t-1$

$= \alpha(1-\alpha)^0 D_t + \alpha(1-\alpha)^1 D_t-1 + \alpha(1-\alpha)^2 D_t-2 + \alpha(1-\alpha)^3 D_t-3$

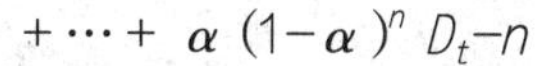

$+\cdots+\alpha(1-\alpha)^{n}D_{t}-n$

三种预测方法的折线图如图 5-9 所示。从第 12 期的预测结果看，移动平均 $n=3$ 的预测结果(206)最为接近第 12 期实际观察值(218)。

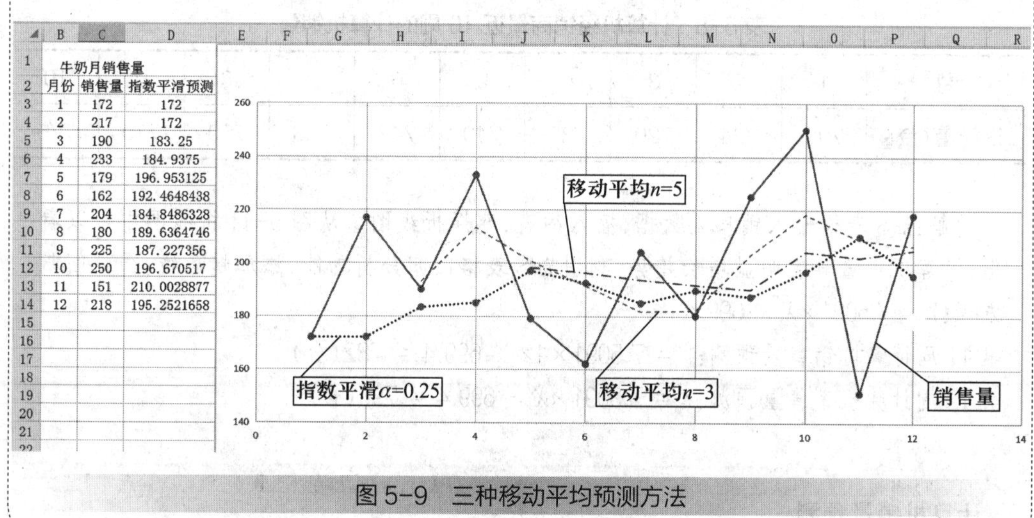

牛奶月销售量

月份	销售量	指数平滑预测
1	172	172
2	217	172
3	190	183.25
4	233	184.9375
5	179	196.953125
6	162	192.4648438
7	204	184.8486328
8	180	189.6364746
9	225	187.227356
10	250	196.670517
11	151	210.0028877
12	218	195.2521658

图 5-9 三种移动平均预测方法

(二) 含有平均、随机和趋势成分的时间序列

含有平均、随机和趋势成分的时间序列如图 5-10 所示。对于这种时间序列，我们通常是用回归分析方法来解决的。利用 WPS 表格工具做出观测值折线图，然后确定观测值趋势线，再利用趋势线对未来时间段做出趋势预测。下面我们用一个例题来说明这种时间序列的预测方法。

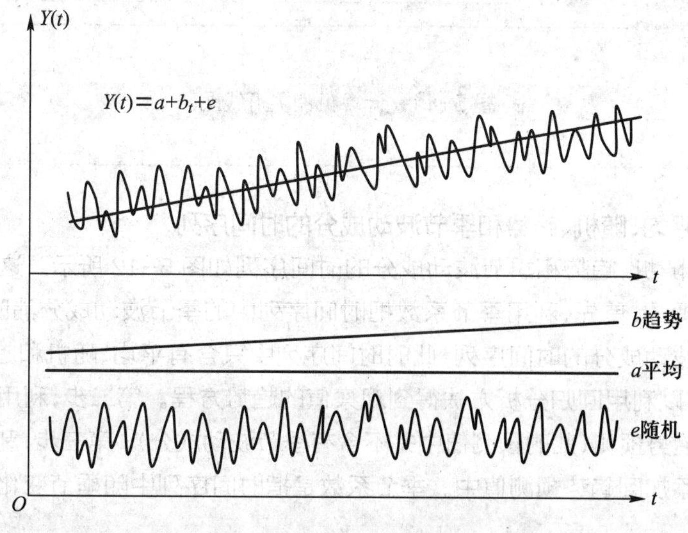

图 5-10 含有平均、随机和趋势成分的时间序列

例 5-6

某计算机经销商最近10周的计算机销量如表5-8所示，要求描点作图，判断是否存在长期趋势，若存在，建立模型预测第11、12周的计算机销售量。

表 5-8　计算机经销商最近10周的计算机销量

周	1	2	3	4	5	6	7	8	9	10
销售量(台)	700	724	720	728	740	742	758	750	770	775

解：WPS表格输入销售量数据，插入图表，选择折线图。从图5-11折线图中可以看出，计算机销量具有明显增长趋势，利用WPS表格回归分析功能，添加趋势线，得到回归方程：$Y = 7.5091 \times X + 699.4$

第11周计算机销售量预测：$Y = 7.5091 \times 12 + 699.4 = 782$(台)

第12周计算机销售量预测：$Y = 7.5091 \times X + 699.4 = 790$(台)

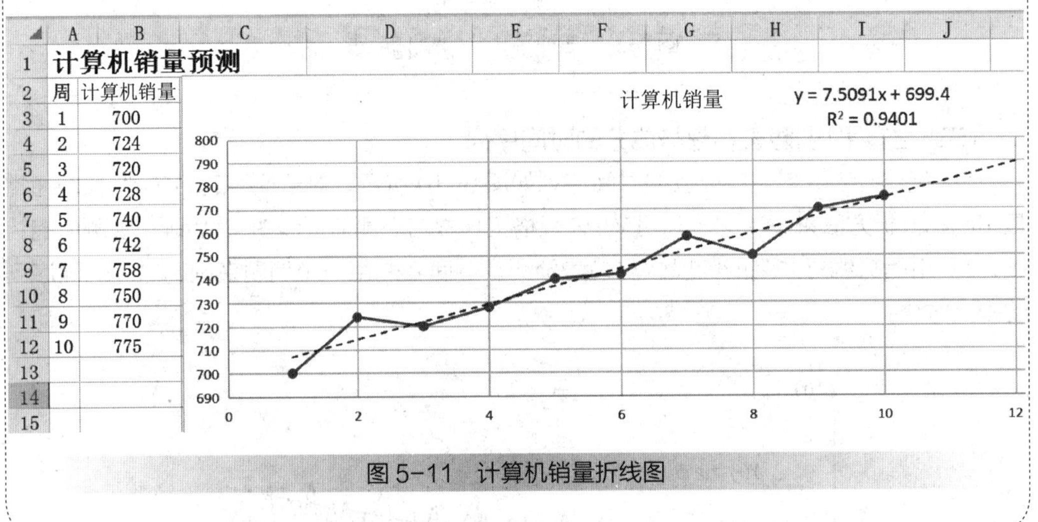

图 5-11　计算机销量折线图

(三) 含有平均、随机、趋势和季节波动成分的时间序列

含有平均、随机、趋势和季节波动成分的时间序列如图5-12所示。这种时间序列我们是这样来处理的：首先，利用季节系数把时间序列中的季节波动成分消除掉，从而得到一个不含季节波动成分的时间序列(此时时间序列中只含有平均、随机和趋势三种成分)，这样，我们就可以利用回归分析方法得到观察值的趋势方程。第二步，利用趋势方程对未来时间段做出趋势预测(此时预测值中并不含有季节波动成分)。第三步，利用季节系数把季节波动成分添加回趋势预测值中。季节系数是指时间序列中随季节变化而产生的调整系数。

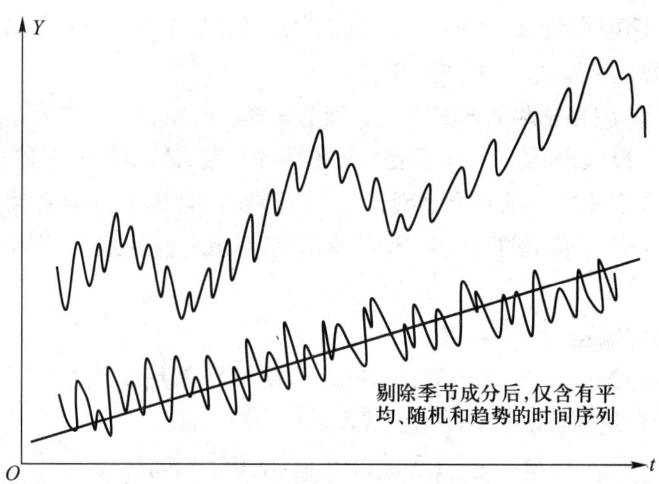

图 5-12 含有平均、随机趋势和季节波动成分的时间序列

例 5-7

某水果农场每月销往各地的盒装水果数量同时具有长期趋势和季节性波动。长期趋势模型为:$Y_t = 402 + 3t$。$t = 1$ 代表去年 1 月份,各月的季节系数如表 5-9 所示。要求利用所给数据,预测该农场明年 1—4 月的盒装水果销量。

表 5-9 季节系数

月份	1	2	3	4	5	6	7	8	9	10	11	12
季节系数	1.2	1.3	1.3	1.1	0.8	0.7	0.8	0.6	0.7	1.0	1.1	1.4

解:因 $t = 1$ 代表去年 1 月份,所以明年的 1—4 月,t 分别为 25、26、27 和 28。

明年的 1—4 月的趋势预测值为:

$Y_{25} = 402 + 3t = 402 + 3 \times 25 = 477$(单位)

$Y_{26} = 402 + 3t = 402 + 3 \times 26 = 480$(单位)

$Y_{27} = 402 + 3t = 402 + 3 \times 27 = 483$(单位)

$Y_{28} = 402 + 3t = 402 + 3 \times 28 = 486$(单位)

明年的 1—4 月的实际预测值为:

$Y_{25} = 477 \times 1.2 = 572.4$(单位)

$Y_{26} = 480 \times 1.3 = 624$(单位)

$Y_{27} = 483 \times 1.3 = 627.9$(单位)

$Y_{28} = 486 \times 1.1 = 534.6$(单位)

四、预测误差

由于需求受许多不确定因素的影响,不可避免地存在预测误差(Forecast Error)。出现预测误差的原因一般有:① 忽略了重要的变量,变量产生了大的变化或新的变量出现,使所采用的预测模型不再适用；② 由于气候或其他自然现象的严重变化；③ 预测方法应用不当或错误地解释了预测结果；④ 随机变量的存在。

所谓预测误差，就是预测值与实际值之间的差异。误差有正负之分。当预测值大于实际值时，误差为正；反之，为负。平均误差是评价预测精度、计算预测误差的重要指标。它常被用来检验预测与历史数据的吻合情况，同时也是判断预测模型能否继续使用的重要标准之一。在进行多个预测模型的比较时，也经常用到平均误差指标。下面我们介绍四种常用的预测误差衡量指标。

(一) 平均绝对偏差

平均绝对偏差(Mean Absolute Deviation，MAD)，就是预测期内每一次预测误差(预测值减去实际值)的绝对值的平均。用公式表示：

$$\mathrm{MAD} = (\sum |e_i|)/n = (\sum |F_i - D_i|)/n$$

式中：F_i——第 i 个时期的预测值；

D_i——第 i 个时期的实际值；

e_i——第 i 个时期的预测误差；

n——预测时采用的数据个数。

MAD 的作用与标准偏差类似，当预测误差是正态分布时，MAD 约为 0.8 倍的标准偏差。MAD 能较好地反映预测精度，但它不容易衡量无偏性。

(二) 平均平方误差

平均平方误差(Mean Square Error，MSE)，就是预测误差的平方的平均值。MSE 的公式表示为：

$$MSE = (\sum e_i^2)/n = (\sum (F_i - D_i)^2)/n$$

MSE 与 MAD 相似，虽可较好反映预测精度，但无法衡量无偏性。

(三) 平均预测误差

平均预测误差(Mean Forecast Error，MFE)，就是预测误差的平均值。用公式表示：

$$MFE = \sum e_i/n = \sum (F_i - D_i)/n$$

如果预测模型是无偏的，MFE 应接近于零。因而，MFE 能很好地衡量预测模型的无偏性，但它不能反映预测值偏离实际值的程度。

(四) 平均绝对百分比误差

平均绝对百分比误差(Mean Absolute Percentage Error，MAPE)，用公式表示：

$$MAPE = (100/n) \sum |(F_i - D_i)/D_i|$$

实际应用中，常常将 MAD、MSE、MFE、MAPE 四种预测误差衡量指标结合起来使用。

第四节　如何进行流程分析和诊断

流程(Process)，是指一个组织将输入转化为输出的各项工作安排的程序。任何产品和服务都是经过一系列的作业和增值活动完成的，所以，它们都可以看作一个流程的结果。产品和服务的质量根本上是由提供它们的流程质量所决定的，流程效率的高低、周期的长短、库存合理与否等因素都会影响到最终产品或服务在市场上的表现。因此,为了提升产品和服务的市场竞争力,有必要不断地改进和完善运作流程,以不断适应新的需求与变化。

一、流程图

分析流程最好的方法是绘制流程图,因为文字是很难准确、清晰地表达一个流程的。所谓流程图就是利用图的形式来描述一个流程(见图 5-13)。它可以更清晰、准确地表达出一个复杂的流程。流程图一般由下列元素构成。椭圆,代表流程中的一项增值活动或作业;倒三角,代表库存,与椭圆代表的增值活动不同,库存并不增加价值;方框,代表检验,包括质量检验与数量检验;菱形,代表决策点,决策点之后,流程会被划分为不同的路径。在椭圆、倒三角、方框和菱形之间是若干箭头线,实线箭头代表实体物流,虚线箭头代表信息流。

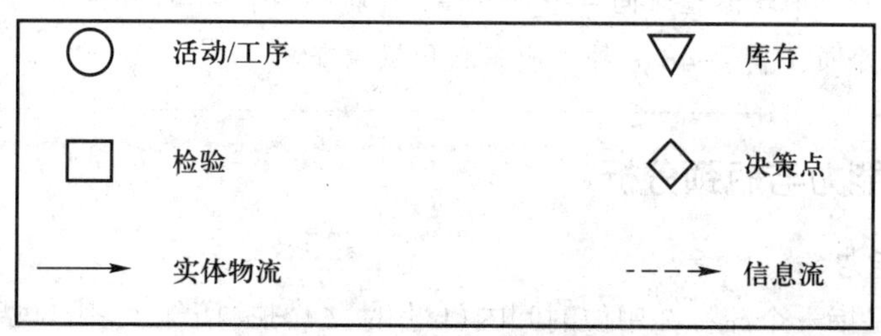

图 5-13 流程图元素

二、流程绩效指标

要对一个流程进行评估,就需要评估指标。常用的流程绩效度量指标有三个,库存、流程时间和产出率。

(1) 库存,是指累积在流程中的流程单位数量,即进入流程但尚未产出的在制品数量。例如,对一家餐厅而言,库存就是在餐厅内正在用餐(进入餐厅尚未离开)的顾客数量。流程单位是指流程中的作业或服务对象。

(2) 流程时间,是指一个流程单位通过整个流程(从进入流程到离开)所需要的时间。例如,对于一家汽车 4S 店而言,其流程时间就是一台车完成一次保养或维修所需的整个时间(从保养开始到结束)。对一家餐厅而言,其流程时间就是顾客在餐厅内从开始用餐到用餐结束离开餐厅的时间。

(3) 产出率,是指一个流程在单位时间内的产出数量。流程所能达到的最大产出率称为流程能力。例如,对于一条液晶电视组装线而言,其产出率就是每天或每小时可以组装的液晶电视数量。

三、利特法则

利特法则(Little's Law)是麻省理工学院斯隆商学院的约翰·利特教授(John D.C. Little)于 1961 年提出的,它描述了处于稳定状态的系统中,库存、产出率及流程时间之间的长期关系。其具体表达式如下:

平均库存 = 平均产出率 × 平均流程时间

利特法则的最初目的是解决如何有效地缩短生产周期问题。根据利特法则，在一个稳定的流程中，已知任意两个绩效指标，就可以确定第三个绩效指标。

例 5-8

某高校医院组织员工体检。每天平均有 12 人排队等待 B 超检查，B 超检查速度是平均每小时 15 个人，那么，每个员工需要多长时间才能完成 B 超检查呢？

解：排队等待检查的人数(12 人)是平均库存，B 超检查速度(15 人 / 小时)是产出率，每个员工体检需要的时间就是平均流程时间。根据利特法则：

平均库存 = 平均产出率 × 平均流程时间

平均流程时间 = 平均库存 / 平均产出率 = 48 分钟

即平均每个员工需要 48 分钟才能完成 B 超检查。

四、流程能力与瓶颈分析

(一) 流程能力

流程能力，是指一个流程在单位时间内(1 小时、1 个班)所能生产的产品数量或服务的顾客数量。流程能力是一个流程能够产出的最大数量，而不是实际数量。当需求与供应不匹配时，流程的实际产出水平是小于流程能力的。流程实际产出与流程能力之比，被称为流程利用率，即流程利用率 = 单位时间实际产出 / 流程能力。例如，当某流程能力是每天可提供 1 575 个产品时，如果客户需求只有每天 1 500 个产品，那么该流程利用率只有 1 500/1 575 = 95.2%。

进行流程分析时可遵循以下步骤：

第一步，画流程图，即把整个流程(从开始到结束)详细、准确地记录下来，它是后面进行流程分析的基础。第二步，确定每道工序的特征，即各道工序的信息，包括每道工序的机器设备数、人员安排、工序时间、使用的工具等。第三步，确定工序间关系，即工序间信息流和物料流的传递关系和方式。第四步，确定流程瓶颈，即流程中产能最小的那道工序，它决定了整个流程的产出水平。第五步，分析流程产能及每道工序的效率，即根据瓶颈工序来分析流程产能，计算出流程中其他工序的赋闲时间、工时利用率、在制品库存等绩效指标。第六步，提出流程改善措施和建议。通过前面的分析，找出流程中存在的问题，提出改善建议。

(二) 瓶颈分析

瓶颈，顾名思义，就是整个流程中能力最小环节，它决定了整个流程的产出水平，即整个流程的产能取决于流程中产能最小的环节(工序或部门)。瓶颈概念对流程分析的意义体现在以下方面：① 瓶颈的产能决定了整个系统的产能；② 瓶颈损失一小时产能，则相当于系统损失了一小时产能；③ 非瓶颈增加一小时产能，对系统的产出没有任何贡献；④ 对系统(流程)的改进，应始终围绕着瓶颈进行，否则任何改进都是无效的。下面我们用一个例题来说明瓶颈分析方法。

例 5-9

某系统由 A、B、C 三个部门组成，A、B 分别负责完成产品的两个部件，C 负责产品组装，三个部门的初始产能和市场需求如图 5-14(a) 所示。

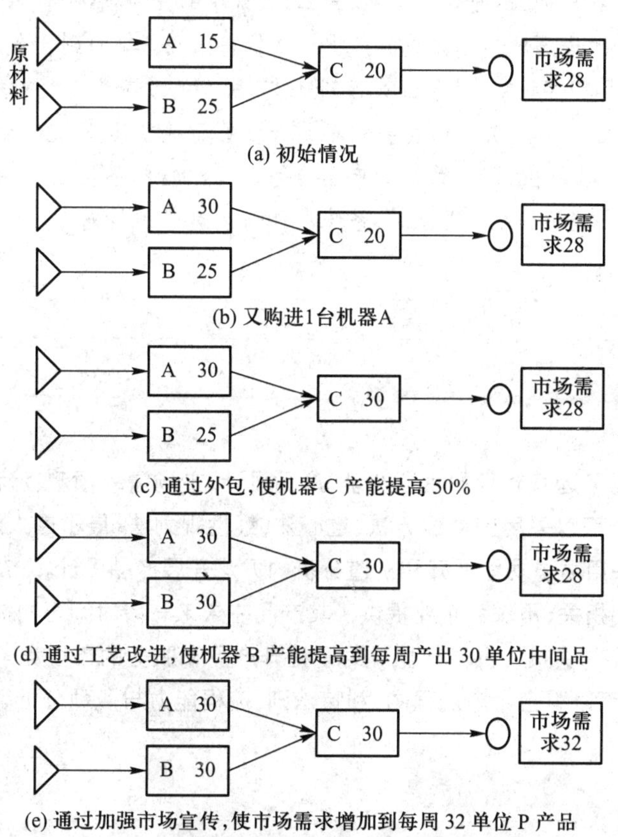

图 5-14 瓶颈分析案例

由初始状态图 5-14(a) 可知，A 部门产能是 15 单位 / 天，B 是 25 单位 / 天，C 是 20 单位 / 天，市场需求是 28 单位 / 天。此时，系统瓶颈就是 A 部门，因为它的产能最小 (15 单位 / 天)。所以在图 5-14(a) 状态下，系统最大产出就等于 A 部门的产能，即 15 单位 / 天。

在状态图 5-14(b)，A 部门又购买了一台设备，产能增加至 30 单位 / 天，此时系统瓶颈就变成了 C 部门，因为在图 5-14(b) 状态下，C 部门的产能最小，此时系统最大产出等于 C 部门的产能，20 单位 / 天。

在状态图 5-14(c)，系统的瓶颈变成了 B 部门，系统最大产出等于 B 部门的产能，25 单位 / 天。

在状态图 5-14(d)，系统的瓶颈变成了市场需求，因为此时 A、B、C 三个部门产能都大于市场需求 (28 单位 / 天) 了。系统产出的制约因素 (瓶颈) 变成了市场需求。此时应加大市场销售力度，提升市场需求，这样才能进一步增加系统产出。

在状态图 5-14(e),系统的瓶颈又变成了 B 部门,系统最大产出等于 B 部门产能,29 单位 / 天。

从上述例子中我们可以得出两个结论:第一,任何时候系统产出总是取决于系统中产能最薄弱环节的产能,即瓶颈的产能;第二,系统中的任何改进都应针对瓶颈进行,因为针对非瓶颈的改进不能增加系统的产出。从状态图 5-14(a)到状态图 5-14(e)的整个过程中,不论是购买设备、外包还是改进工艺,所有的改善都是针对瓶颈进行的。试想,如果在状态图 5-14(a),我们购买的不是 A 设备而是 C 设备,把 C 部门的产能从 20 单位 / 天增加至 40 单位 / 天,系统的产出会增加吗?当然不会,因为系统瓶颈 A 部门的产能还是 15 个单位 / 天。所以说,系统的任何改进必须针对瓶颈进行,这样的改进才是有效的。

本章小结

本章主要介绍了运营管理的企业选址、产品设计、市场需求预测、流程分析和诊断四个方面的问题。企业可以采用因素评分法、重心法、线性规划法、最小最大法等做好企业选址工作。企业可以采用质量功能展开和价值分析的方法开展产品设计。市场需求预测与企业生产经营活动密切相关,不仅为企业提供了其产品在未来一段时间里的需求期望水平,而且为企业的计划和控制决策提供了依据。为了提升产品和服务的市场竞争力,不断适应新的需求与变化,企业可以综合考虑流程图、利特法则、流程能力与瓶颈分析等方法,开展流程分析和诊断。

复习思考题

1. 举例说明选址类型有哪些。

2. 某眼镜公司为建立一个新工厂评估了三个可能的厂址,并为各个相关因素分配权重,对各备选厂址的相应因素进行了评分,如下表。根据表中提供的信息,对三个备选厂址进行评估并做出选择。

相关因素	权重	得分(0 ~ 100 分)		
		A 厂址	B 厂址	C 厂址
生产成本	0.3	50	80	75
原材料供应	0.26	70	75	80
劳动力	0.18	65	50	55
环境	0.04	80	65	65

续表

相关因素	权重	得分(0 ~ 100 分)		
		A 厂址	B 厂址	C 厂址
市场	0.16	40	70	80
其他费用	0.06	60	30	90

3. 阐述 QFD 和 VA 两种产品设计方法的原理。

4. 利用 QFD 方法来分析一个手机支架产品,并尝试能否对其设计做出一些改进。

5. 某品牌洗碗机的季度销量同时具有长期趋势和季节性波动。长期趋势模型为:$F_t = 40 - 6.5t + 2t^2$;$t = 0$ 代表 2018 年第 4 季度,各季度季节系数如下表所示。利用所给数据,预测该农场 2019 年 1—4 季度的洗碗机销量。

月份	1	2	3	4
季节系数	1.1	1.0	0.6	1.3

6. 请简述流程能力、利特法则、瓶颈的内涵。

7. 为什么说"瓶颈损失一小时产能,则相当于系统损失了一小时产能,而非瓶颈增加一小时产能,对系统产出没有任何贡献"?

案例讨论题

PC 纸杯公司的市场需求预测

PC 纸杯公司创立于 1999 年,位于中国武汉市。公司以"保护环境,造福社会"为宗旨,先后投资 1 000 多万元发展绿色环保项目。目前公司拥有国内最先进的一次性环保型纸杯生产流水线 20 条,厂房 6 000 多平方米,年产"碧水蓝天"牌纸杯 2.5 亿只以上,是华东地区餐具行业中颇具影响力的企业。公司可以根据用户不同需求定做不同规格的专用纸杯,还可在杯体上印刷客户所需的各种图案和文字。公司产品质量稳定可靠,美观大方,具有防水、防油、耐热、不渗漏、无污染、可自然降解等特点,广泛用于快餐、酒楼、车站码头以及保险、金融、电信、政府机关等企事业单位。从 2001 年起公司进一步拓展产品在方便食品包装和冷饮方面的市场,取得了良好的效果。

在市场一片欣欣向荣的同时,李总却发现工作变得越来越不轻松了。上周销售部门报上来的报表显示 150 ml 和 240 ml 的冰淇淋纸杯及 480 ml 的大饮料杯严重缺货,不得不追加生产,这样既影响销售业绩,也不利于控制生产成本,而同时会计部门报告 120 ml 冰淇淋纸杯和 270 ml 的饮料杯已经严重积压,需要尽快处理。由于不能对纸杯市场的需求做出相对准确的预测,公司已经并且正在付出缺货和积压的代价。

每次排生产计划之前,李总先根据销售部上月提供的报表,再通过他本人对市场的预测,估计本月的生产数据,交给计划部做生产计划。因为市场经常有新的变化,他有时候不得不要求计划部对已经做好的计划进行重排。但随着公司产品品种的不断增多,纸杯的市场需求结构变得越来越复杂,李总靠“拍脑袋”解决问题的压力越来越大。即使他在这类事情上花费了大量的时间,还是不能避免同时发生产品缺货和积压的情况。

王华是 PC 公司计划部门的一名员工,一天下班后,计划部刘部长告诉他刚交上去的生产计划需要重做,并且务必在第二天下午三点半之前做好。因为公司领导考虑到 6 月以后冰淇淋市场可能会出现异常火爆的场面,所以决定在计划好的生产任务上再追加 600 万只纸杯的产量。王华表示计划可以修改,但仓库里的原材料库存可能无法满足生产要求。上个月做采购计划时没有考虑到追加生产任务的情况,且临时追加采购原材料,采购周期可能会比较长,从而影响生产进度。

公司领导只要一做“拍脑袋”的临时决策,计划部就需要对刚刚做好的计划进行大幅度的修改,甚至全部推倒重来。这样的事情经常发生。王华感到公司在产品需求预测工作上存在问题,需要对现行的需求预测方法和流程进行改进。

资料来源:陈荣秋,马士华. 生产运作管理. 4 版. 北京:机械工业出版社,2013.

问题:

1. 就 PC 纸杯公司现状来看,有哪些方式可以对 PC 纸杯公司的需求量进行预测?
2. 如何看待精准预测和“拍脑袋”行为?

第六章 市场营销管理

本章导读

市场中的企业经过一系列精心而科学的运作最终形成了产品或者服务，通过对这些产品或者服务的销售最终达成对自己前期运作的补偿并最终形成盈利，商品和劳务的出售所涉及的就是企业的营销活动。面对激烈的市场竞争，企业必须对瞬息万变的市场变化做出迅速而准确的反应，建立以市场为导向的营销机制方能使企业在市场大潮中屹立不倒。

第一节 分析市场营销环境

营销策略的制定、营销工具的选取都必须以营销环境要素的状态、变化趋势为依据。营销活动的绩效在很大程度上取决于企业对各种营销环境要素的分析和把握。总体而言，根据营销环境要素与企业营销活动的相关程度，营销环境要素可分为宏观环境要素和微观环境要素。

一、微观环境

微观环境是指对企业营销活动过程和结果有直接影响的各种力量，包括：

（一）渠道环境

中间商是从事商品专卖的中介机构，许多情况下，市场营销活动中的产品分销是由中间商承担的。中间商又分为批发商和零售商，通过他们的协作将产品转移到目标顾客的手中。中间商是企业营销活动的重要微观环境，它深刻地影响着消费的便利性和产品分销的效率和成本。在实验课程中，制造企业可以将自己的商品全部或者一部分销售给贸易公司，贸易公司就地承担了中间商的角色。贸易公司的出价高低会直接影响制造企业的利润构成，所以，产品的定价以及与贸易公司的商务活动也就构成了实验活动的重要部分。

（二）购买者市场

购买者市场的规模、市场消费行为、市场总的状态和变化趋势直接影响企业产品销售的数量和销售成本。市场是营销环境中最重要的微观环境要素之一。从理论上讲，以买方的角度可以将市场分为消费者市场、生产者市场与政府市场。消费者市场，是由个人和家庭构成的，购买目的是用于个人消费的市场。生产者市场又称为企业市场，是指企业为从事经营活动实现获利而购买投入品的市场。政府市场则是指政府为履行政府职责所发生的消费构成的市场，实践中表现为政府采购。在本实验课程中，制造企业由于可以互相作为目标销售客户的关系，可以彼此构成对方的生产者市场；而在课程的模拟运营环境中，制造企业可以将产品销售给系统，所以软件系统扮演了政府市场和消费者市场的角色。

（三）竞争者市场

在成熟市场中，往往生产同类型产品的企业有很多家，他们共同构成了本企业的竞争对象。根据产品的可替代程度，可把竞争对象分为品牌竞争者、行业竞争者、需要竞争者和消费竞争者。

以下主要介绍品牌竞争者和需要竞争者：

企业把同一行业中以相似的价格向相同的顾客群提供类似产品或服务的所有企业称为品牌竞争者。比如，在本实验课程中，通常会指定生产经营一种类型的产品，因此，对所有制造企业（一般会有 10 家左右制造企业）而言，所有其他制造企业共同构成了本企业的品牌竞争者。同样，对贸易企业而言，其他贸易企业也是其品牌竞争者。

需要竞争者，是指处在不同行业的企业可以通过不同类型的产品传递同一利益，满足消费者的同一需要。比如，日常生活中的航空公司与铁路公司共同满足消费者的出行需要，他们彼此构成对方的需要竞争者。

（四）公众

公众是指对企业市场营销活动产生影响的社会团体。这些团体包括：媒体公众（传统媒体以及网络媒体）、市民公众（消费者权益保护组织、环境保护组织等）等。这些微观环境要素对营销活动能否顺利进行有不同程度的影响，企业在设计营销方案特别是行动方案时要考虑这些环境细节。

视频：开放公平的营销环境让飞利浦扎根中国更有信心

二、宏观环境

企业的宏观环境既对微观环境要素施加影响从而间接对企业营销产生影响，也可能对市场营销活动直接产生影响。主要包括经济环境、政治与法律环境、社会文化环境、科学技术、自然环境等因素。根据实验课的软件环境设定，在这里主要介绍经济环境。

经济通常包含收入状况、储蓄、信贷及税收政策等。在实验课仿真环境中，设置了银行、市场监督管理局和税务局。

（1）银行。在实验课的环境中其实是整合了普通商业银行的信贷功能和央行的部分货币政策功能，比如基准利率的调整。各企业应根据自身发展战略选择自己企业的融资水平以及随时根据银行的利率水平对自身的发展战略进行适时的调整。

（2）市场监督管理局。实现市场监督的功能，维护公平的市场秩序，对违反市场秩序的行为做出相应的处罚。每个企业应严格遵守市场秩序，并针对模拟环境下市场监督管理局做出的一些特殊规定对企业的运营做出适当的调整。

(3) 税务局。在本课程中税务局除了负责征收各类企业经营中产生的各种税费，还模拟集成了国家财政及更高级部门的制定财政政策的功能。可以根据实验教师对整个课程的把握，适当地对整个模拟经营环境通过财政政策的调整在宏观上对企业的发展策略施加影响。

在实际课程实践中，学生必须综合运用自己在前期学到的专业知识，对企业宏微观经营环境综合分析，才能在企业运营仿真实践中做到有的放矢，灵活多变，取得更好的经营业绩。

以上结合本仿真综合实验课对企业宏、微观环境分析的简要介绍，下面结合一个案例分析，来加深对企业营销环境的理解和认识。

市场营销环境案例

特斯拉在中国电动汽车市场的宏观营销环境分析

一、特斯拉公司简介

特斯拉汽车于2003年成立，总部位于美国加利福尼亚州帕洛阿尔托市。该公司致力于向全球市场提供以电力这一清洁能源为唯一动力的电动汽车和电动动力总成产品。特斯拉电动汽车自从上市以来深受世界各国消费者的青睐，其独特的造型设计、优越的操控驾驶性能成为特斯拉汽车的标签。

二、宏观环境分析

1. 政治环境

中国政府在追求国内经济飞速发展的同时，也开始对国内的环境污染问题越发重视。在这一背景下，许多针对新能源车的利好政策也相继出台。以北京、上海、广州、深圳四地为例，购买电动汽车这类新能源车可享国家新能源补贴(以上部分地区在国家补贴标准基础上略有调整)。除此以外，有些地区消费者还可以享受区域性新能源补贴及免除征收购置税的政策优惠。不仅如此，对于限制汽车牌照发放的部分城市和地区，作为新能源车的电动汽车还可以享受免予摇号上牌的政策，更有部分地区免除上牌手续费。值得注意的是，上述政策均只适用于中国国产电动汽车车型，特斯拉作为境外汽车品牌，打算选购旗下车型的消费者便要与这些优惠政策无缘了。正源于此，政治这一宏观因素对于特斯拉汽车而言，非但没有带来好处，相反，还会由于有关政策对国内电动汽车品牌的倾斜而导致其市场份额受到直接威胁。

2. 经济环境

宏观环境下，经济因素对于中国电动汽车市场的发展产生了一定程度的制约，这一点主要体现在个人或家庭计划用于购车的可支配收入方面。从目前中国电动汽车市场上的各类在售车型官方指导价格来看，纯电动汽车产品定价普遍较高，消费者须付出相对更高的货币成本。作为大宗消费品，这在一定程度上直接影响了消费者对于电动汽车产品的需求。除此以外，绝大多数的纯电动汽车一次性充电续航里程较低，受这一产品特性的影响，电动汽车似乎更适合作为城市代步工具或者是家庭的第二辆用车，而从中国国内现阶段的经济形势来看，绝大多数个人或家庭尚缺乏购买第二辆车的条件，电动汽车产品市场遇冷也就不难理解了。

3. 社会文化环境

面临日益严峻的环境污染问题，消费者在日常生活中的环保意识也逐步觉醒并增强。在政府有关部门及一些民间组织、公共知识分子的引导下，民众在消费时开始倾向于选择一些尽管在价格方面略显昂贵，但却更为环保的产品——这一现象已逐渐从小众行为转变成了一种越发受到社会所普遍接受、认可，甚至倡导、鼓励的行为。一方面，中国客户在购买商品时开始偏好选择对自己和家人健康更为有利的产品，如空气净化器、净水设备、有机农产品等；另一方面，消费者也开始关注自身或者说整个社会的长远利益——有意识地选择环境友好型产品，如低碳、低排放，甚至零排放工艺产品。以电这一清洁能源为动力的纯电动汽车产品则刚好契合了消费者的这一类需求，换言之，在目前的社会文化因素影响下，持环保理念的产品正是中国国内市场所期待的。

4. 科技环境

根据相关机构调查显示，特斯拉汽车拥有近700项专利，其中绝大多数集中在电动汽车的核心技术层面。作为电动汽车行业的开拓者，特斯拉一度处于技术领先的垄断地位，然而，特斯拉拥有更广阔的决心与目标。2014年年中，特斯拉宣布开放旗下所有电动汽车相关专利，极大地推动了整个电动汽车行业的发展。换句话说，理论上，中国市场的竞争对手掌握了与特斯拉同等程度的专利技术，对于特斯拉而言国内的科技环境因素似乎并算不上有利。但是，毕竟国内汽车产业起步较晚，传统汽车生产工艺较国外汽车品牌相比还有很大差距，况且特斯拉本身就是电动汽车的鼻祖，其研发与技术更新实力远非国内汽车品牌所能追赶，所以科技环境因素对于特斯拉而言，总体还是较为有利的。

三、总结

尽管现阶段国内电动汽车市场营销环境在政治、经济、社会文化以及科技因素方面都或多或少展现出了一定的限制特斯拉的倾向，但不可否认的是，国内电动车市场有着巨大的发展前景。特斯拉对于旗下纯电动汽车研发专利权的全面开放，一方面降低了电动汽车行业的准入标准，吸引了更多有实力的汽车品牌厂商一同参与竞争，与传统的汽车生产厂商及相关利益集团抗衡；另一方面专利开放这一策略也使特斯拉失去了原本在纯电动汽车市场的技术垄断地位，宝马、奔驰、奇瑞、大众、比亚迪、长安、荣威、东风以及其他若干汽车品牌均推出了纯电动汽车产品，上述品牌对特斯拉，尤其是在其中国市场均造成了不同程度的威胁。特斯拉应当在充分认知中国电动汽车市场的营销环境，并结合自身的企业战略目标因地制宜、因时制宜地制定切合实际的市场营销策略，力求在竞争日益激烈的国内电动汽车市场获得自己的一席之地。

资料来源：改编自刘一览《特斯拉汽车中国市场宏观营销环境分析》.

第二节　做好产品策略

面对变幻莫测的企业内外部环境，企业应该怎样做才能使得自己在激烈的市场竞争中立于不败之地呢？下面将着重介绍企业的具体营销对策。

一、市场营销组合

市场营销组合是企业综合利用并优化组合多种营销变量，以实现预期营销目标的活动总称。麦肯锡将这些变量归纳为四个大类，分别是：产品（Product）策略、价格（Price）策略、渠道（Place）策略和促销（Promotion）策略。这就是营销学甚至管理学中非常经典的4P组合。虽然市场营销组合理论从提出以后，一些学者从不同的角度提出了新的理论观点对4P组合加以补充和修改，比如4C、4R、6P等，但4P仍然是企业进行市场营销策略分析的基础。

二、产品策略

企业在市场营销活动中，向市场提供某种产品或服务，以满足顾客的需求，并以此为基础再综合运用其他营销策略与竞争对手展开竞争。因此，产品策略可以认为是企业市场营销组合策略中最重要的策略。

（一）产品线

产品线又称为产品大类或产品系列，指一组密切相关的同类产品。这里的密切相关，是指它们或者功能相似，或者卖给同类顾客，或者通过同样的渠道销售，或者价格落在同一范围内。例如，小米的产品线（大类）包括手机、电视机、智能硬件、空气净化器等。

（二）产品项目

产品项目是指在同一产品线或产品大类中各种不同型号、规格、质量、档次和价格的产品。例如，华为的手机产品线中就包括了华为荣耀、华为mate、华为nova等多种产品项目。

（三）产品组合

产品组合是指一个企业生产或销售的全部产品线和产品项目的组合。

对产品组合来说，有4个评价维度，分别称为产品组合的宽度、长度、深度和相关度。

产品组合的宽度，是指产品组合中包含的产品线的多寡。产品线越多，产品组合就越宽。一般来说，增加产品组合的宽度，有利于扩展企业的经营领域，分散企业的经营风险。也就是通常所说的“不把鸡蛋放在一个篮子里”。

产品组合的长度，是指一家企业的产品组合中所包含的产品项目的多少。那么，对一家企业来说，产品组合的平均长度 = 产品项目总数 / 产品线数量。比如，一家企业总的产品项目是100个，共有5条产品线，则这个企业产品组合的平均长度就是100/5=20。一般来说，增加产品组合的长度，可以使产品组合更加丰满，更好地吸引消费者，从而更好地满足消费者的需求。

产品组合的深度，是指产品线中的每一产品所包含的不同花色、规格、尺码、型号、功能和配方等数目的多少。例如，iPhone 8手机共有3种颜色、3种存储容量以及2种屏幕尺寸，则iPhone 8该产品的深度就是3×3×2=18。增加产品组合的深度，可以在与同类产品的竞争中，获得更多细分市场的影响力。

产品组合的相关度，是指各条产品线在最终用途、生产条件、分销渠道或其他方面的相关程度。产品组合的相似程度越大，其相关度也越高。产品组合相关度高的产品线，可以共享企业资源，充分发挥协同效应，提高企业竞争力。

在我们企业运营仿真综合实验课中，会指定生产一种产品，系统则提供 L、H、O、S 从低到高 4 种档次的产品供企业选择生产。因此本课程的模拟环境中，各制造企业的产品线皆为一条，产品项目可以有从 1 到 4 的区别。产品组合的深度系统默认为 1，即没有花色、规格的区别。这模拟了一个简化了的市场环境。

基于以上分析，我们下面介绍产品组合的调整策略。

产品组合的调整就是指企业根据自身资源、市场需求以及竞争状况的变化对产品组合进行适时调整，以达到最佳的产品组合。

产品组合的调整策略通常包括扩大产品组合、缩减产品组合以及产品延伸策略。结合我们的课程，我们着重介绍产品延伸策略。产品延伸具体有 3 种形式：向下延伸、向上延伸和双向延伸。

向下延伸指原生产经营高档产品，现增加中低档产品；与此相对应，向上延伸是指原定位于低档市场的产品线，在原有产品线内增加高档产品项目。而双向延伸，是指同时向高、低档两个方向增加产品项目。

在企业运营仿真综合实验课中，系统提供的初始产品为 L 型产品，企业可以根据自身发展战略选择是否采取向上延伸战略以开发 O、H、S 型更高档产品。

产品策略案例

小米手机的产品策略

小米手机是小米科技旗下的一个智能手机系列，此系列的手机搭载小米公司研发的 MIUI 手机操作系统，而 MIUI 系统是小米公司在原生 Android 系统基础上，进而研发的一个小米自带操作系统。小米手机坚持以“为发烧而生”为设计理念，以高配置、低价格吸引消费者，并拥有一群米粉。2011 年，小米公司正式发布小米手机。作为国产手机，小米手机以线上高销量、线下高人流量的状况在众多智能手机中脱颖而出。2011 年以来，小米得到很多“米粉”的追捧，现小米公司已不止于在国内开设店铺，还把市场扩展至国外。在 2017 年天猫“双十一”手机的销量中，小米手机夺得冠军。

产品策略是整个营销组合策略的基石。产品是市场营销中最重要也是最基本的要素，任何企业的根本目标都是创造满足市场需求的产品。此外，产品策略决定一个企业是否有发展前景以及是否会获得消费者的接受，还会直接或间接地影响其他营销组合要素的管理。小米创始人黎万强曾提出：“用户模式大于一切工程模式。”而小米的每款产品基本都是遵守了这个规则，注重以用户体验为上。小米手机，则可以称得上是开创了一个全新的品类，即所谓互联网手机。小米的每款软硬件，几乎都做到了极致，被认为这是小米深谙移动互联时代的精髓所做的精准战略。黎万强认为小米的用户体验就是要做到“保证好用、努力好看”。这个看似朴实的原则，是年轻消费者的重要需求。在这个原则之下，小米的产品实际上是透彻地了解互联网的同时，保持了良好的口碑形象，且又对产品的发展策略十分清晰。

首先，新型产品组合。小米公司经营的不只是小米手机，还有耳机、钢化膜、手机壳等手机配件，往往购买的小米手机只有裸机而不包含耳机、钢化膜等配件，配件是需要另外购买，还有不同的价位供消费者选择。而小米公司的产品组合宽度也很大，经营范围包括电视、家庭用品、平衡车、电子设备等产品。线下新型的超市型经营方式，多种新颖的智能产品，吸引了广大消费者的目光以及符合现在科技时代。

其次，采用让“米粉”发声，共研产品的模式。“为发烧而生”是小米手机的设计理念，而让“发烧友”“米粉”共同参与研发是小米手机的一大特色。小米公司通过“小米论坛”“米聊号”等一系列平台，让用户说出自己对手机的期待以及对现在手机的不满，从而根据用户的想法研发一款消费者喜欢的手机。让用户共同参与更能贴切地了解他们要的是什么以及了解手机的发展方向。

第三节 做好价格策略

价格是唯一能产生直接收益的营销组合变量，它直接关系着市场对产品的接受程度，影响着企业的利润，是营销组合策略中的一个重要组成部分。然而，它又是一个非常难以控制的营销策略，任何价格行为都不仅会直接影响厂商的利益，还会涉及经销商、消费者和竞争者等各方面的利益。因此，企业必须重视价格策略的选择和使用。

一、影响定价的因素

（一）产品成本

产品成本是企业在生产经营过程中各种费用的总和，是价格构成的基本因素和制定价格的基础。通常来说，产品的定价一定要高于产品成本才会实现盈利。因此，毋庸多言，企业在产品定价时必须考虑的重要因素之一就是产品成本。

（二）产品的供求状况

经济学理论告诉我们，在市场中产品的价格是由供求关系决定的。当一种产品在市场上处于供不应求的状态也就是处于卖方市场时，企业便处于和消费者之间博弈关系的主导一方，也就掌握了定价的主动权，便会采取高定价策略以获取更丰厚的利润。相反，当商品处于买方市场，也就是这种商品处于供过于求时，消费者便处于和商家博弈关系的主导一方，拥有充分的选择权。这样，企业在执行定价策略时，要想使自己的产品保持足够的市场竞争力，往往趋向于制定较低的价格。

（三）竞争状况

在现实市场环境下，产品的价格决定于一个重要的竞争关系：产品的一个生产厂家与生产同类产品的其他厂家的竞争关系。也就是经济学中提到的 4 种市场竞争类型：完全竞争市场、垄断竞争市场、寡头垄断市场和完全垄断市场。完全垄断与完全竞争更多是存在于理论状态下，真实的市场环境往往介于完全竞争与完全垄断之间，即垄断竞争与寡头垄断。在垄断竞争市场环境下，各个企业的产品具有差异性，但同时产品之间也有一定程度的相互替代性，存在竞争。定价的主导权在企业，企业应该根据产品差异化程度和竞争者的价格制定相应的价格。寡头垄断环境下，由于企业数目较少，企业间的行为相互依存，相互影响。在定价时需要充分考虑竞争者的可能反应。市场竞争的格局和企业在市场上的地位，都会因某个企业的价格行为发生巨大变化。

(四) 营销策略的一致性

价格策略作为营销组合中的一个重要组成部分，在选用时，必须考虑价格与其他营销变量的相互影响，尽量使价格策略与其他营销策略相适应，比如定价应该考虑产品的特点和所处生命周期阶段等，还应该考虑分销渠道和促销方式的影响。比如，企业各种促销活动如广告、人员推销等都将增加企业的费用开支。这些都是企业在定价的时候需要考虑的因素。

(五) 法律法规

除了上述因素以外，政府和立法部门有时会出于特定的考虑，制定一系列法律法规，来约束和规范企业的价格行为。因此，除了经济因素，企业在使用定价策略时也应该密切关注相关部门的规定，以避免不必要的损失。

二、定价策略

企业应该在什么情况下采取什么样的定价策略呢？定价是一个复杂的过程，消费者接受某一商品的价格，受到心理、社会和文化的影响。企业需要根据不同的市场环境、产品条件和企业目标，灵活运用定价技巧，制定消费者所接受的价格。定价策略有很多，下面结合企业运营仿真实验课里面可能用到的几种常见定价策略简要介绍如下。

(一) 新产品定价策略

1. 撇脂定价

撇脂定价是指企业以高价将新产品投入市场，以便在产品市场生命周期的开始阶段就取得较大利润，以尽快收回成本，然后再逐渐降低价格的策略。采取这种定价方式可以有以下几点好处：首先可以提高产品身价，抓住一部分消费者求新求异的心理特点刺激顾客购买；其次，能够尽快收回成本获取利润；最后还可以使企业获得调整价格的主动权，为以后价格回调留有余地。比如，在现实生活中，很多汽车品牌都是采用这样的策略：在新款汽车上市后以一个较高的价格出售，随后一段时间再降低价格。

2. 渗透定价

与撇脂定价相对应的是渗透定价策略。渗透定价是指企业将其新产品的价格定得相对较低，尽可能地快速打开销路以获得较大的市场占有率。这一策略利用的是一部分消费者对价格敏感的心理特点，以低价格刺激消费者购买。渗透定价也有独特的优势：低价格易于被消费者接受，有利于短时间内快速提高市场占有率，同时低价格所导致的较为稀薄的利润也不会立即吸引更多的竞争者大量进入本市场而诱发激烈的竞争行为，便于企业巩固既有市场。

3. 温和定价

温和定价策略又称为满意定价策略或者君子定价策略，是指企业为了兼得撇脂定价和渗透定价的优点，将价格定位在适中水平的价格策略，走的是前面两种定价策略的中间路线。

(二) 折扣与折让定价策略

折扣与折让定价是企业为了更有效地吸引顾客，鼓励顾客购买自己的产品，而给与顾客一定比例的价格优惠，是企业重要的价格竞争手段之一。这种策略又可以分为现金折扣、数量折扣、功能折扣、季节性折扣以及折让。我们在这里主要介绍功能折扣和折让。

功能折扣，也叫交易折扣，是指企业对中间商经营其产品所付努力的报酬。中间商在生产企业产品流转到消费者手中起到了非常关键的作用，其中既付出了人员、设备、场所的成本，也负担了一定的风险。正是因为这样，生产企业可以通过功能折扣的方式给予中间商一定的补偿，以激励中间商更加积极地销售本企业的产品，扩大销售量，加速自身产品的流通和销售。

扩展阅读：国产手机占据九成份额 中小品牌苦苦支撑

折让也是折扣的一种形式，有利于顾客和中间商积极消费和购买企业的产品。折让包括两种形式：以旧换新和促销折让。促销折让是由生产企业给予参加产品促销活动的中间商的一种价格优惠，补偿他们的促销费，以调动中间商推销产品的积极性。比如，生产企业对中间商刊登地方性广告、展览等活动给予一定金额的补偿。

第四节　做好渠道策略

在 4P 策略中，分销渠道的制定关系到有关产品的信息能否准确、及时地扩散到目标市场中，产品能否迅速、适时地传递给目标顾客，并使顾客能够接受企业包含一定利润的价格等方面都具有重要的影响。因此，渠道策略与产品、定价、促销策略一样，也是企业成功将产品打入市场，扩大销售，顺利实现经济目标，获得自身发展的重要环节。那么，到底什么是分销渠道，或者分销渠道到底有什么具体的作用呢?

一、分销渠道的内涵

(一) 概念

分销渠道是指某种商品和服务从生产者向消费者转移过程中，取得这种商品和服务的所有权或帮助所有权转移的所有企业和个人。分销渠道的目标就是使企业生产经营的产品或服务能够顺利地被使用或消费，就是把商品和服务从生产者那里转移到消费者或用户手里，使消费者或用户能在适当的时间和地点买到自己需要的产品。分销渠道所涉及的是商品实体和商品所有权从生产向消费转移的整个过程。

(二) 分销渠道的类型

按照生产企业是否自己销售产品为标准划分，可分为直接分销渠道和间接分销渠道。

生产企业自己直接将商品销售给消费者，不经过中间环节的为直接分销渠道。直接分销渠道中的生产者承担了生产与流通两种职能，具体形式包括：接受用户订货、设点零售、上门推销以及利用互联网销售等形式。

显然，直接分销渠道能够减少中间环节，全部销售利润可以归生产者所有，节约了流通费用。但是，生产者直接销售商品，会耗费一定的人力、物力和财力，对集中精力致力于产品的研发生产活动不力。因此，这种渠道类型也有先天的条件限制，适应范围有限。

间接分销渠道是生产者通过流通领域的中间环节把商品销售给消费者的渠道。也就是说在生产者和消费者之间加入了中间商，由中间商承担流通的职能。多数商品在从生产领域向消费领域的转移过程中都要经过中间环节,间接渠道是商品流通的主要渠道。

承担流通职能的中间商主要有零售商、批发商和代理商。由于生产企业选用中间商的类型、数量不同,也就形成了多种形式的间接渠道:生产者—零售商—消费者;生产者—批发商—零售商—消费者;生产者—代理商—批发商—零售商—消费者。

间接渠道通过专业分工使商品销售简单化,促进了生产和流通的发展;中间商的介入,分担了生产者的经营风险,借助于中间环节,可增加商品销售的覆盖面从而扩大企业商品的市场占有率。然而,过多中间环节的存在也会增加流通费用从而增加总的产品成本。因此,渠道的选择需要企业根据自身实际结合市场状况进行权衡取舍。

二、分销渠道的控制

在整个销售渠道系统中,无论是生产者还是中间商,都希望能获得一定的渠道控制权,以此来谋求更大的利益。然而生产者和各类中间商都是相对独立的企业,都有自己的切身利益,因此,控制权的获得并不容易。通常情况下,企业对渠道的控制主要有以下五种方式:

(一) 利益控制

作为独立企业的中间商有自己的独特利益诉求,除了常规的利益外,也往往期望获得一些额外的、短期的利益。因此,厂家可以在实施某种特定活动时给予中间商一定的附加利益。比如,当中间商主办新产品推介活动时,厂家可给予中间商以价格优惠、返利或者物质支持等多种形式的激励条款。厂家可通过诸如此类的短期利益与中间商企业加深关系,巩固渠道的稳定性。

(二) 关系控制

生产企业为了提高营销渠道的运作质量和效率,可以考虑在保证厂、商经济利益双赢的情况下,从团队的角度来理解和运作生产企业与中间商之间的关系。厂家以协作、双赢、沟通为基点来加强对销售渠道的控制力,为零售商以及消费者提供更具价值的全方位服务,最终确保整体营销战略目标的实现。关系控制由于具有充分的竞争价值和旺盛的生命力,目前越来越受到企业界的重视。

(三) 品牌控制

品牌的重要性在当代社会不言而喻,对很多企业来说,品牌甚至是他们最重要的资产。作为独立企业的中间商,同样也需要树立自己的品牌。然而,中间商品牌往往只能在渠道中起作用,对消费者的作用相对较小。甚至一些经销商的品牌几乎是附加在所代理的主要产品的品牌上的,没有产品品牌和厂家的支持,经销商的品牌价值就大打折扣了。因此,如果企业对自身产品品牌在消费者心目中的形象有信心,就可以对渠道施加影响。通过产品的品牌强势控制销售渠道,降低销售成本。

(四) 服务控制

生产厂家相对于中间商通常在技术、信息、管理经验等方面具有优势,尤其是一些高新技术产品,中间商对于销售这类产品的知识和经验比较缺乏。当遇到这种情况时,制造企业可以派人在专业知识和营销技巧上向中间商提供指导和培训,而这样做可以帮助经销商提高销售效率、降低销售成本、提高利润,是一种厂、商双赢的做法。而当生产企业能够为中间商提供更为广阔的盈利空间、更多的技术支持、更专业的技术培训时，销售渠道自然也会变得更加稳定、忠诚，更具有销售竞争力。

（五）市场控制

企业也可以通过选择先做市场再做渠道的策略来达到对渠道的控制力。企业通过各种促销方法的综合运用炒热某类产品的市场，使产品成为畅销产品。这时生产企业就无须花费巨大精力去寻找经销商，而是经销商在巨大利益前景的推动下，主动联系生产厂家。这时，企业就掌控了选择的主动权，有充足的余地去选择最合适的经销商来管理市场。而控制了市场也就控制了渠道。

渠道策略案例

分期购物电商：苹果中国的“超级渠道”

2017年9月，苹果公司最新产品iPhone X发布后，有的人到运营商营业厅预订，有的人联系水货的代购，有的人则在各个电商平台秒杀……但在很多人的焦点之外，一家分期购物的电商平台，也已经悄然成为与京东、天猫等顶级电商平台并列的iPhone X的中国首发渠道之一。9月13日凌晨2:00，距离iPhone X全球发布仅过去不到一个小时，在乐信集团旗下的分期购物电商平台“分期乐”上，iPhone X可以实现首批预约，iPhone 8已经开卖。开卖1小时，分期乐商城的注册用户数和下单数同比暴增300%。无论是供应链还是销售代理，合作伙伴要得到苹果公司的重视都不容易。但分期乐却让很多人跌碎了眼镜。这家成立于2013年8月的平台，2016年9月才刚刚成为苹果官方授权二级经销商，但仅仅在半年之后它就已升级为苹果官方授权一级经销商。要知道在中国，苹果的一级经销商并不多，而且大多聚焦于线下，线上的一级经销商更是极为稀少。如今，它又成为苹果中国的iPhone X首发渠道之一。

这背后，到底有什么秘密？

答案其实很简单：为苹果产品带来的强劲销售增长，让分期乐已经迅速成为苹果中国新的“超级销售渠道”。根据国际数据公司IDC分析显示，在综合电商渠道，苹果手机2016年出货的市场份额只有9.6%；但在分期乐上，这个数字却超过了50%。“在分期乐商城手机TOP10榜单上，苹果手机的销量是其他9大手机品牌的总和。”乐信集团首席运营官如是说。分期乐提供的数据显示，iPhone在分期乐上的销售额一直在快速增长，2017年下半年更是全面提速。在2017年第二季度，iPhone销量同比增长了12%，7月销售额的同比增长则高达147%。这是一个令所有人都为之震动的数据。近两年来，受困于创新放缓、竞争加剧以及市场饱和，苹果手机在业绩登顶高峰之后已渐显疲态。据Canalys数据显示，由于手机市场已经饱和，2017年第二季度，iPhone在中国大陆销量同比下滑14%。然而，在分期乐的销售渠道上，它的销量数据却逆势增长，而且增速惊人。苹果对它的高度重视，自然不难理解。

问题在于，分期乐上的强劲增长，为何会与苹果在中国的整体市场表现呈现出如此巨大的反差？其关键原因在于分期乐做的是增量市场。在其他渠道上，苹果主要面向具有强大直接购买力的高端用户。但经过多年发展，这个层级的市场已经逐渐饱和。而分期乐这个渠道，则抓住了更多的中国年轻人。年轻人群正处于高速积累提升的阶段，多体验开阔眼界非常必要，这些年轻人也喜爱苹果品牌，有强烈的消费欲望，但他们大多囊中羞涩，可支配资金大多并不充裕，无法一次性支付高价格的苹果产品。

英国一家机构早前的一组调查数据显示，从全球范围看，85% 的受访者愿意花费比几年前更多的钱购买手机，但只有 11% 的受访者愿意花 1 000 多美元购买智能手机，更多的人只愿意最多支付 582 美元——按照 12 个月分期付款计算，相当于每月 48.50 美元。但通过分期消费的模式，无论是一部 6 000 多元人民币的 iPhone，还是一款 8 000 多元的 MacBook Air，都可以分为 12 期或者 24 期支付，每个月只要还款 200~400 元，就可以提前用上这些产品。不仅仅是分期乐，天猫商城于 9 月 13 日在天猫 Apple Store 官方旗舰店正式开始接受新 iPhone 预定。而京东预约平台也借苹果新机上市推广白条业务。招行信用卡也对分期购买苹果新机打出了利率优惠。除此之外，与苹果的营销活动中，分期乐无论是视觉效果还是品牌调性，都与苹果一直保持着高度统一。分期乐甚至专门开发了一套系统，让符合条件的用户享受苹果公司的优惠，并获得更好体验。事实上，这也正是分期乐的一贯特色。

与国内大部分提供分期服务的商城不同，分期乐的差异在于，它只做最擅长的领域，只做最好商品，只做最优质的用户。它聚焦 20~25 岁的核心用户，且只为他们提供高品质、高客单价的商品，同时提供任意选择首付比例和分期数、可免服务费提前还款等更好的分期消费体验，从而构建自己的竞争壁垒。正是通过这样的差异化定位，在中国早已杀成红海的电商市场中，分期乐在成立后的短短 4 年时间内，年交易额就从 300 万元飙升至近 300 亿元，成为行业内的“现象级”案例。目前，除了苹果之外，分期乐还与宝洁、OPPO、vivo、飞利浦、欧莱雅、周大福、美的等知名品牌进行合作。很多品牌在分期乐的销售量，已经是仅次于京东、天猫的第三大互联网渠道。

中国市场一贯以来是苹果公司的销售重镇，但当前却正身处危难之时。苹果 2017 年第三季度财报显示，截至 7 月 1 日，苹果大中华区的业绩仍在继续下跌，营收只有 80.04 亿美元，比 2016 年同期的 88.48 亿美元下滑 10%，这已是苹果中国第 6 个季度业绩下滑，也是第三财季唯一一个营收下滑的地区。分期乐这个新的“超级渠道”，能否帮助苹果重振声势？

据 Canalys 调研显示，手机第二季度出货量同比下滑 3%。而在同一时期，分期乐手机类目的销售额同比增长 16%，2017 年 7 月份销售同比增长则达到了 111%。借助硬扎的销售成绩，经过反复沟通，分期乐最终获得了苹果的审批和授权，成为其官方授权经销商。这意味着，它可以直接从苹果拿货，既能保证货源，也能申请到更合理价格。而获得来自苹果的支持配合，也让分期乐有了更充足的底气和更大的运营空间，销售业绩增速迅猛，最终创造了逆市增长的销售奇迹。

资料来源：改编自王云辉《分期购物电商：苹果中国的“超级渠道”》.

第五节　做好促销策略

根据目标市场消费者的需要提供合适的产品，参考目标市场消费者的购买力制定相应的产品价格，通过合适的分销渠道将产品送到消费者的手中，最后要与目标市场消费者进行沟通即促销，将有关产品的信息传达给目标市场的消费者。这就构成了整个市场营销组合4P 策略的完整拼图。

促销策略是营销活动中的一个重要组成部分，它承担唤起和激发需求的功能。促销有人员推销、广告、营业推广等多种工具。这些工具具有不同的特点和优势，在应用中要进行合理的配合和协调。

下面结合企业运营管理综合仿真实验课可能涉及的内容分享一些关于促销策略的知识。

一、促销概念

从概念上说，促销是指企业把产品或服务向目标消费者以及对目标消费者的消费行为具有影响力的人群进行宣传、说服、诱导，唤起需求并最终促使其采取购买行为的活动。因此，促销的指向对象不仅仅是目标消费者本人，还包括能够对目标消费者的消费行为产生影响的群体。这些群体通常包括消费者本人的亲朋、同事等一切可能会影响到消费者本人购买决策的其他人。

促销的目的是引起消费者及其影响群体的注意与兴趣，激发其购买欲望以达成购买行为。因此，企业促销的主要任务就是向目标消费群体传递本企业的行为、理念、形象以及产品和服务的信息。而促销的方式分为人员推销和非人员推销两大类。其中，人员推销是通过销售人员与消费者(顾客)直接交流，说服其购买的人际沟通方式；而非人员推销包括广告、公共关系与宣传和营业推广等非人际沟通方式。促销方式的选择决定于市场特点、产品性质、促销成本和促销效率等因素。

促销作为市场营销组合 4P 策略的一个重要组成部分，在整个市场营销活动中具体发挥如下作用：

首先，唤起需求。促销可以激发潜在需求，促进消费动机向消费行为的转换。

其次，促进销售。促销可以促使消费需求的唤起、购买行为的增加，实现产品的销售。

最后，树立形象。促销活动通过传播企业理念、文化等信息，可以形成和强化公众对组织的积极的信念，从而建立良好的公众形象。

二、促销策略

促销组合是指有计划、有目的地对促销要素——人员销售、广告、公关、营业推广、口碑、赞助等促销工具的综合应用。在促销组合中，各种沟通工具都具备自身的特点和优势。促销组合的设计就是针对不同产品特点、不同的目标受众、不同的竞争环境、不同的传播媒体，对具有不同特点的促销组合工具加以整合应用，达到在一定成本约束范围内的促销效率最大化。

根据促销信息流动的方向，可以将促销方式分为推式策略和拉式策略。推式策略是指企业以促销组合中的人员销售的方式进行促销活动。在推式策略下，促销信息流由企业流向中间商再流向顾客，或者由企业直接流向最终顾客，也就是企业营销人员直接与消费者联系，将产品直接推销给顾客。

拉式策略是指企业通过广告、公共关系(公关)与宣传、营业推广等手段激发顾客的购买兴趣，促使其产生购买欲望并进而采取购买行为的策略。在拉式策略下，促销信息由企业流向最终顾客，产生需求。被激发的有效需求，会反过来拉动整个渠道系统：消费者向零售商购买产品，继而零售商向批发商购买，最后由批发商或者代理商向制造商下订单。

企业运营管理仿真综合实验课的软件环境在市场拓展方面主要设定了广告这种方式，因而，下面我们主要介绍广告促销策略。

广告信息的内容和表达形式，主要取决于产品的特点、产品传达的利益、广告目标、广告信息的受众。广告信息通常包括主题、文案、画面。

首先，主题。广告主题即广告要表达的核心思想。主题设计的实质是要在众多可以反映企业和产品特点以及可以激发消费者购买欲望的众多因素中，选择某些足以实现广告目的的因素予以表现出来。例如，对空调的广告主题，既可以突出其质量稳定、耐用性，也可以突出静音、舒适的产品特点，还可以突出其产品的高性价比。根据不同的情况选择不同的广告主题，可以使广告促销达到事半功倍的效果。广告的主题是广告的必不可少的核心要素，企业做广告首先要明确的就是广告想要向目标消费者传达的主题。

其次，文案。广告文案是在确定的广告目的和主题下，对如何表达广告主题的形式、语气、用语及版式等具体方面进行的文字描述，是对广告信息的具体表现形式。广告文案一般包括标题、正文等方面内容。从现代广告来看，表达主题的形式多样，文案不是必不可少的部分。

最后，音画的设计。音画设计是用来配合文字对广告主题和内容进行形象化表现的形式，通过画面、影像、声音、色彩等形象化的视觉语言来对广告主题加以表现。广告通过音画设计可以直接对产品的形态或功能进行真实展示，也可以通过抽象的意境烘托展示广告的主题。

世界知名跨国公司的广告往往在设计上立意很高，给观众留下思考和回味的空间，不露声色地将企业的产品、所秉承的价值观念、企业的文化展示出来。

总之，市场营销组合中的任何一个策略，都不是孤立存在的，每个策略作用的发挥都必须与其他策略进行有机搭配才能真正充分得到体现。

促销策略案例

2017“双十一”阿里的促销策略

2008年，“双十一”兴许“只是想让淘宝活下来”的一纸方案。9年后，“双十一”意味着一个约定俗成的节日语境。

11秒，1亿元；28秒，10亿元；3分1秒，100亿元；24时，1 682亿元——这是一天之内,发生在天猫(淘宝)网络有限公司的交易额。在消费者的消费热情和新鲜感渐弱,成交总额(GMV)基数越来越高的情况下,阿里交出这样的成绩,不容易。

透过现象看本质,无论是电商还是线下零售,都离不开"获客"这个最核心的问题。而获客的基本路径分为两阶段:获取流量,继而便是流量获取之后如何最大化变现。

从本质上看,天猫做的是流量生意。天猫相当于一个大型商场,里面有大量商家入驻,商场提供场地(平台),商场负责吸引人流(流量)。流量怎么来?天猫(淘宝)本身就自带流量,但是这还远远不够。在常规的时间里流量是分散的,阿里需要通过打造一个节日来形成一个流量的集聚,提高资源利用效率,促成最大化收益。阿里围绕"双十一"核心主题日,主要通过两场晚会,户外广告、新媒体传播矩阵、自有流量矩阵、合作流量矩阵来吸纳线上线下全场景流量,构建起强大的流量中心池。

当流量到达会场后,我们接下来看一看阿里究竟是如何通过各种促销手段的综合应用刺激用户消费以达到变现目的的。

(一) 购物津贴

2017年的"双十一"新增了购物津贴这个新概念,其实等同全网跨店购物券,只不过没有张数概念,而是以津贴总额显示在买家的账户上。津贴会在"双十一"预热期间通过游戏等多个渠道发放,使用方法是每满400元减50元,上不封顶且支持跨店支付使用,并且可以和店铺的优惠券叠加。

(二) 预售定金

预售定金是"双十一"惯用的提前锁定消费者的方法,其主要采取的策略是增加用户的沉没成本,用户付出的越多,用户黏性就越强。另一层面看,通过前期的流量积蓄,用户到"双十一"当天支付尾款形成交易的集中爆发。

(三) 群买返

群买返即拼单返利。买家在APP里建群,合买一家店产品到一定金额,商家返现金券(仅限"双十一"当天使用),类似拼多多的玩法。

(四) 分享冲榜

分享冲榜即分享商品赢取奖励,每天冲击影响力排名,赢取现金红包。这也是一个新玩法。有必中红包、瓜分百万红包、现金红包各类,主要还是刺激用户分享商品,进而拉新。

(五) 红包

红包形式尤其多,主要分为火炬红包、明星密令红包、品牌红包、捉猫猫红包、搜索红包几种。

用户点开天猫APP可以点燃"我的双十一",通过"分享"按钮邀请好友帮助点亮红包,瓜分2.5亿元红包。好友互点红包、红包互抽等方式激发用户的参与积极性,从而提升用户活跃及留存率。

红包金额不一定大,贵在新颖有趣,通过设计一些任务或是各种小游戏来让你参与其中,你为这个优惠券花费的精力越大,自然越不舍得浪费这张优惠券。再有像红包充值赠送，充值可获得稀有火炬红包，大大增加了用户的期待感，还有像天猫超市卡的充值满赠现金红包，而这部分充值金额相当于被提前锁定消费。

以上列出的是阿里在“双十一”期间所采取的主要促销手段，其余如实时榜单、花呗提额等手段就不一一列举了。综观每年天猫的“双十一”盛宴，总结起来，是一场品牌参与度高、层次丰富、运营节奏成熟的大型促销活动。

资料来源：节选改编自相关网络报道.

本章小结

随着市场结构的转变、竞争的加剧，市场中的企业和企业家感受到空前的压力。有的企业主动顺应时代与市场的变化积极应对，通过创新经营理念、变革经营模式等在激烈的市场竞争中始终保有自己的一席之地，并为经济的发展与社会的进步持续贡献力量。

然而，经济繁荣的同时也往往产生一些不受欢迎的副产品，比如，营销伦理失范现象便是其一。在产品方面，假冒伪劣、以次充好的现象仍然时常出现；在价格方面，有的企业利用自己的垄断地位以及消费者与企业之间的信息不对称制定具有强迫性和愚弄性的高价格；在分销方面，存在部分名企为了实现自身最大利益产出而利用自己在市场中的优势地位胁迫其下游分销商的行为。如规定产品的终端价格并强迫分销商接受，强制分销商销售不合格产品，甚至选择没有经过正规注册的非法中间商从事产品分销的行为。此外，也存在分销商集体联合起来逼迫上游生产企业的非伦理行为。在产品促销方面，伦理失范现象更是屡见不鲜：采用贿赂、回扣等推销商品，采用有偿新闻扩大宣传，采取虚假中奖、返利等欺骗消费者。

一个成功的企业首先应当是一个合法经营、遵守道德规范的企业，在市场中通过公平交易的原则获得自身生存、发展与壮大的机会和空间。同样，一个成功的企业家首先应该是一个遵纪守法、具有高尚道德品格的人。因为只有这样，企业家本人和自己所拥有的企业所获得的成绩才能得到社会的认可和尊重，并获得继续发展的良好环境。正如李源潮副主席所要求的那样：“抓住中华民族伟大复兴的大好机遇，在为中国梦奋斗的历史进程中实现人生理想；把创业创新创优作为一辈子的追求，以社会主义核心价值观为坐标确定自己的人生价值，做爱国为民、守法诚信、勤劳有德的企业家；积极服务国家与人民，主动帮助青年，努力造福社会，做对社会负责任有贡献的财富创造者。”

扩展阅读：联想国内价格为何高于国外？

复习思考题

1. 企业制定价格时需考虑哪些情况？
2. 电视广告有哪些优点？
3. 中间商的功能有哪些？

案例讨论题

电商经典案例:Amazon 公司的差别定价试验

为提高在主营产品上的盈利,亚马逊在 2000 年 9 月中旬开始了著名的差别定价试验。亚马逊选择了 68 种 DVD 碟片进行动态定价试验。试验当中,亚马逊根据潜在客户的人口统计资料、在亚马逊的购物历史、上网行为以及上网使用的软件系统确定对这 68 种碟片的报价水平。例如,名为《泰特斯》(Titus)的碟片对新顾客的报价为 22.74 美元,而对那些对该碟片表现出兴趣的老顾客的报价则为 26.24 美元。通过这一定价策略,部分顾客付出了比其他顾客更高的价格,亚马逊因此提高了销售的毛利率。但是好景不长,这一差别定价策略实施不到一个月,就有细心的消费者发现了这一秘密,通过在名为 DVDTalk(www.dvdtalk.com)的音乐爱好者社区的交流,成百上千的 DVD 消费者知道了此事,那些付出高价的顾客纷纷在网上以激烈的言辞对亚马逊的做法进行口诛笔伐,有人甚至公开表示以后绝不会在亚马逊购买任何东西。更不巧的是,由于亚马逊此前刚公布了它对消费者在网站上的购物习惯和行为进行跟踪和记录,这次事件曝光后,消费者和媒体开始怀疑亚马逊是否利用其收集的消费者资料作为其价格调整的依据,这样的猜测让亚马逊的价格事件与敏感的网络隐私问题联系在了一起。

为挽回日益凸显的不利影响,亚马逊的首席执行官贝佐斯只好亲自出马做危机公关,他指出亚马逊的价格调整是随机进行的,与消费者是谁没有关系,价格试验的目的仅仅是为测试消费者对不同折扣的反应,亚马逊"无论是过去、现在或未来,都不会利用消费者的人口资料进行动态定价"。贝佐斯为这次的事件给消费者造成的困扰向消费者公开表示了道歉。不仅如此,亚马逊还试图用实际行动挽回人心,亚马逊答应给所有在价格测试期间购买这 68 部 DVD 的消费者以最大的折扣。据不完全统计,至少有 6 896 名没有以最低折扣价购得 DVD 的顾客,已经获得了亚马逊退还的差价。

至此,亚马逊价格试验以完全失败而告终,亚马逊不仅在经济上蒙受了损失,而且它的声誉也受到了严重的损害。

亚马逊差别定价试验失败的原因:我们知道,亚马逊的管理层在投资人要求迅速实现盈利的压力下开始了这次有问题的差别定价试验,结果很快便以全面失败而告终。那么,亚马逊差别定价策略失败的原因究竟何在?我们说,亚马逊这次差别定价试验从战略制定到具体实施都存在严重问题,现分述如下:

(一) 战略制定方面

首先,亚马逊的差别定价策略同其一贯的价值主张相违背。在亚马逊公司的网页上,亚马逊明确表述了它的使命:要成为世界上最能以顾客为中心的公司。在差别定价试验前,亚马逊在顾客中有很好的口碑,许多顾客想当然地认为亚马逊不仅提供最多的商品选择,还提供最好的价格和最好的服务。亚马逊的定价试验彻底损害了它的形象,即使亚马逊为挽回影响进行了及时的危机公关,但亚马逊在消费者心目中已经永远不会像从前那样值得信赖了,至少,人们会觉得亚马逊是善变的,并且会为了利益而放弃原则。

其次，亚马逊的差别定价策略侵害了顾客隐私，有违基本的网络营销伦理。亚马逊在差别定价的过程中利用了顾客购物历史、人口统计学数据等资料，但是它在收集这些资料时是以为了向顾客提供更好的个性化的服务为幌子获得顾客同意的，显然，将这些资料用于顾客没有认可的目的是侵犯顾客隐私的行为。即便美国当时尚无严格的保护信息隐私方面的法规，但亚马逊的行为显然违背了基本的商业道德。

此外，亚马逊的行为同其市场地位不相符合。亚马逊违背商业伦理的行为曝光后，不仅它自己的声誉会受到影响，整个网络零售行业都受到牵连。因为亚马逊本身就是网上零售的市场领导者，占有最大的市场份额，所以它无疑会从行业信任危机中受到最大的打击。由此可见，亚马逊的策略是极不明智的。

综上，亚马逊差别定价策略从战略管理角度看有诸多先天不足，这从一开始就注定了它的试验将会以失败而告终。

（二）具体实施方面

我们已经看到亚马逊的差别定价试验在策略上存在严重问题，这决定了这次试验最终失败的结局，但实施上的重大错误是使它迅速失败的直接原因。

首先，从微观经济学理论的角度看，差别定价未必会损害社会总体的福利水平，甚至有可能导致帕累托更优的结果，因此，法律对差别定价的规范可以说相当宽松，规定只有当差别定价的对象是存在相互竞争关系的用户时才被认为是违法的，但同时，基本的经济学理论认为一家公司的差别定价策略只有满足以下三个条件时才是可行的：(1) 企业是价格的制定者而不是市场价格的接受者。(2) 企业可以对市场细分并且阻止套利。(3) 不同的细分市场对商品的需求弹性不同。

DVD 市场的分散程度很高，而亚马逊不过是众多经销商中的一个，所以从严格的意义上讲，亚马逊不是 DVD 价格的制定者。但是，假如我们考虑到亚马逊是一个知名的网上零售品牌，以及亚马逊的 DVD 售价低于主要的竞争对手，所以，亚马逊在制定价格上有一定的回旋余地。当然，消费者对 DVD 产品的需求弹性存在巨大的差别，所以亚马逊可以按照一定的标准对消费者进行细分，但问题的关键是，亚马逊的细分方案在防止套利方面存在严重的缺陷。亚马逊的定价方案试图通过给新顾客提供更优惠价格的方法来吸引新的消费者，但它忽略的一点是：基于亚马逊已经掌握的顾客资料，虽然新顾客很难伪装成老顾客，但老顾客却可以轻而易举地通过重新登录伪装成新顾客实现套利。至于根据顾客使用的浏览器类别来定价的方法同样无法防止套利，因为不同浏览器基本上都可以免费获得，消费者几乎不需要什么额外的成本就可以了解更低报价。因为无法阻止套利，所以从长远角度，亚马逊的差别定价策略根本无法有效提高盈利水平。

其次，亚马逊歧视老顾客的差别定价方案同关系营销的理论相背离。亚马逊的销售主要来自老顾客的重复购买，重复购买在总订单中的比例在 1999 年第一季度为 66%，一年后这一比例上升到了 76%。亚马逊的策略实际上惩罚了对其利润贡献最大的老顾客，但它又没有有效的方法锁定老顾客，其结果必然是老顾客流失和销售与盈利减少。

最后，亚马逊还忽略了虚拟社区在促进消费者信息交流方面的巨大作用，消费者通过信息共享显著提升了其市场力量。的确，大多数消费者可能并不会特别留意亚马逊产品百分之几的价格差距，但从事网络营销研究的学者、主持经济专栏的作家以及竞争对手公司中的市场情报人员会对亚马逊的定价策略明察秋毫，他们可能会把他们的发现通过虚拟社区等渠道广泛传播，这样，亚马逊自以为很隐秘的策略很快就在虚拟社区中露了底，并且迅速引起了传媒的注意。

比较而言，在亚马逊的这次差别定价试验中，战略上的失误是导致试验失败的根本原因，而实施上的诸多问题则是导致其惨败和速败的直接原因。

亚马逊差别定价试验给我们的启示：

亚马逊的这次差别定价试验是电子商务发展史上的一个经典案例，这不仅是因为亚马逊公司本身是网络零售行业的一面旗帜，还因为这是电子商务史上第一次大规模的差别定价试验，并且在很短的时间内就以惨败告终。我们从中能获得哪些启示呢？

首先，差别定价策略存在巨大的风险。一旦失败，它不仅会直接影响到产品的销售，而且可能对公司经营造成全方位的负面影响，公司失去的可能不仅是最终消费者的信任，还会有渠道伙伴的信任，可谓一招不慎，满盘皆输。所以，实施差别定价必须慎之又慎，尤其是当公司管理层面临短期目标压力时更应如此。具体分析时，要从公司的整体发展战略、与行业中主流营销伦理的符合程度以及公司的市场地位等方面进行全面的分析。

其次，一旦决定实施差别定价，那么选择适当的差别定价方法就非常关键。这不仅意味着要满足微观经济学提出的三个基本条件，而且更重要的是要使用各种方法造成产品的差别化，力争避免赤裸裸的差别定价。常见的做法有以下四种：

(1) 通过增加产品附加服务的含量来使产品差别化。营销学意义上的商品通常包含着一定的服务，这些附加服务可以使核心产品更具个性化，同时，服务含量的增加还可以有效地防止套利。

(2) 同批量定制的产品策略相结合。定制弱化了产品间的可比性，并且可以强化企业价格制定者的地位。

(3) 采用捆绑定价的做法。捆绑定价是一种极其有效的二级差别定价方法，捆绑同时还有创造新产品的功能，可以弱化产品间的可比性，在深度销售方面也能发挥积极作用。

(4) 将产品分为不同的版本。该方法对于固定生产成本极高、边际生产成本很低的信息类产品更加有效，而这类产品恰好也是网上零售的主要品种。

当然，为有效控制风险，有时在开始大规模实施差别定价策略前还要进行真正意义上的试验，具体操作上不仅要像亚马逊那样限制进行试验的商品的品种，而且更重要的是要限制参与试验的顾客的人数。借助于个性化的网络传播手段，做到这点是不难的。

实际上，正如贝佐斯向公众所保证过的，亚马逊此后再也没有作过类似的差别定价试验。结果，依靠成本领先的平价策略，亚马逊后来终于在 2001 年第四季度实现了单季度净赢利，在 2002 年实现了主营业务全年赢利。

综上所述，在网络营销中运用差别定价策略存在很大的风险，在选择使用时必须慎之又慎，否则，很可能适得其反，给公司经营造成许多麻烦。在实施差别定价策略时，通过使产品差别化而避免赤裸裸的差别定价是避免失败的一个关键因素。

问题：你从 Amazon 这个案例中能得到哪些启示？

第七章 人力资源管理

本章导读

人力资源是最重要的资源，企业的竞争就是人才的竞争。人力资源数量丰富且质量不断提高，是中国改革开放40年经济社会发展取得伟大成就的重要影响因素之一。人力资源管理，简单地说，就是通过选人、育人、用人、留人，实现对人力资源的有限利用。企业人力资源管理包括人力资源规划、招聘配置、培训开发、绩效管理、薪酬管理、劳动关系管理、员工激励、团队建设、组织领导等内容。围绕本课程的主题，我们在第三章介绍了岗位设计和员工招聘的相关内容，在本章重点介绍人力资源管理中的员工激励、员工培训、绩效管理、组织领导等方面的问题。

第一节　如何激励员工

激励是持续激发人的行为动机的过程，简单地说就是设法去满足人的需要，激发人的行为动机，提高人的行为积极性。激励过程由需要未满足开始，产生心理紧张，这时予以恰当的刺激激发人的动机，使人产生一种内驱力，朝所期望的目标努力。达到目标，需要得到满足，心理内在不平衡状态改变，紧张消除，激励过程也就结束。新的需要产生，又引起新的行为和新的激励过程。

一、激励的重要性

亚马逊网上书店在西雅图和特拉华都有很大的书库，大批员工把书籍从卡车上卸下来，放在金属架上临时收藏，接着又打包寄给顾客。这些忙碌的搬运工在工作的时候大多戴着耳机，在外人看来这很奇怪，在工作的时候可以听随身听吗？许多管理者可能会命令员工摘下耳机，但这可能会铸成大错。耳机是一个象征，它表达了公司对员工的体贴。因为为亚马逊网上书店工作只是这些人生活的一部分。这些搬运工中许多人是演员、画家或作家，他们热爱和书打交道的工作，耳机并不会造成妨碍，管理者清楚地认识到这一点，并鼓励他们有爱好，并将其与工作紧密结合起来。管理者的态度表明他们尊重工人，工人们反过来又比做日常重复性工作的人更愉快，更受激励，工作效率更高。

人们尤其是青年人为什么热衷于打游戏？一个重要原因就是打游戏可以满足人的心理需要，而且游戏不断提供正反馈，也就是说人们能不断地从游戏中受到激励。

激励的重要作用主要表现在：

（1）可以充分调动员工积极性，鼓舞士气，提高工作效率。制约工作效率的因素主要有个体因素和环境因素。从个体因素看，又包括能力和积极性两个方面。两个能力相同的人，一个人的积极性高，工作勤奋努力，那么工作效率就高；另一个人做事情缺乏积极性，一曝十寒，工作效率必然很低。所以通过激励调动积极性很重要。

（2）可以充分挖掘人的潜能，发挥人的能动性和创造性。研究发现，在缺乏激励的环境中，人的能力只能发挥20%~30%，如果受到充分激励的话，人的能力可以发挥出80%~90%。

（3）可以增强组织的凝聚力，增强员工的归属感，留住优秀人才。员工较高的凝聚力和归属感可以大大提高员工的工作热情，增强满意度，提高组织承诺度。

二、激励的有关理论

（一）需要层次理论

需要层次理论是由美国心理学家亚伯拉罕·马斯洛提出的。他认为人的需求像阶梯一样从低到高按层次分为五种，分别是生理需要、安全需要、社交需要、尊重需要和自我实现需要（见图7-1）。

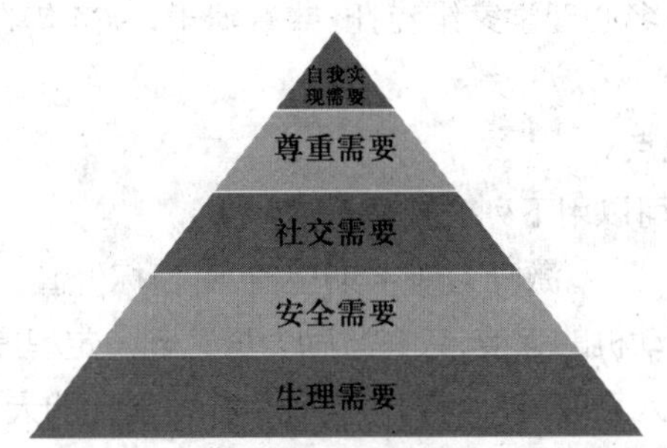

图7-1 需要层次理论

1. 需要的层次

（1）生理需要。这是人类生存所必需的一种基本需求，包括食物、衣服、住所等。对食物、水、空气和住房等需求都是生理需要。这类需要的级别最低，人们在转向较高层次的需要之前，总是尽力满足这类需要。

（2）安全需要。保护自己免受身体和情感伤害的需要。安全需要是保障自身安全、摆脱事业和丧失财产威胁、避免职业病的侵袭、接触严酷的监督等方面的需要。和生理需要一样，在安全需要没有得到满足之前，人们唯一关心的就是这种需要。

（3）社交需要。友情、爱情、归属及接纳方面的需要。这一层次的需要包括两个方面的内容:一是友爱的需要,即人人都需要伙伴之间、同事之间的关系融洽或保持友谊和忠诚;人人都希望得到爱情,希望爱别人,也渴望接受别人的爱。二是归属的需要,即人都有一种归属于一个群体的感情,希望成为群体中的一员,并相互关心和照顾。

(4) 尊重需要。人人都希望自己有稳定的社会地位,要求个人的能力和成就得到社会的承认。马斯洛认为,尊重需要得到满足,能使人对自己充满信心,对社会满腔热情,体验到自己活着的用处和价值。

(5) 自我实现需要。成长与发展、发挥自身潜能、实现理想的需要,这是最高层次的需要。自我实现需要的目标是自我价值的实现,或是发挥出自己的潜能。

2. 主要观点

(1) 五种需要像阶梯一样从低到高,按层次逐级递升,但这样次序不是完全固定的,可以变化,也有种种例外情况。

(2) 需求层次理论有两个基本出发点:一是人人都有需要,某层需要获得满足后,另一层需要才出现。二是在多种需要未获满足前,首先满足迫切需要;该需要满足后,后面的需要才显示出其激励作用。

(3) 一般来说,某一层次的需要相对满足了,就会向高一层次发展,追求更高一层次的需要就成为驱使行为的动力。相应地,获得基本满足的需要就不再是一股激励力量。

(4) 同一时期,一个人可能有几种需要,但每一时期总有一种需要占支配地位,对行为起决定作用。各层次的需要相互依赖和重叠,高层次的需要发展后,低层次的需要仍然存在,只是对行为影响的程度大大减小。

(二) 期望理论

期望理论是由美国著名心理学家维克托·弗鲁姆于 1964 年在《工作与激励》中提出来的激励理论。

1. 期望理论的基本观点

期望理论的基本观点可以用下列公式表示:

$$激励力量 = 期望值 \times 目标价值$$

激励力量是指一个人动机的强度,只有激励力量达到一定程度时,人们才有强烈的动机并引发行为。期望值指个人采取某种行为对实现目标可能性的大小,期望值越大,个人实现目标的把握就越大。目标价值是指目标对个人的重要程度,当期望值和目标价值都很小时,激励力量会很小;当期望值和目标价值一大一小时,激励力量也不会很大;只有当期望值和目标价值都很大时,激励力量才最大。

期望理论认为人的行为是由努力—绩效—奖酬—满足(个人需要)而发展的(见图 7-2)。

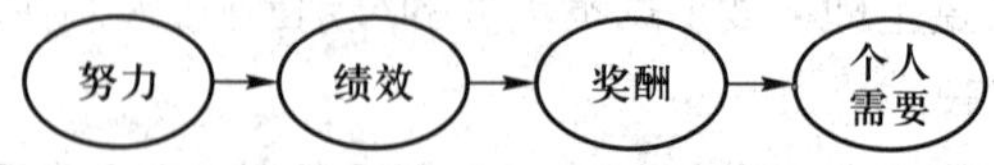

图 7-2 期望理论模型

(1) 努力与绩效的关系。员工认为如果通过自己的努力能够达到预期的目标,就会有信心,就能激发出很强的工作动力;如果他认为目标太高,再努力也不可能实现预期的目标,就会导致消极工作。所以,为了让员工取得好的工作绩效,首先,管理者在选择员工时,要选择能力比较强的员工或者对员工进行培训,提高员工的工作能力;其次,在为员工布置工作任务时,要考虑到员工的实际能力,而不能为员工订立其能力达不到的目标。

(2) 绩效与奖酬的关系。如果他认为取得绩效后能够获得合理的奖励,就有可能产生工作热情,否则就可能没有积极性。

(3) 奖酬与满足个人需要的关系。人总是希望自己所获得的奖励能满足自己某方面的需要。然而由于人们在年龄、性别、资历、社会地位和经济条件等方面不同,他们的需要是不同的。因而对于不同的员工,要采用不同的奖励措施。

2. 如何有效应用期望理论

(1) 确定合理目标。目标不是越高越好,而是应符合组织与员工的实际,使其既具有一定的挑战性,又具有良好的可行性。

(2) 领导者应为下属创造条件,使其做出成绩,即提高期望值。

(3) 严格奖惩制度,有成绩就给予奖励。这一点很重要,如果不能根据绩效实施奖惩,会严重挫伤员工的积极性。

(三) 公平理论

公平理论是美国行为科学家亚当斯提出来的。该理论侧重于研究工资报酬分配的公平性及其对员工积极性的影响。公平理论认为,一个人不仅关心自己的收入(如工资、奖金、工作成绩的认可及其他因素)和付出(如个人努力程度、付出劳动量的大小及经验知识的多少等),而且关心自己的收入付出与别人的收入付出的关系。换言之,人们不仅关心个人努力所获得报酬量的绝对值,而且关心自己的报酬量与别人报酬量之间的关系,即报酬量的相对值。在进行这种比较时当发现比例相当时,会认为公平,心情舒畅;相反,当发现比例不相当时,就会认为不公平从而导致内心不满。

人总爱进行比较,并且期望得到公平的待遇。人们会和其他人进行比较,即横向比较;也会和自己过去的情况进行比较,即纵向比较。如果比较结果是相当的则认为是公平的;反之,就认为是不公平的。

员工感到不公平时,可能千方百计进行自我安慰,如通过自我解释,主观上造成一种公平的假象,以减少心理失衡或选择另一种比较基准进行比较,以便获得主观上的公平感;还可能采取行动,改变对方或自己的收支比率,如要求把别人的报酬降下来、增加别人的劳动投入或要求给自己增加报酬、减少自己的劳动投入等;还可能采取发牢骚、讲怪话、消极怠工、制造矛盾或弃职他就等行为。

(四) 强化理论

强化理论是由美国心理学家斯金纳首先提出的。他认为人的行为是对其所获刺激的函数,如果这种刺激对他有利,则这种行为就会重复出现;若对他不利,则这种行为就会减弱直至消失。因此管理者要采取各种强化方式,以使人们的行为符合组织的目标。

1. 强化的具体方式

(1) 正强化。就是奖励那些符合组织目标的行为,以便使这些行为得以进一步加强、重复出现。

(2) 惩罚。当员工出现一些不符合组织目标的行为时,采取惩罚的办法,可以约束这些行为少发生或不再发生。惩罚是力图使不希望的行为逐渐削弱,甚至完全消失。

(3) 负强化。是指预先告诉某种不符合组织目标的行为或不良绩效可能引起的不良后果,并说明对这些行为所采取的奖惩措施,以便使这些行为减少或根本不发生,从而保证组织目标的实现。负强化强调的是一种事前的规避。俗语“杀鸡儆猴”形象说明了负强化和惩罚两者的联系与区别。对出现了违规行为的“鸡”加以惩罚,意欲违规的“猴”会从中深刻地意识到组织规定的存在,从而加强对自己行为的约束。

(4) 自然消退,也叫衰减,是指对员工的某种行为不予理睬,任其自然发展,既不给予正强化,也不给予负强化。这时员工会感到自己的行为得不到承认,便会慢慢地减少这种行为甚至完全放弃该行为。

2. 如何有效运用强化理论

(1) 明确强化的目的。要明确预期的行为方向,使被强化者的行为符合组织的要求。

(2) 选准强化物。每个人的需要不同,因而对同一种强化物反应也各不相同。这就要求具体分析强化对象的情况,针对他们的不同需要,采取不同强化措施。

(3) 及时强化。为了实现强化的目的,必须及时反馈,并及时兑现相应的报酬或惩罚。

(4) 强化方式要多变。总是使用相同的强化物,会大大降低强化效果。

三、激励的原则

(一) 物质激励与精神激励结合

人的需要是多方面的、分层次的,不同的时间、不同的地点、不同的人,需要也不同,既有物质需要,也有精神需要。激励就是设法去满足人的需要,激发人的行为动机,提高其积极性。所以必须把两者结合起来。虽然物质激励与精神激励的目标是一致的,但是它们的作用对象却是不同的。前者作用于人的生理方面,是对人物质需要的满足;后者作用于人的心理方面,是对人精神需要的满足。随着人们物质生活水平不断提高,人们对精神与情感的需求越来越迫切。比如期望得到爱、得到尊重、得到认可、得到赞美、得到理解等。

(二) 正激励与负激励结合

所谓正激励就是当一个人的行为符合组织的需要时,通过奖赏的方式来鼓励这种行为,以达到持续和发扬这种行为的目的。所谓负激励就是当一个人的行为不符合组织的需要时,通过制裁的方式来抑制这种行为,以达到减少或消除这种行为的目的。

正激励与负激励作为激励的两种不同类型,目的都是要对人的行为进行强化,不同之处在于二者的取向相反。正激励起正强化的作用,是对行为的肯定;负激励起负强化的作用,是对行为的否定。尽量多用正强化,尽量少用或不用负强化。也就是奖励与惩罚结合,以奖为主。

(三) 内在激励与外在激励结合

所谓内在激励是指由内在报酬引发的、源自工作人员内心的激励;所谓外在激励是指由外在报酬引发的、与工作任务本身无直接关系的激励。

内在报酬是指来自于工作本身的刺激,即在工作进行过程中所获得的满足感。内在报酬是较高层次的,一般是心理的、精神的,主要有工作成就感、工作中得到认可和赞赏、工作的挑战性和兴趣、工作责任感、个人成长发展、自我实现、乐在其中等。内在报酬使人获得内在满足，产生内在激励，会产生一种持久性的作用。

外在报酬是指工作任务完成之后或在工作场所以外所获得的满足感，它与工作任务不是同步的。外在报酬是相对较低层次的，一般是物质的，主要有薪酬、工作环境或条件、人际关系、职务、地位、公司政策与行政管理、工作的安全感等。外在报酬使人获得外在满足，产生外在激励。如果一项又脏又累、谁都不愿干的工作有一个人干了，那可能是因为完成这项任务，将会得到一定的奖金及其他额外补贴，一旦外在报酬消失，他的积极性可能就不存在了。所以，由外在报酬引发的外在激励是难以持久的。

(四) 激励时机与激励程度

激励在不同时间进行，其作用与效果是有很大差别的。要把握激励的时机，"雪中送炭"和"雨后送伞"的效果是不一样的。激励越及时，越有利于将人们的激情推向高潮，使其创造力连续有效地发挥出来。迟到的激励可能会让人觉得画蛇添足，失去了激励应有的意义。

激励程度是指激励量的大小，即奖赏或惩罚标准的高低。它是激励机制的重要因素之一，与激励效果有极为密切的联系。能否恰当地掌握激励程度，直接影响激励作用的发挥。超量激励和欠量激励不但起不到激励的真正作用，有时甚至还会起反作用。比如，过分优厚的奖赏，会使人感到得来全不费工夫，丧失了发挥潜力的积极性；过分苛刻的惩罚，可能会导致人的摔破罐心理，挫伤下属改善工作的信心；过于吝啬的奖赏，会使人感到得不偿失，多干不如少干。

所以从量上把握激励，一定要做到恰如其分，激励程度不能过高也不能过低。激励程度并不是越高越好，超出了一定限度，就无激励作用可言了，正所谓过犹不及。

(五) 公平激励与个性化激励

当一个人做出成绩并取得了报酬以后，他不仅关心自己所得报酬的绝对量，而且更加关心自己所得报酬的相对量。因此，他要进行种种比较来确定自己所获报酬是否合理，比较的结果将直接影响今后工作的积极性。所以，做到公平很重要，包括机会公平和分配公平。

因为人的需要的多样化和个性化，所以激励的方式方法也要多样化、有弹性、有变化，满足员工的个性化需要。

四、激励的若干方法

(一) 薪酬激励

薪酬激励是企业运用薪酬的刺激，提高员工的积极性，从而提高劳动生产率的做法。它对企业竞争力有巨大的影响，是激励的最基本的手段。

薪酬是员工为企业提供劳动而得到的货币报酬与实物报酬的总和。薪酬包括基本薪酬、绩效薪酬（可变薪酬）、福利薪酬（间接薪酬 ）三部分。其中基本薪酬和福利薪酬相对稳定，绩效薪酬是变化的、浮动性的，具有较强的激励性。

(1) 薪酬分配体现公平原则和激励原则。公平原则包括内部公平与外部公平。公平是建立在员工的岗位、级别、能力一致的基础之上的，强调的是薪酬分配应与劳动贡献相一致。

(2) 设计绩效薪酬制度，使激励性薪酬或浮动薪酬占比增加。

(3) 薪酬与业绩挂钩,个人激励与团队激励、长期激励与短期激励结合。例如,把奖金(短期的)、股票(长期的)和分红结合。

(4) 按照绩效考核结果调整基本薪酬。

(5) 实行弹性福利制度。在兼顾公平的前提下,员工所享有的福利和工作业绩密切相连。

(二) 目标激励

设置适当的目标,激发人的动机,达到调动人的积极性的目的称为目标激励。目标在心理学上通常被称为诱因,即能够满足人的需要的外在物。由期望理论和目标激励的理论可知,个体对目标看得越重,实现的概率就越大。因此,为发挥目标的激励作用,应注意以下几点:

(1) 广泛深入地宣传,让员工看到企业发展的前景目标,了解每个岗位的目标。

(2) 制定目标时,要让员工参与,虚心听取员工的意见。

(3) 个人目标与组织目标结合,在实现组织目标的同时,个人目标可以得到实现。

(4) 目标要适当,要做到"树上的果子悬到跳一跳够得着"的程度,这样才易于激发员工的进取心。例如,举重能举起100千克的,加到110千克或120千克,或许可以挑战极限,要让他举起200千克,是根本不可能的。

(5) 目标要具体、明确,能够有定量要求的目标更好,切忌笼统、抽象。

(6) 既要有近期目标,又要有长期目标。

(三) 荣誉激励

荣誉激励可满足人的精神层面的需要,如自尊需要。荣誉激励主要是把工作成绩与晋级、提升、选模范、评先进联系起来,主要的方法是表扬、奖励、经验介绍等。荣誉可以成为不断鞭策荣誉获得者保持和发扬成绩的力量,还可以对其他人产生感召力,激发比、学、赶、超的动力,从而产生较好的激励效果。公司受人欢迎的因素按重要程度依次是:员工发展计划、对员工的肯定、薪酬、培训、工作环境等。

荣誉激励要注意:

(1) 对员工的贡献公开表示承认。美国教育家卡耐基曾写出享誉全球的名著《人性的弱点》《人性的优点》《人性的光辉》等畅销书。他指出,为人处世基本技巧的第一条就是:"不要过分批评、指责和抱怨。"第二条是:"表现真诚的赞扬和欣赏。"

(2) 不要吝啬头衔和名号。一些名号、头衔可以换来员工的认可感,从而激励起员工的干劲。日本电气公司很早就在一部分管理职务中实行自由职衔制。

(3) 记住赞美是最省钱的激励方式,来自上司、尊长的赞美更有激励作用。孩子渴望得到家长的赞美,学生渴望得到老师的赞美,同样员工也渴望得到领导、上司、同事的赞美。

(4) 学会赞美、尊重、倾听、鼓励、沟通等激励方式。

(四) 情感激励

情感激励就是通过在组织内部建立起亲密、融洽、和谐的气氛来激励员工积极性的方法。人是有感情的动物,员工的情绪直接影响工作效率的高低。每一个人都需要关怀与体贴,一句亲切的问候。一番安慰的话语,都可成为激励人们行为的动力。

情感激励方式很多,如沟通思想、排忧解难、慰问家访、交往娱乐、批评帮助、共同劳动、民主协商等。只要领导者真正关心、体贴、尊重、爱护员工，通过感情交流充分体现出人情味，员工就会把他的真挚情感化作自愿接受领导的自觉行动。

情感激励的要点：

(1) 要尊重员工。

(2) 要信任员工。

(3) 关心支持员工。要时刻关注员工的工作和生活，积极为他们办实事、做好事、解难事。

(4) 促进上下级之间、同事之间的沟通，营造健康、愉悦的团体氛围。

(五) 榜样激励

很多人都有自己的偶像，模仿学习偶像，这就是榜样激励。榜样激励是指选择先进、成绩突出的个人或集体，加以肯定和表扬，要求大家学习，从而激发团体成员积极性的方法。我们常说，榜样的力量是无穷的，榜样是一面旗帜，使人学有方向、赶有目标，起到巨大的激励作用。

为充分发挥榜样的激励作用，要注意如下几点：

(1) 要善于发现、把握典型。

(2) 先进典型的事迹要真实。

(3) 榜样要在群众总结评比的基础上产生。

(4) 召开介绍与表扬先进事迹的会议，形式隆重、热烈气氛，从而激发成员敬慕榜样的心情，引导成员正确地对待榜样。

(5) 关心榜样的成长，教育他们戒骄戒躁，发扬成绩，克服不足，不断前进。

(6) 领导要成为好榜样。

(7) 预防坏榜样的负面影响。

(六) 组织文化激励

组织文化激励是利用组织文化的特有力量，激励组织成员向组织期望的目标行动。组织文化是一个组织在长期实践中提炼和培养出来为组织成员所共同认可和遵守的价值规范和行为准则的总和。

物以类聚，人以群分。组织文化能够满足员工的精神需要，调动员工的精神力量，使他们产生归属感、自尊感和成就感，从而充分发挥他们的巨大潜力。

组织文化激励法主要包括：

(1) 价值观激励。尽管组织价值观的发展呈多元化和个性化的趋势，但杰出企业的共同价值取向是树立崇高目标、建立共识和追求卓越。因此，价值观能增强组织的凝聚力，培养员工奋发向上的精神，并对每个成员的目标和行为具有导向和激励作用。

(2) 榜样激励。

(3) 组织形象激励。组织形象激励是指组织利用形象增强组织成员的成就感、自豪感和对组织的忠诚。

第二节 如何做好员工培训

培训和普通教育一样，都是人力资本投资的重要方式，人力资本投资的重要性不言而喻。员工培训可以提高员工素质,提高企业的核心竞争力。很多大型公司都高度重视员工培训,有完善的培训体系,建立起了自己的大学或管理学院,在培训方面舍得花钱。

扩展阅读:国务院关于推行终身职业技能培训制度的意见

也有很多企业不舍得投入,不重视员工培训,如招聘时要求应届生有工作经验。有统计表明,企业事故 80% 是员工不懂安全知识和违规操作造成的。通过培训掌握了操作规程,自然就会减少事故的发生。那些不重视培训的企业,事故频发、效率低下、员工流失率高、经营惨淡,何谈什么竞争力,只是勉强维持。

做好员工培训,要注意以下几点:

一、做好培训需求分析

(一) 需求分析的原因

1. 明确是否需要培训

企业经营有问题、有困难,诸如工作效率低、工作质量差、业绩不良等,原因有很多,有市场因素(外部环境),有技术设备因素,也有员工个人的因素。员工个人的因素就需要培训。个人的因素也要搞清楚是哪个方面的,是业务能力还是态度?是协作问题还是技术问题?

2. 明确培训什么、培训谁

有些培训搞得场面宏大、反响热烈,但事后却收效甚微,员工的行为没有根本改变。为什么呢?原因是没有做需求分析。结果培训好像隔靴搔痒,缺乏针对性,自然也就没有效果。

(二) 怎样分析

培训需求分析是指在规划与设计每项培训活动之前,由培训部门采取各种办法和技术,对组织及成员的目标、知识、技能等方面进行系统的鉴别与分析,从而确定培训必要性及培训内容的过程。培训需求分析就是采用科学的方法弄清谁最需要培训、为什么要培训、培训什么等问题,并进行深入探索研究的过程。它具有很强的指导性,是确定培训目标、设计培训计划、有效实施培训的前提,是现代培训活动的首要环节,是进行培训评估的基础,对企业的培训工作至关重要,是使培训工作准确、及时和有效的重要保证。

培训需求分析一般从以下三个方面进行:

(1) 组织分析。培训需求的组织分析主要是通过对组织的目标、资源、环境等因素的分析,准确地找出组织存在的问题与问题产生的根源,以确定培训是否是解决这类问题的最有效的方法。目的是在收集与分析组织绩效基础上,确认绩效问题及其病因,寻找可能解决的办法,为培训部门提供参考。

(2) 工作分析。目的在于了解完成工作所应具备的知识和技能,工作分析的结果是将来设计和编制相关培训课程的重要资料来源。

(3) 工作者分析。通过分析工作人员实际业绩与规定的绩效标准之间的差距,来确定谁需要和应该接受培训以及培训的内容。

可以用来进行培训需求分析的方法有许多种,可供选择使用的培训需求分析方法有访谈法、问卷调查法、观察法、关键事件法、绩效分析法、经验判断法、头脑风暴法、专项测评法和胜任能力分析法等。

二、制定培训计划

培训计划是按照一定的逻辑顺序排列的记录，是从组织的战略出发，在全面、客观的培训需求分析基础上做出的对培训内容、培训时间、培训地点、培训者、培训对象、培训方式和培训费用等的预先系统设定。以培训计划的时间跨度为分类标志，可将培训计划分为长期、中期和短期培训计划三种类型。中期培训计划是长期培训计划的进一步细化，短期培训计划则是中期培训计划的进一步细化。长期培训计划一般指时间跨度为 3~5 年以上的培训计划。长期培训计划的重要性在于明确培训的方向性、目标、原则、方法、评价、资源配置等。中期培训计划是指时间跨度为 1~3 年的培训计划，它起到了承上启下的作用，是长期培训计划的进一步细化。短期培训计划是指时间跨度在 1 年以内的培训计划。在制定短期培训计划时需要着重考虑的两个要素是：可操作性和效果。因为没有它的点滴落实，组织的中、长期培训目标就会成为空中楼阁。

短期培训计划需要明确的事项包括：

(1) 培训的目标（Why）。培训活动的目的和预期成果，培训应达到的标准，即培训必须完成的任务。

(2) 培训时间（When）。培训时间的选择对培训效果的影响不容忽视。选择业余时间培训不影响正常工作，但不好组织，培训效果会打折扣；而工作时间好组织，但对工作又会有影响。应根据培训目标、内容、方式和对象等，选择培训时间。

(3) 培训地点（Where）。应根据培训目标、内容、方式、对象和预算等，选择培训地点。

(4) 培训者（Who）。在培训中具体承担培训任务，向受训者传授知识、技能、态度的人。它在培训中处于关键地位，其素质高低、意愿能力及方法的选择都关系到培训效果的好坏与质量高低。从广义上说，培训者是指在培训中承担各种培训任务的个人或集团，包括培训部门领导人、培训管理人员及培训教师。一项培训成功与否，很大程度上取决于培训者的能力与水平。

(5) 培训对象（Whom）。从全员培训的原则来讲，企业所有的员工都是培训的对象。根据具体的培训项目、目的和要求，培训的对象应有针对性的安排，可以分为管理人员培训、专业技术人员培训、一线员工培训、新员工培训等。

(6) 培训方式（How）。培训的方法很多，可分为在职培训与脱产培训两大类。

(7) 培训内容（What）。一般包括知识的学习、技能的提高和态度的转变三个大的方面。一个人的态度直接决定了他的行为，决定了他对待工作是尽心尽力还是敷衍了事，是安于现状还是用心进取。积极的工作态度对工作的知觉、判断、学习、忍耐力等都能发挥积极的影响，因而能提高工作效率，取得良好的工作绩效。所以，要把态度的转变作为重要的培训内容。通过培训，使员工树立正确的价值观、积极的工作态度和敬业乐业的精神。

(8) 培训预算。指在一段时期（通常是 12 个月）内培训部门所需要的全部开支，这些费用将用于组织内部的培训。国际大公司的培训总预算一般占上一年的总销售额的 1%~3%，有的高达 7%，平均达 1.5%。

(9) 培训工作的组织、分工和标准。应建立培训领导机构，切实加强领导，完善工作机制，明确职责分工，健全管理制度，扎实开展培训工作。

(10) 培训效果的评价。培训评估是衡量培训是否有效的过程，包含事前评估和事后评估。事前评估是指改进培训过程的评估，事前评估有助于保证培训计划组织合理且运行顺利，事后评估通常应用测试行为或绩效的客观评价标准等来评价。

三、按计划开展培训

按计划开展培训，可选择的培训方法很多，可分为在职培训与脱产培训两大类。

（一）在职培训

在职培训是不离开工作岗位，在岗位上或者工作现场进行的培训。好处是：针对性强，边干边学，费用低。缺点是：影响正常工作，受干扰较多影响学习效果。有些工作的特点决定了不能使用该法，如驾驶员培训。

1. 学徒培训

学徒培训是新员工在师傅的直接教导下通过实践活动，学习并掌握工作业务技术的一种培训方式。学徒培训是人力资源开发非常有效的形式，特别是技术工种的技能开发，它将学校培训和工作中培训两者的优点结合为一体，其效果更加突出。

2. 工作轮换

工作轮换指在组织的不同部门或在某一部门内部调动雇员的工作，目的在于让员工积累更多的工作经验。工作轮换有两种具体形式：一是受训者到不同部门考察工作但不会介入所考察部门的工作；二是受训者介入不同部门的工作。

工作轮换有利于促进雇员对组织不同部门的了解，从而对整个组织的运作形成一个完整的概念；有利于提高雇员解决问题能力和决策能力，帮助他们选择更合适的工作；有利于部门之间的了解和合作。首先，通过工作轮换，使员工轮换做不同的工作，以取得多种技能，同时也挖掘了各职位最合适的人才。其次，培养管理人员。中高级管理人员应当具有对业务工作的全面了解能力和对全局性问题的分析判断能力。而培养这些能力，显然只在某一部门内做自下而上的纵向晋升是远远不够的。必须使他们在不同部门间横向移动，开阔眼界，扩大知识面，并且与企业内各部门的同事有更广泛的接触交往。

（二）脱产培训

脱产培训是指离开工作和工作现场专门进行的培训，由企业内外的专家和培训师对企业内各类人员进行集中教育培训。脱产培训可分为全脱产和半脱产两种。方法有讲授法、演示法、研讨法、情景模拟法、角色扮演法、案例研究法、拓展训练等。

1. 讲授法

培训师通过语言表达，系统地向受训者传授知识，期望这些受训者能记住其中的重要观念与特定知识。培训师应具有丰富的知识和经验；讲授要有系统性，条理清晰，重点、难点突出；讲授时语言清晰，生动准确；应尽量配备必要的多媒体设备，以加强培训的效果；讲授完应保留适当的时间让培训师与学员进行沟通，用问答方式获取学员对讲授内容的反馈。优点：多人培训、成本低、效率高；易操作，过程易控制。缺点：培训的普遍性受限制，缺乏沟通与互动。用于思想理论、科学文化、经济社会管理等一般知识培训。

2. 演示法

教师通过展示各种实物、教具，进行示范性实验，或通过现代化教学手段，使学生获取知识的教学方法。它对提高学习兴趣,发展观察能力和抽象思维能力,减少学习中的困难有重要作用。随着自然科学和现代技术的发展,演示手段和种类日益繁多。根据不同的演示材料，可分为实物、标本、模型的演示;图片、照片、图画、图表、地图的演示;实验演示;幻灯、录像、录音、教学电影的演示等。按演示不同的内容和要求,可分为事物现象的演示和以形象化手段呈现事物内部情况及变化过程的演示。

3. 情景模拟法

在事先设计好的模拟的情景中,分析问题和解决问题。优点是复制复杂情景,生动直观,富有感染力,有可操作性,置身其中,进行有效训练,提高分析问题和解决问题的能力。缺点是需要精心设计和充分准备。

4. 角色扮演法

在一个模拟的工作环境中,指定参加者扮演某种角色,借助角色的演练来理解角色的内容,模拟性地处理工作事务,从而提高处理各种问题的能力。这种方法比较适用于训练态度、仪容和言谈举止等人际关系技能。比如询问、电话应对、销售技术、业务会谈等基本技能的学习和提高。适用于新员工、岗位轮换和职位晋升的员工,主要目的是尽快适应新岗位和新环境。

教师要为角色扮演准备好材料以及一些必要的场景工具,确保每一事项均能代表培训计划中所教导的行为。为了激励演练者的士气,在演出开始之前及结束之后,全体学员应鼓掌表示感谢。演出结束,教员针对各演示者存在的问题进行分析和评论。优点是:学员参与性强,学员与教员之间的互动交流充分,可以提高学员培训的积极性;特定的模拟环境和主题有利于增强培训的效果;通过扮演和观察其他学员的扮演行为,可以学习各种交流技能;通过模拟后的指导,可以及时认识自身存在的问题并进行改正。缺点是:效果的好坏主要取决于培训教师的水平;扮演中的问题分析限于个人,不具有普遍性;容易影响学员的态度,而不易影响其行为。

5. 案例研究法

通过分析和评价企业案例来进行培训的方式。优点:具有真实性和实用性,贴近受训人员工作和生活实际,有助于受训人员解决类似问题;个人独立分析问题和解决问题,开发创造思维;强调集体讨论,有利于培养团队合作能力。缺点:案例的收集和提炼困难,准确、合理使用有难度。

6. 拓展训练

委托专业的机构,利用崇山峻岭、瀚海大川等自然环境,通过精心设计的活动达到磨练意志、陶冶情操、完善人格、熔炼团队的培训目的。拓展训练是体验式学习过程,并非体育加娱乐,它是对正统教育的一次全面提炼和综合补充。以体验、分享为教学形式的拓展训练的出现,打破了传统的培训模式。它并不灌输你某种知识或训练某种技巧,而是设定一个特殊的环境,让你直接参与整个教学过程。吸收了国外先进的经验,在参与、训练中通过设计富有挑战性与思想性的户外活动,培养人们积极的生活态度与团队合作精神。教官充分调动学员的积极性,投入每个项目中,让学员体验,面对各种不同的环境及挑战,学习解决问题。通过看、听、行动、体验、分享交流与总结相结合的立体式培训,以小组讨论、角色模仿、团体互动、脑力激荡等方式让学员切身地感受、体会、领悟。

四、做好培训评估

广义的培训评估，是指对培训项目、培训过程和效果进行评价。培训前评估是在培训前对受训者的知识、能力和工作态度进行考察，作为培训者编排培训计划的根据；培训中评估是指在培训实施过程中进行的评估；培训后评估是对培训的最终效果进行评价，是培训评估中最为重要的部分。

（一）培训评估的内容

1. 反应评估

反应评估是第一级评估，即在课程刚结束的时候，了解学员对培训项目的主观感觉和满意程度。

2. 学习评估

学习评估是第二级评估，主要是评价参加者通过培训对所学知识深度与广度的掌握程度，方式有书面测评、口头测试及实际操作测试等。

3. 行为评估

行为评估是第三级评估，评估学员在工作中的行为方式有多大程度的改变。

4. 结果评估

结果评估是第四级评估，其目标着眼于由培训项目引起的业务结果的变化情况，最为重要的评估内容是对投资净收益的确定。

（二）培训评估的方法

系统的培训评估应由五方全部介入，培训评估的效果才会更好。① 领导方——企业高层。不直接介入培训评估，但通过一些途径来对培训评估产生重大影响，如：批准培训评估可用的资源；要求相关人员参与培训评估；明确表示对培训评估感兴趣，调动企业员工参与培训评估的积极性。② 参与方——培训经理。设计培训评估方案，与培训师共同实施不同层次的培训评估。③ 执行方——培训师。与培训经理共同设计培训评估方案，根据培训评估方案实施培训评估。④ 关联方——受训者的直接上级。受训者的直接上级在培训评估过程中负责为员工选择最恰当的培训课程；召集学员开培训动员会；培训结束后，组织学员召开培训总结会，明确学员学以致用的行动计划，并确定可以提供的帮助。⑤ 受训方——接受培训的学员。正确认识培训评估的作用，在培训评估中应当把真实的想法写出来，认真地接受评估调查。

一个好的培训能在下面六个维度上为企业带来极大的价值，也应该是企业衡量培训效果真正的关注点：员工是否通过培训学会了一些必要的技能？员工是否通过培训掌握了某些领域的系统框架，专业水平是否得到了提升？员工是否通过系列的培训提升了综合水平，即员工是不是变得“好用”了？员工是否通过培训开阔了眼界，学会了融会贯通？员工是否通过培训对公司更忠诚，企业是否更容易留住人？员工是否通过培训改变了态度，提高了工作积极性？

培训评估的具体方法有问卷法、访谈法、笔试测验法、实操测验法、观察法、提问法、案例测验法等。

第三节　如何做好绩效管理

绩效管理是指各级管理者和员工为了达到组织目标共同参与的绩效计划制定、绩效辅导沟通、绩效考核、绩效结果应用、绩效目标提升的持续循环过程。绩效管理的目的是持续提升个人、部门和组织的绩效。

绩效管理是人力资源管理的基础性工作,为薪酬分配、奖惩激励、选拔任用、培训开发等提供依据,对于提高效率、促进组织发展具有重要意义。有些企业聘请专业咨询机构建立起了绩效管理体系制度,但是实际效果不理想,原因是:员工不配合,认为绩效考核就是挑员工毛病;过于追求量化指标;忽视沟通与反馈;没有按照考核结果做出相应的人事决策,流于形式。

应从以下几个方面来做好绩效管理工作。

一、制定绩效计划

绩效计划是绩效管理的起点,是上级与员工一起就考核期内的绩效目标讨论确定下来的,从公司高层开始,将绩效目标层层分解到子公司及部门,最终落实到个人。绩效计划是绩效管理的第一个关键步骤,也是实施绩效管理系统的主要平台和关键手段,通过它可以在公司内建立起一种科学合理的管理机制,能有机地将股东的利益和员工的个人利益整合在一起,其价值已经被国内外众多公司所认同和接受。

(一) 绩效计划的步骤

第一步:绩效计划的准备。我们知道,绩效计划通常是通过管理人员与员工双向沟通的绩效计划会议得到的。那么,为了使绩效计划会议取得预期的效果,事先必须准备好相应的信息。这些信息主要包括企业的信息、部门的信息、个人的信息三大类。

第二步:绩效计划的沟通。绩效计划是双向沟通的过程,绩效计划的沟通阶段也是整个绩效计划的核心阶段。在这个阶段,管理人员与员工必须经过充分的交流,对员工在本次绩效期间内的工作目标和计划达成共识。绩效计划会议是绩效计划制定过程中进行沟通的一种普遍方式。在进行绩效计划会议时,要根据公司和员工的具体情况进行修改,主要把重点放在沟通上面。

第三步:绩效计划的审定和确认。在制定绩效计划的过程中,对计划的审定和确认是最后一个步骤。在这个过程中要注意以下两点:第一,在绩效计划过程结束时,管理人员和员工应该能以同样的答案回答几个问题,以确认双方是否达成了共识。这些问题是:员工在本绩效期内的工作职责是什么?员工在本绩效期内所要完成的工作目标是什么?如何判断员工的工作目标完成情况?员工应该在什么时候完成这些工作目标?各项工作职责以及工作目标的权重如何?哪些是最重要的,哪些是次要的?员工的工作绩效好坏对整个企业或特定的部门有什么影响?员工在完成工作时可以拥有哪些权力,得到哪些资源?员工在达到目标的过程中会遇到哪些困难和障碍?管理人员会为员工提供哪些支持和帮助?第二,当绩效计划结束时,应达到以下结果:员工的工作目标与企业的总体目标紧密相连;管理人员和员工对员工的主要工作任务、各项工作任务的重要程度、完成任务的标准、员工在完成任务过程中享有的权限都已经达成了共识；管理人员和员工都十分清楚在完成工作目标的过程中可能遇到的困难和障碍，并且明确管理人员所能提供的支持和帮助；形成了一个经过双方协商讨论的文档，该文档中包括员工的工作目标、衡量工作结果的指标和标准，管理人员和员工双方要签字确认。

（二）绩效目标确定的原则

确定绩效目标要遵循 SMART 原则：

S 即 Specific，指明确、具体的。用最容易理解的语言对应该完成的任务限定清楚。如减少客户投诉，过去客户投诉率是 3%，减低到 1%。

M 即 Measurable，指可量化的。根据数量或质量的标准进行度量。例如，“对客户的订单应尽快下到生产”就缺乏可操作性，而修改成“对客户下的订单在 30 分钟内下到生产”就具有可衡量和可操作性。

A 即 Attainable，指具有可实现性。适当的绩效目标是具有一定的难度，并能保证经过努力是可以达到的。

R 即 Relevent，指与工作职责相关。绩效目标强调业绩的完成，目标的制定不应该脱离工作职责。

T 指 Time-bounded，指有时间界限。绩效目标完成的时间不是无限期的，应有明确的时间界限。

二、跟踪绩效进展

绩效跟进始终关注员工工作绩效，旨在通过提高个体绩效水平来改进部门和组织的绩效。一个优秀的管理者必须善于通过绩效监控，采用恰当的领导风格，进行持续有效的沟通，指导下属的工作，提高其绩效水平。注意以下三点：

（一）与员工持续沟通

通过正式的与非正式的、书面的与口头的等多种方式沟通，发现员工工作中出现的问题并及时加以调整。

（二）加强绩效辅导

绩效辅导贯穿于绩效实施的整个过程，帮助员工解决当前绩效实施过程中出现的问题。良好的绩效辅导从员工的绩效目标和发展目标出发，帮助员工找到实现绩效目标、提高绩效水平的途径和方法，排除绩效实现过程中的障碍。绩效辅导主要是技术指导或资源支持两个方面。

因为影响绩效的因素主要有员工个体因素，如能力、努力程度等，也有环境因素。因此，绩效辅导过程中管理者要做好：对员工提供技术指导和培训，提高业务素质，做好工作；加强激励，调动积极性；对员工完成绩效目标过程中所需要的资源（设备、资金、物资、人员）提供支持，优化环境，为顺利实现绩效目标创造良好条件。

三、做好绩效考核

绩效考核是考核主体对照绩效标准，采用科学的考核方式，评定员工的工作任务完成情况、员工的工作职责履行程度和员工的发展情况，并且将评定结果反馈给员工的过程。

（一）绩效考核的内容

绩效具有多维性。绩效除表现在工作结果和工作过程（即工作行为）等方面，如工作的数量、质量外，也表现在材料消耗、安全生产、出勤、合作、遵守纪律等方面。一般可以从工作业绩、工作能力、工作态度三方面评价员工的绩效，实践中考核德能勤绩。

确定绩效考核的内容，即确定绩效考核指标，有一个重要的方法，是平衡计分卡法。平衡计分卡由哈佛大学教授罗伯特·卡普兰（Robert Kaplan）提出，是从财务、客户、内部流程、学习与成长四个角度，将组织的战略落实为可操作的衡量指标的一种绩效管理体系。设计平衡计分卡的目的就是要建立"实现战略制导"的绩效管理系统，从而保证企业战略得到有效的执行。因此，人们通常称平衡计分卡是加强企业战略执行力的最有效的战略管理工具。

财务指标通常与获利能力有关，其衡量指标有营业收入、资本报酬率、经济增加值等，也可能是销售额的迅速提高或创造现金流量。

客户指标通常包括客户满意度、客户保持率、客户获得率、客户盈利率，以及在目标市场中所占份额。客户层面使业务单位的管理者能够阐明客户和市场战略，从而创造出出色的财务回报。

内部流程层面，管理者要确认组织擅长的关键的内部流程，这些流程帮助业务单位提供价值主张，以吸引和留住目标细分市场的客户，并满足股东对卓越财务回报的期望。

学习与成长层面，确立了企业要创造长期的成长和改善就必须建立的基础框架，确立了未来成功的关键因素。如员工满意度、员工保持率、员工培训和技能等因素。

平衡计分卡把企业长期目标和短期目标、财务指标和非财务指标结合了起来。

（二）绩效考核的主体

绩效考核的主体有主管、自我、同事、下属和客户，即"360 度考评方法"。

1. 主管考评

主管考评指上级主管对下属员工的考评。这种由上而下的考评，由于考评的主体是主管领导，所以能较准确地反映被考评者的实际状况，也能消除被考评者心理上不必要的压力。但有时也会受主管领导的疏忽、偏见、感情等主观因素的影响而产生考评偏差。

2. 自我考评

自我考评指被考评者本人对自己的工作实绩和行为表现所作的评价。这种方式透明度较高，有利于被考评者在平时自觉地按考评标准约束自己。最大的问题是有"偏高"现象存在。

3. 同事考评

同事间互相考评。这种方式体现了考评的民主性，但考评结果往往受被考评者的人际关系的影响。

4. 下属考评

下属员工对他们的直接主管领导的考评。一般选择一些有代表性的员工，用比较直接的方法，如直接打分法等进行考评。

5. 顾客考评

许多企业把顾客也纳入员工绩效考评体系中。在一定情况下顾客常常是唯一能够在工作现场观察员工绩效的人。

(三) 绩效考核的方法

绩效考核的方法有很多,实践中不可能只使用某一种方法,往往是多种方法结合使用。在此我们主要介绍以下几种:

1. 日常考核与定期考核

日常考核指对被考评者的出勤情况、产量和质量实绩、平时的工作行为所作的经常性考评。定期考核指按照固定周期进行的考评,如年度考评、季度考评等。

2. 比较法

通过员工间的相互比较得出评价结果。这种方法关注的是一个员工在一个组织中的相对位次,而不是精确评价员工的实际绩效与贡献,主要是找出组织或部门中最好与最差的员工,可应用于员工奖惩、晋升等方面。可以简单比较,也可以两两比较。

简单排序法根据员工的工作表现、工作绩效或工作价值,将组织或部门内员工从最好到最差排出一个顺序来。这种方法适用于人员较少的组织或部门,要求管理者对员工非常了解。该方法简单方便,但不够准确。当企业规模很小,人员较少时可以采用。

两两比较法是管理者按某一种绩效评价标准,将组织或部门中的每一个人与内部其他人员进行一对一的比较,比如员工 A 与 B、A 与 C、B 与 C,在保持比较标准一致的情况下,得出相对值,每个人的相对值累加后就是该员工的成绩。特点是不强调排序或分值的绝对精确,只关注个体间的相对比较,也是适用于人数较少的情况。

3. 量表法

将每个考核指标(即考核项目或考核要素)按照一定标准分成不同等级,并赋予一定分值建立评价量表,对员工进行考核。该法相对准确。若有些考核指标不宜量化,则可以选择关键行为替代。

4. 关键事件法

关键事件法是由上级主管记录员工平时工作中的关键事件:一种是做得特别好的,一种是做得不好的。在预定的时间,通常是半年或一年之后,利用积累的记录,由主管与被测评者讨论相关事件,为测评提供依据。 包含了三个重点:观察;书面记录员工所做的事情;有关工作成败的关键性的事实。其主要原则是认定员工与职务有关的行为,并选择其中最重要、最关键的部分来评定其结果。它首先从领导、员工或其他熟悉职务的人那里收集一系列职务行为的事件,然后描述"特别好"或"特别坏"的职务绩效。对每一事件的描述内容包括:导致事件发生的原因和背景,员工的特别有效或多余的行为,关键行为的后果,员工自己能否支配或控制上述后果。

在员工绩效管理过程中,为了更好地发挥关键事件法的作用,在应用该方法时,要掌握并遵循以下要求:第一,所记录事件必须是关键事件,即属于典型的"好的"或"不好的"事件。判断是否属于关键事件,其主要依据在于事件后的特点与影响性质。所记录的关键事件必须是与被考评者的关键绩效指标有关的事件。第二,关键事件法一般不单独作为绩效考评的工具来使用,而是应和其他绩效考评方法结合使用,为其他考评方法提供事实依据。第三,记录的关键事件应当是员工的具体的行为,不能加入考评者的主观评价，要把事实与推测区分开来。第四，关键事件的记录要贯穿于整个工作期间，不能仅仅集中在工作最后的几个星期或几个月里。第五，关键事件法是基于行为的绩效考评技术，特别适用于那些不仅仅以结果来衡量工作绩效，而且还要注重一些重要行为表现的工作岗位。

5. 行为锚定评价法

行为锚定评价法是一种将同一职务工作可能发生的各种典型行为进行评分度量，建立一个评分表，对员工工作中的实际行为进行评级的考评办法。实质上是把关键事件法与评级量表法结合起来，兼具两者之长。行为锚定等级评价法通常要求按照以下步骤进行：① 进行岗位分析，获取关键事件，以便对一些代表优良绩效和劣等绩效的关键事件进行描述。② 建立评价等级。一般分为5～9级，将关键事件归并为若干绩效指标，并给出确切定义。③ 对关键事件重新加以分配。由另一组管理人员对关键事件重新分配，把它们归入最合适的绩效要素及指标中，确定关键事件的最终位置，并确定出绩效考评指标体系。④ 对关键事件进行评定，建立最终的绩效评价体系。优点：工作承担者直接参与了绩效评估，参与了管理，有更多的民主性，便于为大家所接受；根据观察和经验获得的，具有可操作性；能准确地为员工提供评估反馈。缺点：行为锚定的文字描述耗时多，费时费力；经验性的描述有时易出现偏差。

6. 强制比例法

为了克服考核中存在的宽大误差，也就是考核成绩普遍偏高的现象，或苛严误差，也就是考核成绩普遍偏低的现象，使考核结果基本符合正态分布，而采取这种方法。该法首先确定考核结果等级，然后定出各个等级的比例，将员工评定在不同等级中。强制比例法可以有效地避免由于考评人的个人因素而产生的考评误差。根据正态分布原理，优秀的员工和不合格的员工的比例应该基本相同，大部分员工应该属于工作表现一般的员工。所以，在考评分布中，可以强制规定优秀人员的人数和不合格人员的人数。比如，优秀员工和不合格员工的比例均占20%，其他60% 属于普通员工。强制比例法适合相同职务员工较多的情况。

四、重视绩效反馈

(一) 绩效反馈内容

绩效反馈的内容主要包括：当期绩效考核结果；分析员工绩效差距与确定改进措施；沟通协商下一个绩效考评周期的工作任务与目标。

(二) 应注意的原则

1. 经常性、及时性原则

绩效反馈应当是经常性的，管理者一旦意识到员工在绩效中存在缺陷，就有责任立即去纠正。

2. 对事不对人原则

在绩效反馈面谈中双方应该讨论和评估的是工作行为和工作绩效，也就是工作中的一些事实表现，而不是讨论员工的个性特点。

3. 多问少讲原则

管理者在与员工进行绩效沟通时要遵循 20/80 法则：80% 的时间留给员工，20% 的时间留给自己，而自己在这 20% 的时间内，可以将 80% 的时间用来发问，20% 的时间用来指导、建议，因为员工往往比管理人员更清楚本职工作中存在的问题。

4. 着眼未来的原则

绩效反馈面谈中很大一部分内容是对过去的工作绩效进行回顾和评估，但这并不等于说绩效反馈面谈要集中于过去。谈论过去的目的并不是停留在过去，而是要从过去的事实中总结出一些对未来发展有用的东西。

5. 正面引导原则

不管员工的绩效考核结果是好是坏，管理人员要坚持多给员工一些鼓励，至少让员工感觉到：虽然我的绩效考核成绩不理想，但我得到了一个客观认识自己的机会，找到了应该努力的方向，并且在前行的过程中会得到主管人员的帮助，这样可以帮助员工把一种积极向上的态度带到工作中去。

6. 做好充分的准备，控制好面谈过程

凡事预则立，不预则废。如果在反馈前能做好充分的准备（包括了解员工的基本情况，安排好反馈面谈的时间、地点以及大致程序等），就可以很好地驾驭整个反馈面谈过程。面谈应该在一个无打扰的环境中进行，不应该被电话和外来人员打断，只有这样面谈才能获得更佳的效果；在面谈的过程中，要注意观察员工的情绪，适时进行有针对性的调整，使面谈按计划稳步进行；在面谈结束之后，一定要和员工形成双方认可的备忘录，就面谈结果达成共识，对暂时还有异议没有形成共识的问题，可以和员工约好下次面谈的时间，就专门的问题进行二次面谈。

7. 制度化原则

绩效反馈必须建立一套制度，只有将其制度化才能保证其持久地发挥作用。

五、改进绩效

绩效管理工作的目的就是提高绩效，所以绩效管理的最后阶段就是要找到改进绩效的途径和方法，采取有效措施提高绩效。同时，要使绩效考核工作落到实处，就必须严格按照考核结果做出相应的人事决策，在人事调整、职务晋升、员工培训、薪酬分配等环节，都要按照考核情况和事先确定的奖惩标准兑现承诺。

第四节　如何提高领导力

领导力是支撑领导行为的各种领导能力的总称，包括感召力（感召力是最本色的领导能力）、前瞻力（预测分析、把握趋势的能力）、影响力（影响被领导者的能力）、决断力和控制力等，是为确保领导过程顺利进行或者说领导意图顺利实现服务的。

俗话说：“火车跑得快，全靠车头带。”又说：“一将无能，累死三军。”“千军易得、一将难求。”外国人也说：“一头狮子带领的一群羊，可以打败一头羊带领的一群狮子。”所有这些都说明领导及领导力是十分重要的。提高领导力涉及很多方面，在此主要从以下几个方面来说明如何提高领导力。

扩展阅读：德才兼备，方堪重任

一、正人先正己，提高影响力

影响力一般指在人际交往中影响和改变他人心理与行为的能力。领导影响力就是领导者在领导过程中，有效改变和影响他人心理和行为的一种能力或力量。任何领导活动都是在领导者与被领导者的相互作用中进行的，领导工作的本质就是人与人之间的一种互动关系。在领导过程中，领导者如果不能有效影响或改变被领导者的心理或行为，那他就很难实现领导的功能，组织目标也就无法实现。领导影响力在领导过程中发挥着重要的作用，具体表现在：领导影响力是整个领导活动得以顺利进行的前提条件；领导影响力影响着群体的凝聚力与团结；领导影响力可以改变和影响组织成员的行为。

（一）领导者影响力的构成

领导者的影响力主要由权力性影响力和自然性影响力构成。权力性影响力主要来源于领导者的奖赏权、强制权和法定权。奖赏权是领导有资源分配的权力，不可过多使用，否则，下属会斤斤计较；强制权是领导者对其下属具有的强制其服从的力量，不服从可以惩罚；法定权是领导的合法的权力，取决于个人在组织中的职位。权力性影响力简单地说就是你做得好领导给你奖励，做得不好就惩罚。自然性影响力源于领导者的专家权和典范权。专家权指领导者的能力和知识因素而形成的权力，领导者做出正确决策，跟着领导者能无往不胜。典范权来自领导者的品德、情感，也就是说领导者有人格魅力、有感召力，是学习的榜样。

（二）提高影响力的方式

领导者应把权力性影响力和自然性影响力结合起来，更多地通过自然性影响力去影响下属。孔子云："其身正，不令而行；其身不正，虽令不从。"领导者要做到：正人先正己，率先垂范、身先士卒；要实行情感管理，关心人，爱护人，真正做到以人为本，为员工做实事、好事；要言必行，行必果，诚实守信；要平易近人，低调谦逊；要不断加强学习，勤于思考，严于律己，提高领导者素质。

二、科学决策，提高决断力

（一）决策的类型

弗鲁姆和耶顿于 20 世纪 70 年代提出领导参与理论，认为领导者可以通过改变下属参与决策的程度来体现自己的领导风格，基本特点是将领导方式同员工参与决策的方式联系起来。根据员工参与决策程度不同，把决策方式分为三大类：

（1）专制决策。领导者独自做出决策。

（2）协商决策。与下属集体讨论有关问题，收集他们的意见和建议，做出决策，可能受到或不受他们的影响。

（3）共同决策。与下属集体讨论问题，采纳意见建议，集思广益，共同决策。

（二）选择决策方式应考虑的主要因素

选择决策方式，做到科学决策，要综合考虑以下五个方面：

（1）决策质量的高低。如果说决策的问题很重要，决策在某种程度上关系到组织目标的实现，这一决策问题就具有质量要求。如果决策问题只是日常琐事或各种选择无关紧要，这样的决策就没有质量要求。决策质量越低，花在决策上的时间或努力就越少。

（2）信息是否充分。如果领导者掌握充分的信息，就可以自己决策；反之，就要共同决策或协商决策。

（3）决策能否被下属接受。任何决策都要通过下属去执行，所以决策能否被下属接受很重要。提高决策可接受度的重要方法就是让下属参与到决策中来，这时就要采用共同决策或协商决策的方式。

（4）时间要求。是指决策问题的紧迫程度。如果时间紧迫，决策一般就是个体决策或专制决策。如果决策没有时间要求，就可以采用共同决策或协商决策。

（5）下属的成长发展。如果要促进下属的成长发展，就要让下属参与到决策中来，因为人的能力是在实践中得到锻炼提高的。

三、根据情景，采取适当的领导方式

（一）领导情景

根据下属的能力和积极性差异，下属成熟度可以分为四类：

（1）低成熟度的下属：缺乏能力、积极性和责任心。

（2）较低成熟度的下属：缺乏能力，但有积极性，有责任心。

（3）较高成熟度的下属：有能力，但缺乏积极性和责任心，他们斤斤计较，挑肥拣瘦。

（4）高成熟度的下属：有能力，也有积极性和责任心，可以说是德才兼备。

（二）领导方式的选择

应根据下属成熟度的差异，采取不同的领导方式（见图 7-3）。

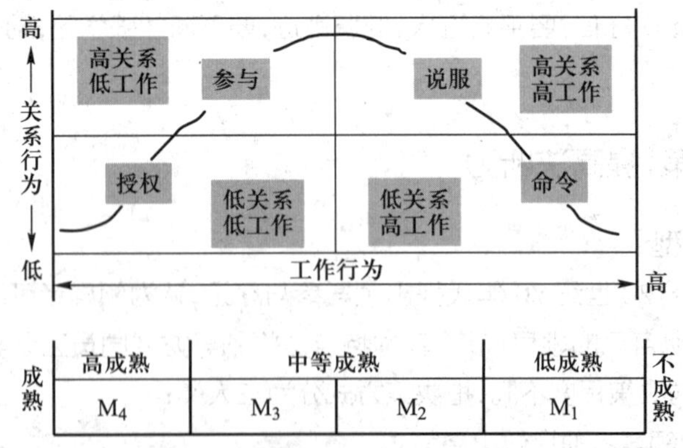

图 7-3 生命周期领导理论

1. 命令式领导方式

当下属的成熟度很低时，他们缺乏能力也缺乏积极性，对他们应该采取高工作低关系的命令式的领导方式。对他们应多指导、多培训，指导下属应该干什么、怎么干；要少激励、少讲条件，因为他有点破罐子破摔的心理，不能将就。也就是说，领导工作要强调有计划、有布置、有监督、有检查；否则，被领导者将感到领导不力，不知所措，无所适从。这对于新职工及知识水平较低、业务能力较差的职工和基层员工尤为重要。领导者应多提供指导性行为，少提供支持性行为。

2. 教练式(说服式)领导方式

当下属初步成熟时，他们缺乏能力，但有积极性，应采取高工作高关系的教练式领导方式，对他们应多指导、多支持。由于他们工作能力不足，所以应多指导、多培训；由于他们有积极性，想把工作做好，所以还应保护他们的工作热情，多关心、多激励。也就是说，这时，领导者布置工作不仅要说明干什么，还要说明为什么这样干，以理服人，不搞盲从，应同时提供支持性行为与指导性行为。

3. 参与式领导方式

当下属成熟度较高时，他们有能力但缺乏积极性，要采取低工作高关系的参与式领导方式，要少指导、多支持。由于他们有较高的工作能力，所以不需要指导和培训，而需要多关心、多激励，设法调动他们的积极性，这样就可以把工作做好了。也就是说，领导者要与被领导者沟通信息，交流感情，吸收下级参与决策，提供情况和建议，改善关系，增强信任感，多提供支持性行为，少提供指导性行为。

4. 授权式领导方式

当下属高度成熟时，他们既有能力又有积极性，宜采取低工作低关系的授权式领导方式。由于他们有很强的能力，不需要具体指导他们的工作，又由于他们有很强的自觉性、责任心，正所谓不用扬鞭自奋蹄，所以也不需要去多关心、多激励。也就是说，领导者提出任务后，放手让下级去干，充分发挥下级的主观能动性；在下级需要时，可以帮助支持。否则，过多的关心和支持反而会引起下级的反感，认为上级不放手、不信任，从而挫伤其积极性，造成猜疑，影响工作成效。

四、学会授权，提高执行力

授权是将完成某项工作所必需的权力授予下属，使下属有自主权。

(一) 为什么要授权

(1) 授权是完成工作任务、实现目标所必需的。权责对应或权责统一，才能保证责任者有效地实现目标。

(2) 授权可以充分调动下属的积极性。

(3) 授权是提高下属能力、培养人才的途径。

(4) 授权是领导者的“分身术”，可以减轻领导者负担。把领导者从繁重的日常管理工作中解放出来，让领导者有精力抓大事。

(二) 怎样授权

授权应当注意以下七个方面：

(1) 授权留责。应向被授权者交代清楚权限范围，做到权限清楚，责任明确。责权一同授予对方时,还要注意不能授出最终责任。意思是说领导者把权力授予下属,但不能把该承担的责任也推掉。“士卒犯罪过及主帅”说的就是这个道理。历史上诸葛亮用马谡守街亭,马谡没守住,街亭丢了。班师回朝后诸葛亮上书请求贬官三级,承担了相应的责任,这就是授权留责。

(2) 量力授权。要选对人,选择合适的授权对象,根据被授权对象的能力,决定授什么权,授多少权。要防止选错人,导致马谡失守街亭的悲剧。

(3) 逐级授权。如果越级授权,则破坏统一指挥原则。

(4) 适度授权。古人认为,给大臣授权要适当,倘若授权过重,就难免发生问题。管仲指出:“重在下则令不行。”这指的是下级的权力过大,超越了合理范围,那么国家的政策法令就不能顺利贯彻执行。适度授权要做到:单项授权,即只授予决策或处理某一问题的权力,问题解决后,权力即行收回;条件授权,即只在某一特定环境条件下(如将在外),授予下级某种权力,环境条件改变了,权限也应随之改变;定时授权,即授予下级的某种权力有一定的时间期限,到期权力应该收回。

(5) 相互信任。信任是基础,授权者必须信任被授权者,这是坚持正确授权的一个极其重要的原则。

(6) 敢于授权。不要担心失去权力害怕授权。

(7) 适度控制。也就是说,授权后不能放任不管,还要适当控制。

本章小结

本章重点介绍人力资源管理中的员工激励、员工培训、绩效管理、提高领导力等方面的问题。应坚持物质激励与精神激励结合、正激励与负激励结合、内在激励与外在激励结合,注意激励时机与激励程度,采取多种方法做好员工激励工作。应从做好培训需求分析、制订可行的培训计划、按计划开展培训等关键环节,来加强员工培训工作。应从科学制定绩效计划、做好绩效考核、重视绩效反馈等方面,来做好绩效管理工作。应从提高影响力、选择适当的领导方式、科学决策、科学授权等方面,不断提高领导效能。

复习思考题

1. 激励的原则有哪些?
2. 绩效反馈应注意什么问题?
3. 授权应当注意什么?
4. 请设计你们公司(团队)的激励方案。
5. 请制定你们公司的培训方案(培训计划)。
6. 请设计你们公司的绩效管理(绩效考核)制度。
7. 谈谈你对提高领导力问题的看法。

案例讨论题

海底捞的员工激励

海底捞餐饮股份有限公司成立于1994年，是一家以经营川味火锅为主、融汇各地火锅特色为一体的大型直营餐饮品牌火锅店，创始人张勇。海底捞在全国和韩国、日本、新加坡、美国等地有百余家直营连锁餐厅。2018年9月26日，海底捞在港交所上市，登陆香港资本市场。在将员工的主观能动性发挥到极致的情况下，“海底捞特色”日益丰富。海底捞的员工激励措施主要有以下六点：

一、良好的晋升通道

海底捞为员工设计好在本企业的职业发展路径，并清晰地向他们表明该发展途径及待遇。每位员工入职前都会得到这样的承诺：“海底捞现有的管理人员全部是从服务员、传菜员等最基层的岗位做起，公司会为每一位员工提供公平公正的发展空间，如果你诚实与勤奋，并且相信用自己的双手可以改变命运。那么，海底捞将成就你的未来！”该措施满足了职工对自我实现的需要，激励了员工对更好未来的追求。

海底捞的晋升制度让他们看到了真切的希望。任何新来的员工都有三条晋升途径可以选择：一是管理晋升途径：新员工—合格员工—一线员工—优秀员工—领班—大堂经理—店经理—区域经理—大区经理。二是技术晋升途径：新员工—合格员工—一级员工—先进员工—标兵员工—劳模员工—功勋员工。三是后勤晋升途径：新员工—合格员工—一级员工—先进员工—办公室人员或者出纳—会计、采购、技术部、开发部。没有管理才能的员工，通过任劳任怨的苦干也可以得到认可，如果做到功勋员工，工资收入只比店长差一点。海底捞知道，想让服务员对客人态度好，就必须让服务员感到幸福。让人感到幸福，不仅要提供好的物质待遇，还要让人觉得公平。

二、多样化的福利

海底捞的服务是取胜的关键。如何让顾客感到舒服和开心？从心理学上讲，只有当一个人真正感到幸福时，他才能将幸福的感觉传递给他人。也就是说，要让顾客开心，就先要让服务员开心。张勇：“我觉得人心都是肉长的，你对人家好，人家也就对你好，只要想办法让员工把公司当成家，员工就会把心放在顾客身上。”要让员工把海底捞当成自己家去维护，首先要做到的就是把员工当成家里人。海底捞薪金的丰厚程度是餐饮行业中最好的。同时，在福利提供上，海底捞尽量做到让员工感到贴心、温暖，感受到家里才能感受到的爱。海底捞的员工享受的福利：员工住在正规社区里；住所距离工作地点不超过20分钟；专门配备阿姨照顾员工起居；有专门的培训；有质量上乘的工装；解决员工子女亲属的教育问题；优秀员工奖金寄给家乡父母；公款带优秀员工父母旅游；鼓励夫妻同时在海底捞工作。

三、独特的考核制度

海底捞对管理人员的考核非常严格，除了业务方面的内容之外，还有创新、员工激情、顾客满意度、后备干部的培养等，每项内容都必须达到规定的标准。这几项不易评价的考核内容,海底捞都有自己衡量的标准。例如"员工激情",总部不定期地会对各个分店进行检查,观察员工的注意力是不是放在客人的身上,观察员工的工作热情和服务效率。如果有员工没有达到要求,就要追究店长的责任。海底捞通过独特的考核制度,既规范了管理人员的管理行为,又使得管理人员可以通过不同的措施,激励员工的工作热情。

四、员工有自主权

一个一线的员工就可以决定送顾客一盘菜,一个大西瓜,还有免单权。在海底捞,门店店长的审批权是100万元。海底捞鼓励员工创新,有专门的部门对创新进行管理。同时规定,每个员工每个月必须有5个以上的建议,好的建议真的会被采纳。创新有分级标准,对应一定的创新奖金,同时也与晋升挂钩。海底捞还有个特别的创新机制,就是让职能部门开办门店,一个职能部就曾经开办过两个门店,而且都比较成功。他们选出一个员工来做具体的经营管理,部门其他人员给予支持,选址、装修、招工、运营,都由这个部门统一来进行管理,海底捞有一定的资金支持。年底赚取了利润之后,一部分交给公司,另外部分就由这个职能部门的员工一起分享了。

五、员工有支持感

海底捞有高效的三级例会制度——领班经营例会、店经理经营例会和运营管理层经营例会。通过这些例会,每天处理前一天发生的问题,将基层的信息迅速传递到高层并予以解决。海底捞有高管亲临现场指导这样一个惯例,所有高管都要有一定的时间安排下一线,与员工同吃同住,现场调查员工的意见,现场宣讲政策,现场手把手地指导员工。海底捞其实非常重视流程制度的建设,固化管理经验,提高同一问题的处理速度,努力做到政策流程出台快、执行快、修订快。海底捞有一个非常棒的案例支持体系,通过案例的积累提高同类问题的处理速度。海底捞有七个不放过:找不到问题的根源不放过,找不到问题的责任人不放过,找不到问题的解决办法不放过,改进方法落实不到位不放过,问题、责任人和员工没有受到教育不放过,没有长期改进措施不放过,没有建立档案不放过。

六、尊重与关爱,创造和谐大家庭

海底捞的管理层都是从最基层提拔上来的,他们都有切身的体会,都能了解下属的心理需求。这样,他们才能发自内心地关爱下属,并且给予员工工作与生活上的支持和帮助,同时也得到员工的认可。

资料来源:依据上海东方网、搜狐网等关于海底捞的相关报道改编.

问题:海底捞的员工激励都运用了哪些激励理论?具体是如何运用的?

第八章 商务服务机构

本章导读

在美国蒙大拿州的一个小镇上,唯一的银行忽然发现其现款告罄。尽管这家小银行曾有过现金存量较低的记录,但现款被提光的事还从未发生过。引起这起流动性危机的原因竟然是该镇的中学篮球队在本州校际比赛中的出色表现。为庆祝胜利,小镇上的多数人都准备去200英里外的地方观看本队的比赛,就连小镇的主要雇主也提前付给雇员们本周工资支票。由于准备出发的人们都去银行兑现支票,到当天下午2点半时,银行已无现款可付。在这种情况下,银行一般可以立即从附近的中央银行或其他大银行得到现款。但该镇地处偏僻,于是银行总经理不得不亲自驾车到130英里以外的城市取款。庆幸的是,虽然当天有客户打电话询问原因,但总算没有客户要结束账号。此次危机也就有惊无险地过去了。

这虽然只是一个让银行家受窘的案例,并没有产生严重的后果,但这也说明了及时掌握现金需求量信息从而做出正确预测的重要性。此次事件三年多之后,这家小银行宣布破产。原因不得而知,一家有过无法兑现支票记录的银行,其信誉一定会受到损害。当外部经济条件恶化时,这样的银行经营恶化肯定会首当其冲,其倒闭的可能性也会增大。

资料来源:俞乔.商业银行管理学.上海:上海人民出版社,2000.

第一节　做好银行贷款

一、认识银行

(一) 银行及其职责

在现代经济条件下，各国金融体系一般分为银行和非银行金融机构两大类。其中银行机构包括中央银行、商业银行、政策性银行；非银行金融机构包括信用合作社、储蓄贷款协会、保险公司、信托公司、证券公司、投资公司和财务公司等。这两大类都是一种以中央银行为核心、商业银行为主体、其他银行和非银行金融机构并存的金融体系。在本仿真综合实验中，银行是重要的外部商务服务机构之一。银行是通过存款、贷款、汇兑、储蓄等业务，承担信用中介的金融机构。它主要的业务范围有吸收公众存款、发放贷款以及办理票据贴现等。中国人民银行是中国的中央银行。

中国人民银行的主要职责是：

(1) 起草有关法律和行政法规；完善有关金融机构运行规则；发布与履行职责有关的命令和规章。

(2) 依法制定和执行货币政策。

(3) 监督管理银行间同业拆借市场和银行间债券市场、外汇市场、黄金市场。

(4) 防范和化解系统性金融风险，维护国家金融稳定。

(5) 确定人民币汇率政策；维护合理的人民币汇率水平；实施外汇管理；持有、管理和经营国家外汇储备和黄金储备。

(6) 发行人民币，管理人民币流通。

(7) 经理国库。

(8) 会同有关部门制定支付结算规则，维护支付、清算系统的正常运行。

(9) 制定和组织实施金融业综合统计制度，负责数据汇总和宏观经济分析与预测。

(10) 组织协调国家反洗钱工作，指导、部署金融业反洗钱工作，承担反洗钱的资金监测职责。

(11) 管理信贷征信业，推动建立社会信用体系。

(12) 作为国家的中央银行，从事有关国际金融活动。

(13) 按照有关规定从事金融业务活动。

(14) 承办国务院交办的其他事项。

银行在仿真实验环境中对企业的资金进行管理，并为企业提供贷款业务，同时对其业务提供必要的支持。

(二) 仿真实验环境下的银行业务

在本仿真综合实验环境中，银行应根据以下各项规定开展工作：第一条，银行的宗旨是为仿真实验环境中所有单位、团体和个人提供资金支持，并且保证给客户优质服务。第二条，银行必须坚持公平、公正的原则，严格执行国家金融政策和有关法律法规的规定，不得随意泄露客户信息。第三条,凡是在银行开设账户的客户,都要遵守本行的规定,接受本行的监督。第四条,银行有权监督贷款单位对所贷款项的使用情况。

银行在仿真综合实验环境中的主要业务是:① 银行为客户提供开户管理。② 银行提供贷款管理。贷款分为流动资金贷款和固定资产贷款两大类。流动资金贷款按季收取利息,固定资产贷款按合同约定时间收取利息。同时贷款额度须由银行经过调查后商议决定。③ 为客户提供银行询证函,并且为客户进行转账操作。④ 为客户提供国际结算。⑤ 银行可以查看企业经营状况。

拓展阅读

2017 年我国银行业概况

截至 2017 年,我国银行业金融机构共有法人机构 4 532 家,从业人员 417.05 万人。包括 3 家政策性银行及国家开发银行,5 家大型商业银行,12 家股份制商业银行,134 家城市商业银行,1 262 家农村商业银行,33 家农村合作银行,965 家农村信用社,4 家金融资产管理公司,39 家外资金融机构,68 家信托公司,247 家企业集团财务公司,66 家金融租赁公司,5 家货币经纪公司,25 家汽车金融公司,22 家消费金融公司,17 家民营银行。

资料来源:中国银监会网站,《中国银行业监督管理委员会 2017 年报》.

二、银行业务介绍

(一) 银行开户业务

1. 银行开户的种类

(1) 基本存款账户。基本存款账户是企事业单位的主要存款账户。该账户主要办理日常转账结算和现金收付,存款单位的工资、奖金等现金的支取只能通过该账户办理。基本存款账户的开立须报当地中国人民银行审批并核发开户许可证,许可证正本由存款单位留存,副本交开户行留存。企事业单位只能选择一家商业银行的一个营业机构开立一个基本存款账户。

(2) 一般存款账户。一般存款账户是企事业单位在基本存款账户以外的银行因借款开立的账户。该账户只能办理转账结算和现金的缴存,不能支取现金。

(3) 临时存款账户。临时存款账户是外来临时机构或个体经济户因临时经营活动需要开立的账户，该账户可办理转账结算和符合国家现金管理规定的现金。

(4) 专用账户。单把某一项资金拿出来方便管理和使用,所以新开设的账户叫专用账户,但是开设专用账户需要经过中国人民银行批准。

2. 银行开户后注意事项

(1) 保留好银行月结单及水单等公司各项开支票据,以备用。

(2) 银行查册时间一般为一至二个星期,每个银行不同。

(3) 自通知日起,账户可以开始运作,如一个月内未能启动账户,该账户将自动取消。

(4) 如果要开私人账号,需带身份证正本或护照、地址证明、预存款等。

(5) 所有更改股东、更改公司名称、增加注册资本的公司,必须将会议记录及会计师签署的文件一并提交银行(如果在银行有留签字印的,更改公司名称后签字印也一并提交银行)。

(6) 超过一年的公司,必须提交年报、会议记录及会计师签署的文件给银行。

(二) 银行转账业务

1. 银行转账

银行转账是不直接使用现金,而是通过银行将款项从付款单位账户划转到收款单位账户完成货币收付的一种结算方式。银行转账是银行货币结算的一种方式,是随着银行业的发展而逐步发展起来的。当结算金额大、空间距离远时,使用转账结算,可以做到更安全、快速。在现代社会,绝大多数商品交易和货币支付都通过转账结算的方式进行。

转账结算的方式很多,主要可分为同城结算和异地结算两大类。同城结算包括支票结算、付款委托书结算、同城托收承付结算、托收无承付结算和限额支票结算等;异地结算包括异地托收承付结算、异地委托收款结算、汇兑结算、信用证结算和限额结算等。

银行办理转账结算和在银行办理转账结算的单位应遵循钱货两清、维护收付双方的正当权益、银行不予垫款的原则。

2. 银行转账的作用

按照银行结算办法的规定,除了《现金管理暂行条例》规定的可以使用现金结算的以外,所有企业、事业单位和机关、团体、部队等相互之间发生的商品交易、劳务供应、资金调拨、信用往来等均应按照银行结算办法的规定,通过银行实行转账结算。国家之所以鼓励实行银行转账结算,是因为:

(1) 实行银行转账结算,有利于国家调节货币流通。实行银行转账结算,用银行信用收付代替现金流通,使各单位之间的经济往来,只有结算起点以下的和符合现金开支范围内的业务才使用现金,缩小了现金流通的范围和数量,使大量现金脱离流通领域,从而为国家有计划地组织和调节货币流通量、防止和抑制通货膨胀创造条件。

(2) 实行银行转账结算,有利于加速物资和资金的周转。银行转账结算是通过银行集中清算资金实现的。银行通过使用各种结算凭证、票据在银行账户上将资金直接从付款单位(或个人)划转给收款单位(或个人),不论款项大小、繁简,也不论距离远近,只要是在结算起点以上的,均能通过银行机构及时办理,手续简单,省去了使用现金结算时的款项运送、清点、保管等手续,方便快捷,从而缩短清算时间,加速物资和资金的周转。

(3) 实行银行转账结算,有利于聚集闲散资金,扩大银行信贷资金来源。由于实行转账结算,各单位暂时未用的资金都存入其银行账户上,这些资金就成为银行信贷资金的重要来源之一。另外,实行转账结算,各单位在办理结算过程中,付款单位已经付出,但凭证尚在传递,因而收款单位尚未入账,这样形成的在途资金,也是银行信贷资金的来源。

(4) 实行银行转账结算,有利于银行监督各单位的经济活动。实行转账结算,各单位的款项收支,大部分都通过银行办理结算,银行通过集中办理转账结算,便能全面地了解各单位的经济活动,监督各单位认真执行财经纪律,防止非法活动的发生,促进各单位更好地遵守财经法纪。

（三）银行贷款业务

1. 银行贷款

银行贷款是指银行根据国家政策以一定的利率将资金贷放给资金需要者，并约定期限归还的一种经济行为。在不同的国家和一个国家的不同发展时期，按各种标准划分出的贷款类型是有差异的。如美国的工商贷款主要有普通贷款限额、营运资本贷款、备用贷款承诺、项目贷款等几种类型，而英国的工商业贷款多采用票据贴现、信贷账户和透支账户等形式。

2. 银行贷款分类

从银行经营管理的需要出发，可以对银行贷款按照不同的标准分类如下：

（1）按贷款期限分类。贷款按期限分为短期贷款、中期贷款和长期贷款。

短期贷款，是指贷款期限在 1 年以下（含 1 年）的贷款。

中期贷款，是指贷款期限在 1 年以上 5 年以下（含 5 年）的贷款。

长期贷款，是指贷款期限在 5 年以上的贷款。

（2）按贷款的保障条件分类。按贷款的保障条件分类，贷款可以分为信用贷款、担保贷款和票据贴现。

信用贷款，是指银行完全凭借借款人的信誉，无须提供抵押物或第三者保证担保而发放的贷款。

担保贷款，是指由借款人或第三者依法提供担保而发放的贷款。银行贷款担保采用保证、抵押、质押三种形式。① 保证贷款是指按《中华人民共和国担保法》规定的保证方式以第三人承诺在借款人不能偿还贷款时，按约定承担一般保证责任或连带责任而发放的贷款。② 抵押贷款是指按《担保法》规定的抵押方式以借款人或第三人的财产作为抵押物发放的贷款。③ 质押贷款是指按《担保法》规定的质押方式以借款人或第三人的动产或权利作为质物发放的贷款。

票据贴现是贷款的一种特殊方式，是指银行应客户的要求，以现款或活期存款买进客户持有的未到期的商业票据的方式发放的贷款。

（3）按贷款的用途分类。贷款的用途非常复杂，按照我国习惯的做法，通常有两种分类方法：① 按贷款对象的部门分类，分为工业贷款、商业贷款、农业贷款、科技贷款和消费贷款。② 按贷款具体用途来划分，分为流动资金贷款和固定资金贷款。

（4）按贷款的偿还方式分类。按贷款的偿还方式不同划分，可以分为一次性偿还贷款和分期偿还贷款两种方式。

（5）按贷款的质量（或风险程度）分类。按贷款的质量划分，银行贷款可以分为正常贷款、关注贷款、次级贷款、可疑贷款和损失贷款五类。

（6）按发放贷款的自主程度分类。按发放贷款的自主程度划分，可以分为自营贷款、委托贷款。

自营贷款，是指贷款人（银行）以合法方式筹集的资金自主发放的贷款。这是商业银行最主要的贷款。由于是自主贷放，贷款风险及贷款本金和利息的回收责任都由贷款人（银行）自己承担。

委托贷款，是指由政府部门、企事业单位及个人等委托人提供资金，由银行（即受托人）根据委托人确定的贷款对象、用途、金额、期限、利率等代为发放，监督使用并协助收回的贷款。银行（受托人）只收取手续费，不承担贷款风险。

三、办理贷款业务

（一）建立信贷关系

1. 借款人申请建立信贷关系

企业客户首次向贷款银行申请贷款时，应先向银行申请建立信贷关系，填写《建立信贷关系申请书》。参见例 8-1。

例 8-1

建立信贷关系申请书

×× 银行____________

我单位为与贵行建立信贷业务关系，特提出申请，并遵守下列条件：

(1) 遵守银行信贷、结算制度，流动资金管理制度以及现金、工资基本管理制度。

(2) 按时（月、季、年）向银行报送供、产、销计划，财务计划，会计、统计报表及有关资料，并保证向银行提供的有关报表是真实、准确、无误的。

(3) 按贷款申请用途使用贷款，专款专用，接受银行监督。

(4) 愿在你行开列结算账户，并保持一定的结算存款量。

(5) 若违反财经纪律、信贷政策，愿接受银行信贷制裁。

(6) 本单位愿为银行检查提供方便。

附：1. 企业法人营业执照复印件（由市场监督管理局盖备案用红印章）
2. 企业法人代码证书复印件
3. 企业基本情况表
4. 企业法人代表简历表
5. 企业预留印鉴及签字样本
6. 董事会人员名单及签字样本（限三资、有限责任公司、股份公司）
7. 公司设立合用、章程、验资报告（限三资、有限责任公司、股份公司）
8. 企业人民币、外币存款开户情况登记表
9. 贷款证内容复印件
10. 前两年年鉴、财务报表以及近期财务月报表

表 8-1 借贷企业建立信贷关系申请书

单位名称		营业地址	
批准单位		批准文号	
批准日期		登记机关	

续表

营业执照		税务登记号	
注册资金		实收资本	
经济性质		经营方式	
法人代表		财务主管	
联系电话		本行账户	
经营范围			

2. 银行受理审查

申请建立信贷关系时,企业须向银行提交材料。银行在接到企业提交的《建立信贷关系申请书》后,要及时安排贷款调查人员对客户情况进行核实,对照银行贷款条件,判别其是否具备建立信贷关系的条件。

贷款调查人员的调查内容主要包括:① 企业经营的合法性。企业是否具有法人资格必需的有关条件。对具有法人资格的企业应检查营业执照批准的营业范围与实际经营范围是否相符。② 企业经营的独立性。企业是否实行独立经济核算,单独计算盈亏,有独立的财务计划、会计报表。③ 企业及其生产的主要产品是否属于国家产业政策发展序列。④ 企业经营的效益性。企业会计决算是否准确,符合有关规定;财务成果的现状及趋势。⑤ 企业资金使用的合理性。企业流动资金、固定资金是否分口管理;流动资金占用水平及结构是否合理,有无被挤占、挪用。⑥ 新建扩建企业。扩大能力部分所需流动资金 30% 是否已筹足。如暂时不足,是否已制定在短期内补足的计划。

信贷员对上述情况调查了解后,要写出书面报告,并签署是否建立信贷关系的意见,提交信贷部门经理、行长逐级审查批准。

3. 签订《银企合作协议书》

经行长同意与企业建立信贷关系后,银企双方应签订《银企合作协议书》。参见例 8-2。

例 8-2

银企合作协议书

甲方(企业):

乙方(银行):

为建立良好的银企合作关系,促进银企双方的共同发展和长远合作,甲、乙双方本着自愿、平等、互利的原则,经充分协商,达成如下协议,并承诺严格遵守本协议中的各项条款,履行各自的义务。

一、乙方愿意将甲方作为重要的基本客户,在法律和金融政策允许的前提下,优先为甲方提供各类信贷资金支持和其他优质金融服务。

二、乙方将根据贷款条件和贷款程序向甲方提供全面的信贷服务。

三、乙方将尽力满足甲方合理的流动资金贷款需求。甲方保证保持良好的财务结构,流动比率控制在______%以上,应收账款周转率控制在______%以上,资产负债率控制在______%以下。

四、乙方将积极支持甲方进行基本建设和技术改造。对甲方被国家有关部门列入计划的项目,将尽快给予评估;对乙承诺的项目,将在年度信贷计划中优先安排,并保证资金及时拨付到位。

五、当甲方建设项目的储备资金周转发生困难时,乙方根据储备贷款条件,优先给予安排。

六、乙方将积极支持甲方开展进出口等国际经济往来业务,为其提供全方位的国际金融服务。

七、甲方愿意将乙方作为主办银行,在乙方开立________账户,并将______%的产品销售收入通过该账户办理结算。

八、甲方保证存入乙方__________账户的资金不少于乙方贷款在甲方的所占比例。

九、甲方保证不拖欠乙方贷款本息。如有特殊原因贷款需要展期的,由甲方提出申请,经乙方审核,对符合贷款展期条件的给予展期。

十、甲方保证不挤占、挪用流动资金贷款搞固定资产投资。

十一、甲方保证每月向乙方提供财务报表,并对财务数据的真实性负责。

十二、甲方同意其结算等金融业务,交乙方办理。

十三、本协议生效后,双方应通知并监督所属机构认真执行。

十四、本协议在执行过程中,如发生争议或需要对协议中的有关条款进行修改、补充时,双方应本着平等互利、互谅互让的原则友好协商解决。

十五、甲、乙双方在协议有效期内,不得单方终止协议或违背协议条款。

十六、本协议经甲方法定代表人或其委托代理人和乙方负责人或其委托代理人签字并加盖双方公章后生效,有效期为______年,协议到期后是否续约由双方商定。本协议正本一式两份,甲、乙双方各执一份;副本______份,甲、乙双方各执______份。

甲方(公章):　　　　　　　　乙方(公章):

代表(签名):　　　　　　　　代表(签名):

年　月　日

4. 信用等级评定

按照信用等级评估办法,对已经建立信贷关系的客户进行信用等级评定,评级结果通知企业客户。

5. 测算综合授信额度

按照授信审批制度,对客户的最高授信总额进行测算。测算结果不通知客户,由银行内部掌握。在完成上述程序后,客户和银行的信贷关系已经建立。在客户符合信用等级AA级,有授信额度的条件下即可根据需要向银行提出贷款申请。

(二) 贷款申请与受理

已建立信贷关系的企业,可根据其生产经营过程中合理的流动资金需要,向银行申请流动资金贷款。以工业生产企业为例,申请贷款时必须提交《工业生产企业流动资金借款申请书》。银行依据国家产业政策、信贷政策及有关制度,并结合上级行批准的信贷规模计划和信贷资金来源对企业借款申请进行认真审查。

(三) 贷款调查与审查审批

1. 贷款调查

贷款调查由信贷人员(贷款调查岗)负责,主要是对客户情况进行调查核实。信贷人员受理贷款业务申请,要依据信用风险等级,对客户的资产状况、经营能力、经济实力、信用状况、法定代表人品行、贷款用途等方面进行全面的调查分析,写出调查报告并签署意见,报送贷款审查部门审查。信贷人员要承担因调查情况不实导致贷款失误的主要责任。

贷款调查部门主要调查以下内容:

(1) 贷款的直接用途。符合工业企业流动资金贷款支持范围的直接用途有:① 合理进货支付货款;② 承付应付票据;③ 经银行批准的预付货款;④ 各专项贷款按规定的用途使用;⑤ 其他符合规定的用途。

(2) 企业近期经营状况。主要包括物资购、耗、存及产品供、产、销状况,流动资金占用水平及结构状况,信誉状况,经济效益状况等。

(3) 企业挖潜计划、流动资金周转加速计划、流动资金补充计划的执行情况。

(4) 企业发展前景。主要指企业所属行业的发展前景,企业发展方向,主要产品结构、寿命周期和新产品开发能力,主要领导人实际工作能力,经营决策水平及开拓、创新能力。

(5) 企业负债能力。主要指企业自有流动资金实有额及流动资产负债状况,一般可用自有流动资金占全部流动资金比例和企业流动资产负债率两项指标分析。

2. 贷款审查

贷款审查由公司信贷部门和风险部门负责,信贷部门对受理贷款资料的真实性及市场风险负责,风险部门对贷款的政策性、合规性、合法性、技术性负责。信贷部门在接收到的贷款资料或公司自身营销的贷款资料,进行调查和审查后,将贷款资料、审查结果提交风险部门进行再次审查。审查的主要内容包括:贷款基本资料是否齐全,客户主体资格是否合法,客户的经营状况是否良好,是否符合信贷政策,贷款风险程度是否可控制,贷款(担保)手续是否合法合规等。审查人员承担因审查不认真、未能及时发现和反映问题而造成贷款失误的主要责任。

根据审查结果,提出贷与不贷以及贷款币种、期限、金额、利率、贷款方式、还款方式等建议。审核结束后,贷款审核部门填写贷款审查、审批表贷款审查部分,连同有关资料交本部门登记。登记后,移交贷款审查委员会、贷款决策岗位。

3. 贷款审批

贷款审批由公司贷款审批岗负责。贷款审批岗按照贷款审批权限,对是否发放贷款进行决策。在贷款审批过程中,贷款审批部门和审批人要承担审批失误的主要责任。

(四) 签订借款合同

借款合同是贷款人将一定数量的货币交付给借款人按约定的用途使用,借款人到期还本付息的协议,是一种经济合同。借款合同有自己的特征,合同标的是货币,贷款方一般是国家银行或其他金融组织,贷款利息由国家规定,当事人不能随意商定。当事人双方依法就借款合同的主要条款经过协商,达成协议。由借款方提出申请,经贷款方审查认可后,即可签订借款合同。

借款合同应具备下列条款:① 借款种类;② 借款用途;③ 借款金额;④ 借款利率;⑤ 借款期限;⑥ 还款资金来源及还款方式;⑦ 保证条款;⑧ 违约责任;⑨ 当事人双方商定的其他条款。

借款合同必须由当事人双方的代表或凭法定代表授权证明的经办人签章,并加盖公章。

(五) 贷款发放与支付

企业申请贷款经审查批准后,应由银企双方根据贷款种类签订相关种类的借款合同。签订合同时应注意项目填写准确,文字清楚工整,不能涂改;借、贷、保三方公章及法人代表签章齐全无误。

借款方立借据。借款借据是书面借款凭证,可与借款合同同时签订,也可在合同规定的额度和有效时间内,一次或分次订立。

银行经办人员应认真审查核对借款申请书的各项内容是否有误,是否与借款合同相符。借款申请书审查无误后,填制放款放出通知单,由信贷员、经理"两签"或行长"三签"送银行会计部门办理贷款拨入借款方账户的手续。借款申请书及放款放出通知单经会计部门入账后,最后一联返回信贷部门作为登记贷款台账凭证。

(六) 贷后检查

贷款检查部门负责对贷款使用情况进行定期检查。在贷款发放的 15 天内,应对贷款使用情况进行第一次跟踪检查,并填写贷后第一次跟踪检查表。对大额贷款和项目贷款,还应撰写贷后检查报告,主要对借款人财务状况、贷款的实际用途、抵押物保管情况和借款人组织形式以及债权债务变动情况等进行检查。

(七) 贷款收回

贷款检查部门在短期贷款到期前 7 天、中长期贷款到期前 30 天向借款人签发贷款到期通知书,并通知担保人。开户行依据借款合同约定从借款人账户上划收贷款本金和利息。借款人能按期归还贷款本息的,会计部门填写贷款收回凭证收账。借款人不能按期还清贷款需要展期还款的,需在贷款到期前 15 天向开户行提出展期申请,填写借款展期申请书,并出具保证人、抵押人、出质人同意担保的书面证明。经贷款调查部门调查、审核部门审查、决策岗位批准后,签订展期还款协议书。

(八) 信贷档案管理

信贷部门应建立和管理信贷档案。贷款调查部门按借款人分别建立信贷档案。信贷档案主要包括借款人及担保人的资料档案、贷款运作资料档案。

第二节 做好物流决策

例 8-3

物流成本:让你赢得最后一桶金

在超市里花 6 元钱买一瓶可口可乐时,你有没有想过,这 6 元钱里,包含多少人工成本,多少原材料成本,多少利润,又有多少是物流的成本呢?也许你听到答案后会感到吃惊:制造的成本,也就是把原材料和人工的费用加在一起,也不过 4 元左右,利润不过几毛钱。而相比之下,物流的成本超过了 1 元钱。

一瓶可乐,在仓储、运输上消耗的费用能够占到销售价格的 20%~30%。事实上,物流成本已经成为企业生产成本中不可忽视的一笔消耗。在市场竞争日益激烈的今天,原材料和劳动力价格利润空间日益狭小,劳动生产力的潜力空间也有限,加工制造领域的利润趋薄,靠降低原材料消耗、劳动力成本或大力提高制造环节的劳动生产率来获取更大的利润已很困难。因而,商品生产和流通中的物流环节成为继劳动力、自然资源之后的"第三利润源泉",而保证这一利润源泉实现的关键是降低物流成本。

资料来源:黄中鼎,现代物流管理. 3 版. 上海:复旦大学出版社,2014.

一、物流与物流管理

(一) 物流

1. 物流概念

自从现代文明产生,物流就已经存在了。从学科发展的角度讲,首次使用"物流"一词的是美国学者阿奇·萧,他于 1921 年在《市场流通中的若干问题》一书中明确将企业的流通活动分为两个部分:创造需求活动和物流活动。1935 年,美国销售协会对物流概念进行了正式的界定,物流(Physical Distribution)是包含于销售之中的物质资料和服务以及从生产地到消费地流动过程中伴随的种种活动。随着经济技术不断发展,物流的内涵也得到了进一步扩展。1998 年,美国物流协会对物流概念进行了修订,认为物流(Logistics)是供应链流程的一部分,是为了满足客户需求而对商品、服务及相关信息从起始点到消费地的高效率、高效益的正向和反向流动及存储进行的计划、实施和控制的过程。

20 世纪 70 年代末,我国开始从国外引进物流概念。到了 90 年代中期,随着我国市场经济的发展,我国物流业上升到了新的发展阶段。2001 年 4 月,我国发布了物流的第一个基础性国家标准。《中华人民共和国国家质量标准物流术语》中规定:"物流是物品从供应地向接收地的实体流动过程,根据实际需要将运输、储存、装卸、搬运、包装、加工配送、信息处理等基本功能实现有机结合。"

2. 物流的功能

(1) 物流的基本功能。从现代物流的角度看,物流的基本功能应包括运输、储存、装卸搬运、包装、流通加工、配送和物流信息七项。具体应包括以下内容:① 运输功能:主要包括运输方式、运输路线和车辆调度的组织管理。② 储存功能:主要包括原料、产品的库存控制管理和保管管理。③ 装卸搬运功能:主要包括装卸搬运系统的设计、组织、管理。④ 包装管理:主要包括包装容器、包装材料、包装技术、包装标准化和系列化等。⑤ 流通加工管理:主要包括加工方法与技术的研究、加工场所的布局、加工流程的制定与优化。⑥ 配送管理:主要包括配送作业流程与优化、配送的合理配置与调度、配送中心的优化布局等。⑦ 物流信息管理:主要包括对反映物流活动内容和物流要求的信息,以及物流作用的信息和反映物流特点的信息进行收集、处理、储存和传输,为物流活动服务。

(2) 物流增值服务。物流增值服务是指能够满足用户的特定需要,增加用户价值并围绕物流服务进行的创新性服务。一般包括以下内容:① 提供便利性服务。物流效率要求物流服务要简单方便,在提供服务时,推行诸如门到门的一条龙服务,如免费培训、维护,省力化设计、安装,全天候服务,自动订货,代办转账,货物监控跟踪等多项增值服务。② 提高反应速度的服务。在服务经济时代,快速反应已经成为对物流服务的重要要求之一。对用户快速反应的方法有两种:一是提高运输设施、设备的技术性能,如飞机、高速铁路、公路以及火车、汽车提速等;二是采用具有增值性的物流服务方案,优化生产和流通的物流配送中心,重新设计适合的流通渠道,简化流程,从而提高物流系统的快速反应能力。③ 延伸性服务。物流的延伸性增值服务内容有:向上可以延伸到市场调查、采购、订单处理,向下可延伸到物流咨询、物流方案设计、库存规划控制、物流教育培训、代配送、代结算等。

(二) 物流管理

1. 物流管理概念

《中华人民共和国国家标准》(GB/T 18354—2006)物流术语中对物流管理是这样定义的:为达到既定的目标,对物流活动的全过程进行计划、组织、协调和控制。

所谓物流管理是指在社会再生产过程中,根据货物实体流动的规律,应用管理学的基本原理和科学方法,对物流活动进行计划、组织、指挥、控制,使各项物流活动实现最佳的协调与配合,从而降低物流成本、提高物流效率的过程。

2. 物流管理内容

物流管理以物流活动为对象,以最低的物流成本向客户提供令其满意的服务为目标,从而对物流活动进行有效的管理。物流管理包括以下内容:① 物流战略管理,要求企业站在长远发展的立场上,对发展目标、经营战略及服务水平等进行统筹管理。② 物流系统运营管理,是实现物流战略目标的手段。只有完善的系统和网络的设计及设施的规划才能保证物流系统合理运行。③ 物流作业管理。根据业务要求,制定企业经营计划,并对物流作业进行监督管理。

3. 物流管理的作用

(1) 加强物流管理是有效降低物流成本、提高物流效益的关键措施。做好物流管理可以实现合理运输、合理装卸搬运、合理储存及合理配送,降低费用,减少损失,从而提高物流活动的经济效益。

(2) 加强物流管理是改善物流质量、改善客户服务的重要手段。物流质量体现为物流服务的及时性、经济性和客户满意性,良好的物流质量能够实现令客户满意的服务。

(3) 加强物流管理是提高物流效率,为客户创造价值的根本途径。加强物流管理,合理组织物流,可以减少库存、加快商品周转、节约运力,提高物流效率,同时能快速响应并实现客户的需求,为客户创造价值。

扩展阅读:产学研结合拓展中国特色物流发展道路新境界(节选)

(三) 仿真环境下的物流业务

物流企业是仿真市场中唯一的营利性物流服务提供商,其宗旨是为仿真市场所有单位和组织提供有偿性的物流服务。物流企业有一定的规模和实力,可随时为市场中的任一物流需求方提供物流相关服务。物流企业严格执行国家流通政策和有关法律法规的规定,坚守行业自律,不得随意泄露客户信息,且受仿真综合实验环境中市场监督管理局的监管。

在仿真综合实验环境中,物流公司的主要业务如下:

(1) 物流企业对与生产企业(贸易公司)签订的物流合同和订单进行管理。

(2) 物流企业内部对仓储资源的管理。

(3) 物流企业中的运输业务的管理。如果物流中心未按时将货物运输给收货方,则需要对生产企业进行相应的赔偿。

二、第三方物流

(一) 第三方物流的兴起

第三方物流的出现是运输、仓储等基础服务行业的一个重要发展。

物流正在跨出单一企业范畴寻求更大的物流链管理的运作范围。物流体现了促进和协调企业从产品生产者直到最终消费者的所有活动方式,追求的是协同运作效益,即整个物流系统效益目标的实现,同时也有利于各组织成员效益目标的实现。物流领域的标准化不仅为不同部门间的合作创造了前提,而且已经成为市场一体化、竞争国际化的制胜新要素。

第三方物流经营者所能得到货源的努力在于,他们能创造出比供方和需方采用自我物流服务系统运作更快捷、更安全、更高服务水准,且成本相当或更低廉的物流服务。

(二) 第三方物流概念

《中华人民共和国国家标准》(GB/T 18354—2006)物流术语中将第三方物流定义为:接受客户委托为其提高专项或全面的物流系统设计以及系统运营的物流服务模式。

实际上,第三方物流就是通过物流管理的代理企业(物流企业)为供应方和需求方提供物料运输、仓库存储、产品配送等各项物流服务。第三方物流是介于供应商和制造企业之间的,或者是介于供应商与零售商之间的,即处于供应方和需求方之间的链接纽带,是实现供应链管理的有效方法。第三方物流处于流通的中间环节,它提供了一体化的物流服务,是中间流通企业。第三方物流为供应方提供运输、配送、保管的物流服务,为需求方提供运输的物流服务。

广义的第三方物流是相对于自营物流而言,是产品供需双方以外的中间物流服务商提供的物流服务。凡是社会化专业物流企业都属于此类。

狭义的第三方物流就是指能够提供系统物流服务的第三方物流活动,其具体标志包括:一是有提供现代化系统物流服务的企业素质;二是可以向用户提供包括供应链在内的全过程物流服务；三是一种固定的长期委托、承包形式的物流外包；四是提供增值物流服务的现代化物流活动。

第三方物流内部的构成一般可分为两类：资产基础供应商和非资产基础供应商。资产基础供应商有自己的运输工具和仓库，他们通常实实在在地进行物流操作。而非资产基础供应商则是管理公司，不拥有或租赁资产，他们提供人力资源和先进的物流管理系统，专业管理顾客的物流功能。广义的第三方物流可定义为两者结合。

物流中心的主要功能是为生产企业和需求方之间进行货物运输仓储管理，使企业之间实现联系，也为整个供应链运作提供了基础。

(三) 第三方物流的意义

物质资料产品从生产者到消费者转移的全过程物流，其规模大小、合理化程度，反映了一定区域、一个企业在一定时期内的经济发展水平、创新技术应用水平和管理水平。对众多中小企业而言，在大范围物流这一复杂过程由一个单位独立完成往往是不可能或是不经济的。既要取得集成化效果，又不能脱离现实企业生产、技术和组织水平，利用电子信息技术，大力发展第三方物流是一条有效的途径。

(四) 第三方物流的优点

(1) 有利于企业集中精力发展核心业务。一般而言，物流往往不是企业的核心业务，将物流交给专业的物流企业来运作，有利于企业将资源集中在具有核心竞争力的项目上。

(2) 有利于企业减少固定资本投入，加速资金周转。生产企业如果投资物流运营，需要很大的资金来建立仓库及购买设备。如果把物流外包给地方企业，可以省去这笔固定资本，将其用到更需要的经营业务中，加速资金周转并获得更大效益。

(3) 第三方物流拥有规模经营优势，有利于降低社会物流总成本。随着企业物流业务的外包，第三方物流企业业务量不断增长，物流运作水平不断提升，会获得规模经营优势，从而使得社会物流总成本逐步下降。

(4) 灵活运用新技术，实现以信息换库存方式降低成本。随着信息技术的发展，第三方物流企业能不断提升、更新物流信息技术和设备，而单个企业通常难以实现。第三方物流企业可以利用信息技术，以快速的响应和及时的物流配送来实现企业在不增大库存的情况下满足用户需求的目标。

(5) 提供灵活多样的服务，为用户创造更多的价值。第三方物流企业为客户提供专业化、个性化服务，有效提高了客户服务水平，与客户形成战略伙伴关系，以顾客为导向，实现低成本、高效率的目标，使企业在竞争中脱颖而出，获得更多价值。

三、物流成本管理

物流成本是物流管理的重要内容，也是物流经济效益的量化指标。从分析物流成本入手，管理企业物流活动，控制企业物流成本，对提高企业的经济效益具有重要的作用。

(一) 物流成本的构成

物流成本是指在产品时间、空间位移过程中，所耗费的各种物化劳动和活劳动的货币表现。具体讲，即为产品在实物运输过程中，如包装、装卸、搬运、运输、储存、流通加工、物流信

息等各个环节所支出的人力、物力、财力的总和。简言之,物流成本就是完成诸种物流活动所需的费用。具体包括:

1. 运输成本

运输成本是指把商品从某一场所转移到另一场所需要的运输费用。包括:① 人工费用。例如,运输人员工资、福利、奖金、津贴等。② 营运费用。例如,营运车辆燃料费、折旧费、维修费、保险费、公路运输管理费、租赁费等。③ 其他费用。例如,差旅费、事故损失、相关税金等。

2. 仓储成本

仓储成本主要包括建造、购买或租赁仓库设施设备等的成本和各类仓储作业带来的成本。在许多企业中,仓储成本是物流总成本的一个重要组成部分,物流成本的高低常常取决于仓储管理成本的大小,而且,企业物流系统所保持的库存水平对于企业为客户提供服务的水平有重要的影响。

3. 流通加工成本

流通加工成本主要有流通加工设备费用、流通加工材料费用、流通加工劳务费用及其他。

4. 包装成本

包装成本主要包括包装材料费用、包装机械费用、包装技术费用、包装人工费用等。

5. 装卸与搬运成本

装卸与搬运成本主要包括人工费用、资产折旧费、维修费、能源消耗费以及其他相关费用。

6. 物流信息和管理费用

这包括企业为物流管理所发生的差旅费、会议费、交际费、管理信息系统费以及其他杂费。

(二) 物流成本管理的内容

物流成本管理具体包括物流成本预测、物流成本决策、物流成本计划、物流成本控制、物流成本核算、物流成本分析和物流成本绩效评价等。

1. 物流成本预测

物流成本预测是根据有关成本数据和企业具体的发展情况,运用一定的技术方法,对未来的物流成本水平及其变动趋势做出科学的估计。在物流成本管理的很多环节都存在成本预测问题,如仓储环节的库存预测、流通环节的加工预测、运输环节的运费预测等。

2. 物流成本决策

物流成本决策是在成本预测的基础上,结合其他有关资料,运用一定的科学方法,从若干个方案中选择出一个满意方案的过程。

常见的物流成本决策主要有:① 仓储中心外租和自建的选择、仓库的选址。② 配送中心的新建、改建、扩建。③ 包装设备的更新改造、包装材料的选用、包装技术的开发。④ 运输设备的更新改造。⑤ 装卸搬运设备、设施的更新改造。⑥ 流通加工中如何合理下料。

3. 物流成本计划

物流成本计划是根据成本决策所确定的物流方案、降低成本的要求以及有关资料，通过一定程序，运用一定方法，以货币形式规定计划期物流各环节的耗费水平和成本水平，并提出保证成本计划顺利实现所采取的措施。物流成本计划管理，可以推动企业加强成本管理责任制，增强成本意识，挖掘降低成本的潜力，控制物流环节费用，保证企业降低物流成本目标的实现。

4. 物流成本控制

物流成本控制是根据计划目标，对成本发生和形成过程以及影响成本的各种因素和条件施加主动的影响，以保证物流成本计划实施的一种行为。从物流过程来看，物流成本控制包括成本的事前控制、事中控制和事后控制。

5. 物流成本核算

物流成本核算是根据企业确定的成本计算对象，采用相应的成本计算方法，按规定的成本项目，通过一系列的物流费用汇集与分配，计算出各物流活动成本计算对象的实际总成本和单位成本。物流成本核算，可以如实地反映物流过程中的实际耗用，同时这也是对各种物流活动费用实际支出的控制过程。

6. 物流成本分析

物流成本分析是在成本核算及其他有关资料的基础上，运用一定的方法，揭示物流成本水平的变动及其影响因素，进而采取有效措施，合理控制物流水平。通过物流成本分析，可以提出积极的建议，采取有效的措施来合理地控制物流成本。

7. 物流成本绩效评价

物流成本绩效评价是指在物流成本计划执行过程中和执行过程后，通过物流成本的分析找出物流成本提高和降低的原因，并根据具体的原因进行奖惩的过程。

(三) 物流成本管理的方法

1. 物流成本横向管理法

物流成本横向管理法是对物流成本进行预测和编制计划。物流成本预测是在对本年度物流成本进行分析、充分挖掘降低物流成本的潜力基础上，寻求降低物流成本的有关技术经济措施，以保证物流成本计划的先进性和可靠性。

物流成本计划按时间标准进行划分，有短期计划(半年或一年)、中期计划(3 年)和长期计划(5 年以上)等计划体系。

2. 物流成本纵向管理法

物流成本纵向管理法即对物流过程的优化管理。物流系统是一个庞大而复杂的系统，要对它进行优化，应借助先进的管理手段和管理方法。可在其单项活动范围内进行，对整个物流系统进行模拟。具体包括以下内容：

(1) 运用线性规划、非线性规划制定最优运输计划，实现物品运输优化。

(2) 运用系统分析技术，选择货物最佳的配比和配送线路，实现货物配送优化。

(3) 运用存储论确定经济合理的库存量，实现物资存储优化。

(4) 运用模拟技术对整个物流系统进行研究，实现物流系统最优化。

3. 计算机管理系统管理法

计算机管理系统管理法是将物流成本的横向与纵向连接起来，形成一个不断优化的物流系统的循环，最终找出其总成本最低的最佳方案。

本章小结

在企业运营管理仿真综合实验课程中，银行与物流企业是两个重要的外部商务服务机构。本章第一节首先简要介绍了银行及其主要职责，其次对银行开户、银行转账、银行贷款业务进行了阐释，最后进一步阐述了银行贷款业务的办理流程。银行是通过存款、贷款、汇兑、储蓄等业务，承担信用中介的金融机构。银行贷款是指银行根据国家政策以一定的利率将资金贷放给资金需要者，并约定期限归还的一种经济行为。银行贷款业务办理主要包括八个流程：建立信贷关系，贷款申请与受理，贷款调查与审查审批，签订借款合同，贷款发放与支付，贷后检查，贷款收回，信贷档案管理。

本章第二节首先介绍了物流与物流管理，接下来对第三方物流的概念、意义及优点进行了阐述，最后介绍了物流成本管理的相关内容。物流是物品从供应地向接收地的实体流动过程，根据实际需要将运输、储存、装卸、搬运、包装、加工配送、信息处理等基本功能实现有机结合。物流管理是指在社会再生产过程中，根据货物实体流动的规律，应用管理学的基本原理和科学方法，对物流活动进行计划、组织、指挥、控制，使各项物流活动实现最佳的协调与配合，从而降低物流成本、提高物流效率的过程。第三方物流是接受客户委托为其提高专项或全面的物流系统设计以及系统运营的物流服务模式。物流成本管理具体包括物流成本预测、物流成本决策、物流成本计划、物流成本控制、物流成本核算、物流成本分析和物流成本绩效评价等。

复习思考题

1. 银行贷款有哪些分类？
2. 银行贷款的办理流程是什么？
3. 如何理解第三方物流这个经常被提及的概念？
4. 物流成本管理包含哪些内容？

案例讨论题

海尔现代物流改造

海尔在连续 16 年保持 80% 的增长速度之后，近两年来又悄然进行着一场重大的管理革命。这就是在对企业进行全方位流程再造的基础之上，建立了具有国际水平的自动化、智能化的现代物流体系，使企业的运营效益发生了奇迹般的变化，资金周转达到一年 15 次，实现了零库存、零运营成本和与顾客的零距离，突破了构筑现代企业核心竞争力的瓶颈。

一、海尔现代物流从根本上重塑了企业的业务流程，真正实现了市场化程度最高的订单经济

海尔现代物流的起点是订单。企业把订单作为企业运行的驱动力，作为业务流程的源头，完全按订单组织采购、生产、销售等全部经营活动。从接到订单时起，就开始了采购、配送和分拨物流的同步流程，现代物流过程也就同时开始。由于物流技术和计算机管理的支持，海尔物流通过 3 个 JIT，即 JIT 采购、JIT 配送、JIT 分拨物流来实现同步流程。这样的运行速度为海尔赢得了源源不断的订单。目前，海尔集团平均每天接到销售订单 200 多个，每个月平均接到 6 000 多个销售订单，定制产品 7 000 多个规格品种，需要采购的物料品种达 15 万种。由于所有的采购基于订单，采购周期减到 3 天；所有的生产基于订单，生产过程降到一周之内；所有的配送基于订单，产品一下线，中心城市在 8 小时内、辐射区域在 24 小时内、全国在 4 天之内即能送达。总体而言，海尔完成客户订单的全过程仅为 10 天时间，资金回笼一年 15 次（1999 年我国工业企业流动资本周转速度年均只为 1.2 次），呆滞物资降低 73.8%。张瑞敏认为，订单是企业建立现代物流的基础。如果没有订单，现代物流就无物可流，现代企业就不可能运作。没有订单的采购，意味着采购回来就是库存；没有订单的生产，就等于制造库存；没有订单的销售，就不外乎是处理库存。抓住了订单，就抓住了满足即期消费需求、开发潜在消费需求、创造崭新消费需求这个牛鼻子。但如果没有现代物流保障流通的速度，有了订单也会失去。

二、海尔现代物流从根本上改变了物在企业的流通方式，基本实现了资本效率最大化的零库存

海尔改变了传统仓库的蓄水池功能，使之成为一条流动的河。海尔认为，提高物流效率的最大目的就是实现零库存，现在海尔的仓库已经不是传统意义上的仓库，它只是企业的一个配送中心，成了为下道工序配送而暂时存放物资的地方。

建立现代物流系统之前，海尔占用 50 多万平方米仓库，费用开支很大。目前，海尔建立了 2 座我国规模最大、自动化水平最高的现代化、智能化立体仓库，仓库占地面积仅有 2.54 万平方米。其中一座坐落在海尔开发区工业园中的仓库，面积 1.92 万平方米，设置了 1.8 万个货位，满足了企业全部原材料和制成品配送的需求，其仓储功能相当于一个 30 万平方米的仓库。这个立体仓库与海尔的商流、信息流、资金流、工作流联网，进行同步数据传输，采用世界上最先进的激光导引无人运输车系统、机器人技术、巷道堆垛机、通信传感技术等，整个仓库空无一人。自动堆垛机把原材料和制成品举上 7 层楼高的货位，自动穿梭车则把货位上的货物搬下来，移放在激光导引无人驾驶运输车上，运输车井然有序地按照指令再把货送到机器人面前，机器人叉起托盘，把货物装上外运的载重运输车上，运输车开向出库大门，仓库中物的流动过程结束。整个仓库实现了对物料的统一编码，使用了条码技术、自动扫描技术和标准化的包装，没有一道环节会使流动的过程梗塞。

海尔的流程再造使原来表现为固态的、静止的、僵硬的业务过程变成了动态的、活跃的和柔性的业务流程。未进行流程再造前的 1999 年,海尔实现销售收入 268 亿元,库存资金 15 亿元,销售资金占用率为 5.6%。2000 年实现销售收入 406 亿元,比上年超出了 138 亿元;库存资金降为 7 亿元,销售资金占用率为 1.72%。在海尔所谓库存物品,实际上成了在物流中流动着的、被不断配送到下一个环节的“物”。

三、海尔现代物流从根本上打破了企业自循环的封闭体系,建立了市场快速响应体系

面对日趋激烈的市场竞争,现代企业要占领市场份额,就必须以最快的速度满足终端消费者多样化的个性需求。因此,海尔建立了一整套对市场的快速响应系统。一是建立网上订单管理平台。全部采购订单均由网上发出,供货商在网上查询库存,根据订单和库存情况及时补货。二是建立网上支付系统。目前网上支付已达到总支付额的 20%,支付准确率和及时率达 100%,并节约近 1 000 万元的差旅费。三是建立网上招标竞价平台。供应商与海尔一道共同面对终端消费者,以最快的速度、最好的质量、最低的价格供应原材料,提高了产品的竞争力。四是建立信息交流平台,供应商、销售商共享网上信息,保证了商流、物流、资金流的顺畅。集成化的信息平台,形成了企业内部的信息“高速公路”,架起了海尔与全球用户资源网、全球供应链资源网和计算机网络的桥梁,将用户信息同步转化为企业内部信息,以信息替代库存,强化了整个系统执行订单的能力,海尔物流成功地运用电子商务体系,大大缩短了海尔与终端消费者的距离,为海尔赢得了响应市场的速度,扩大了海尔产品的市场份额。在国内市场份额中,海尔彩电占 10.4%,冰箱占 33.4%,洗衣机占 30.5%,空调占 30.6%,冷柜占 41.8%。在国际市场,海尔产品占领了美国冷柜市场 12%、200 升以下冰箱市场 30%、小型酒柜市场 50% 的市场份额,占领了欧洲空调市场的 10%,中东洗衣机市场的 10%。目前海尔的出口量已经占到销售总量的 30%。

四、海尔现代物流从根本上扭转了企业以单体参与市场竞争的局面,使通过全球供应链参与国际竞争成为可能

从 1984 年 12 月到现在,海尔经历了三个发展战略阶段。第一阶段是品牌战略,第二阶段是多元化战略,第三阶段是国际化战略。在第三阶段,其战略创新的核心是从海尔的国际化到国际化的海尔,是建立全球供应链网络。支撑这个网络体系的是海尔的现代物流体系。

海尔在进行流程再造时,围绕建立强有力的全球供应链网络体系,采取了一系列重大举措。一是优化供应商网络。将供应商由原有的 2 338 家优化到 978 家,减少了 1 358 家。二是扩大国际供应商的比重。目前国际供应商的比例已达 67.5%,较流程再造前提高了 20%。世界 500 强企业中已有 44 家成为海尔的供应商。三是就近发展供应商。海尔与已经进入和准备进入青岛海尔开发区工业园的 19 家国际供应商建立了供应链关系。四是请大型国际供应商以其高技术和新技术参与海尔产品的前端设计。目前参与海尔产品设计开发的供应商比例已高达 32.5%。供应商与海尔共同面对终端消费者,通过创造顾客价值使订单增值,形成了双赢的战略伙伴关系。

在抓上游供应商的同时,海尔还完善了面向消费者的配送体系,在全国建立了 42 个配送中心,每天按照订单向 150 个专卖店、9 000 多个网点配送 100 多个品种、5 万多台产品,形成了快速的产品分拨配送体系、备件配送体系和返回物流体系。与此同时,海尔与国家邮政总局、中远集团等企业合作,在国内调配车辆可达 16 000 辆。

海尔认为,21 世纪的竞争将不是单个企业之间的竞争,而是供应链与供应链之间的竞争。谁所在的供应链总成本低、对市场响应速度快,谁就能赢得市场。一只手抓住用户的需求,一只手抓住可以满足用户需求的全球供应链,这就是海尔物流创造的核心竞争力。

资料来源:许国银,桑小娟,蒋淑华.物流管理新论,南京:东南大学出版社,2014.

问题:

1. 与传统企业相比,海尔在物流的理念上有哪些突破?

2. 海尔在物流整合上有一些什么措施?

3. 海尔成功地利用物流能力的提升,增强自身在国内外市场的竞争力,你认为这之中有哪些关键因素?

第九章 创业设计与仿真实验专题活动

本章导读

本仿真综合实验在进行过程中,会根据模拟企业业务的需要穿插各类专题活动,以丰富学生的体验,强化实验的效果。专题活动的设计要注重科学性、严谨性、契合性、趣味性。结合企业商务环境的实际和仿真实验教学的特点,在仿真综合实验中可以加入海报评选、新闻发布会、招投标、专家讲座、辩论赛等专题活动。下面对各类专题活动进行详细的介绍。

第一节 企业文化专题活动

一、企业文化的内涵

企业文化有广义和狭义之分。广义的企业文化是指企业物质文化、行为文化、制度文化和精神文化的总和;狭义的企业文化是指以企业价值观为核心的企业意识形态。

核心的企业价值观是企业决策者对企业性质、目标、经营方式所作出的选择,是为员工所接受的共同观念。价值观念的形成是一个长期的过程。

企业文化的构建具体作用体现在:对职工行为进行引导;增强企业的凝聚力;对个体和群体产生激励作用;对企业及员工具有规范与约束作用。

对于仿真综合实验中的线下活动而言,由于各个团队是由来自不同班级的同学组建而成,为了快速形成凝聚力和向心力,主要通过一些外显的企业文化设计的方式,实现团队成员对公司和团队理念的认可和归属。

企业文化设计具体包括公司徽标(LOGO)设计(形成胸牌,每天佩戴)、桌牌设计(放置于工位显眼处)以及海报设计。企业文化设计过程,也是团队成员集思广益的过程,有助于形成团队凝聚力和向心力。在此基础上,开展海报评选专题活动,打造展现各个企业文化的良好平台。通过此项活动,团队成员能对自己的企业团队有更好的认识与理解,增强团队凝聚力;同时,不同的模拟企业也对彼此能有更深入的认知与了解,为日后的企业运营、企业合作和各项活动的开展奠定良好基础。成员们通过合作可加深彼此的增强，更深刻地增强团队意识，培养敬业、奉献的良好品质。

二、活动思路

创业设计和实验中每个团队都有制作海报的机会，分别是招聘海报（在仿真综合实验正式启动前需要由提前选聘的组长进行绘制）和企业宣传海报（全体成员共同参与）。实验小组的海报要求在统一的绘图纸上手工绘制，是展示相应机构形象的重要窗口。为了更好地展示企业形象、树立企业文化、扩大企业宣传影响力，各个团队可以围绕企业所在行业、企业名称、企业理念，针对海报的概念、构图、用色等进行讨论。大家积极参与，发动头脑风暴、各抒己见，不断提出新点子、碰撞出新的火花。海报评选的目的是强化学生广告宣传意识，实现对企业文化的凝练与传播。

三、活动策划

（一）参赛要求

（1）手绘、打印或电子版参赛作品应包括报名表（报名表获取方式：户外宣传现场领取；大赛宣传单页背面附；大赛报名邮箱下载）、海报设计图和设计构思（形式不限）。

（2）海报设计要易于识别，简洁明快，主题鲜明，富有寓意与美感，着重体现企业文化特点和性质。

（3）所设计的作品必须为原创，为第一次发布。如果是参考了其他作品，须注明参考作品出处以及来源。

（4）参赛成员必须在规定时间前提交包含作品的简介、作品设计理念以及创新性的PPT，在展示当天进行讲解。

（二）评分标准

海报评分的标准参见表9-1。

表9-1　评分标准细则表

机构	信息传达准确，明白易懂(25)	构图简练(25)	图形符号美观(25)	整体美感，讲究艺术(25)	总分
1					
2					
3					
4					
5					
6					
7					

评分标准说明：

(1)信息传达准确，明白易懂。

——海报设计简练、易懂、易记，能够被普遍认可，易于普及和传播。LOGO 内涵和活动理念相关，富含寓意。(20 ~ 25 分)

——海报设计较简练、易懂、易记，能够被一般认可，传播性一般。LOGO 内涵和活动理念较相关，富含一般寓意。(10 ~ 20 分)

——设计普通。LOGO 内涵和活动理念有些相关。(5 ~ 10 分)

(2) 构图简练。

——海报的形象简练，色彩单纯且具较强的象征性，对比强烈、醒目，对人的视觉有很强的冲击力。(20 ~ 25 分)

——海报的形象简练，色彩单纯且具一定的象征性，对比明显，对人的视觉有一定的冲击力。(10 ~ 20 分)

——海报的形象简练，色彩普通，象征性对比一般，对人的视觉有冲击力。(5 ~ 10 分)

(3) 图形符号美观。

——图形优美，艺术性强，给人以强烈的视觉感受。(20 ~ 25 分)

——图形设计良好，布局匀称，色彩合理，有一定欣赏性。(15 ~ 20 分)

——图形设计大致合理，色彩布局一般，给人印象一般。(10 ~ 15 分)

(4) 整体美感，讲究艺术。

——具有个性鲜明的形式美感。LOGO 设计符合人的审美趋向，并具有时代感。给观者以审美享受。(20 ~ 25 分)

——具有个性的形式美感。LOGO 设计符合一般人的审美趋向，并有些时代感。给观者以一般审美享受。(10 ~ 20 分)

——具有形式美感。LOGO 设计符合审美趋向，观者有审美享受。(5 ~ 10 分)

四、活动开展

(一) 前期准备

各个模拟机构团队成员集体讨论，设计、绘制完成企业海报，选择合适人选进行海报讲解。海报评选的评委由管委会选定(可以从市场管理局、税务局、银行等机构选取)。媒体公司要做好活动的录像拍照工作。

(二) 活动安排

(1) 规定时间之前各机构派专人到会议点参加海报展示演讲。

(2) 设计的海报必须突出主题，即突出自己企业的产品特色和企业理念。

(3) 活动展示时间的海报评比环节按照当时抽签顺序进行展示，展示时间为 2~3 分钟。展示结束时评委和现场观众根据评分标准进行评分，最后由工作人员进行统计总得分，颁奖。

(三) 活动结果与经验总结

活动最终选出分别获得一、二、三等奖的企业团队，并颁发证书。在活动结束之后，每个机构将自己的海报张贴到各自的座位上方。

在本次线下活动中，海报评选活动是一个企业内部和团队之间的沟通桥梁，提升团队精神和凝聚力，为团队线上和线下的运作提供运转动力。

第二节 危机公关专题活动

开展危机公关专题活动，可以锻炼各个团队应对问题的能力，了解新闻发布会等活动的流程，使整个仿真运营更加完整、更加专业。团队成员应精心准备，一起搜集资料、交流分析，积极制定解决问题的方案，然后将整个方案展现在媒体、评委及大众面前，从而将意外事故对公司的恶劣影响降到最低，树立良好的公司形象。

案例

DG是个意大利奢侈时尚品牌，进入中国市场后，拍了一个系列宣称"DG爱中国"的广告，成为事件的导火索。2018年11月17日，DG在官方微博发布"起筷吃饭"系列视频，被指歧视华人。2018年11月21日，网友曝光DG设计师一段对话截图，瞬间引起中国网友大量转发，反响强烈。一个多小时之后，DG官微发声称"设计师账号被盗，已走法律程序"。

紧接着，2018年11月22日，DG的设计师又针对此事再次回应，他发声称"如果DG有歧视中国，就不会有中国的模特出现在大秀里，我为你们只能从中看到歧视而遗憾"。这次发声与"账号被盗"前后矛盾。

2018年11月23日，DG官方发布道歉视频。视频中两位设计师表示：面对我们在文化上理解的偏差，希望得到你们的原谅。并在最后用中文说出了对不起。

事实上，DG的回应较为迅速，但并不见得把握住了时机就能消除负面影响，像"账号被盗"这样蹩脚的借口只会激怒公众。而设计师理直气壮的狡辩更加引起中国网友的反感。最终的道歉视频发布时，舆论已经难以逆转。

如今媒介越来越发达，事情一旦曝光，企业首先要想的不应该是隐瞒、欺骗，而是要态度诚恳、寻求谅解，给公众还原一个真相，给相关受害人一个交代，也给自己树立一个良好形象。正所谓亡羊补牢，犹未晚矣。

资料来源：改编自相关网络报道.

一、危机公关的内涵

（一）概念

企业危机公关是指企业为避免或者减轻危机所带来的严重损害和威胁，从而有组织、有计划地学习、制定和实施一系列管理措施和应对策略，包括危机的规避、控制、解决以及危机解决后的复兴等不断学习和适应的动态过程。

在本仿真综合实验中，可以设计由于企业的经营变化或是社会上特殊事件引发的，对于一个企业或一个品牌产生不良影响,并且在很短时间内涉及很广的事件,这种不良影响对于企业或品牌来讲就是一种危机。

(二) 原则

1. 保证信息及时性

危机很容易使人产生害怕或恐惧心理,因此保证信息及时性,让受众第一时间了解事件的情况,对危机公关至关重要。

2. 保证受众的知情权

随着社会的不断发展,公众对知情权的诉求越来越强烈。当危机发生时,所有危机受众都有权利参与到与之切身利益相关的决策活动中。危机公关的目的不应该是转移受众的视线,而是应该告诉受众真相,使他们能够参与到危机管理的工作中来,表现出积极合作的态度。

3. 重视受众的想法

危机发生时,受众所关注的并不仅仅是危机所造成的破坏或是所得到的补偿,他们更关心的是当事方是否在意他们的想法,并给予足够的重视。如果他们发现当事方不能做到这些,就很难给予当事方以信任,化解危机也就变得更加困难。

4. 保持坦诚

企业应始终保持坦诚的态度,面对危机不逃避,敢于承担责任,就容易取得受众的信任和谅解。危机公关的首要目的也就在于此。保持坦诚是保证危机公关得以有效实施的基本条件。

5. 保证信源的一致性

危机公关中最忌讳的就是所传递的信息存在不同,这样很容易误导公众,破坏危机中所建立起来的信任。如果当事方不能保证信息的一致性,那么危机管理将无从谈起。

二、活动思路

在本仿真综合实验中,可以假设模拟实训小组的产品或服务受到消费者的投诉或媒体的曝光,从而需要通过召开新闻发布会的形式进行澄清和解释。新闻发布会专题活动可以根据实验的进程随机安排,目的是强化学生的危机公关意识和市场经营意识,以及锻炼学生的逻辑思维和演讲能力。

三、活动策划

新闻发布会的活动策划可以通过假设现实媒体曝光了有关机构的负面信息,从而对企业形象造成了不良影响,请对此进行及时的解释。下面分别以制造业和服务业企业为例说明。

(一) 制造业活动策划

1. 新闻回放

9 月 11 日,央视媒体报道在山东省济南市历下区燕飞路 1012 号居民小区出现意外爆炸,据了解原因是在使用贵公司网络盒子过程中发生爆炸,造成一人受伤,两人受惊吓。新闻播出后，使用网络盒子的居民胆战心惊，纷纷要求退货。

2. 公关活动

针对这次事件，将于9月12日上午10点在发展大厦召开新闻发布会，给贵公司提供一个危机处理机会，望贵公司积极参加。

3. 活动要求

望贵公司派出一名代表，有3至5分钟的时间发言，对此次危机做出解释。

（二）服务业活动策划

1. 新闻回放

在9月11日晚7点35分CCTV-1焦点访谈节目中，披露了贵公司在服务顾客过程中因服务态度恶劣、粗鲁无礼、效率低下而遭到众多顾客的强烈投诉和斥责，社会影响恶劣。

2. 公关活动

将于9月12日上午10点在发展大厦召开新闻发布会，望贵公司积极参与，就此事阐明贵公司的立场、态度，给公众一个合理的解释。

3. 活动要求

望贵公司派出一名代表，有3～5分钟发言时间，对此事做出合理解释，并给出相应的处理措施。

四、活动开展

（一）前期准备

每个企业团队成员对设定的危机突发情况进行分析和理解，提出各自的应对措施。评委构成由管委会拟订，并做到公开公平，媒体也要对活动的录像、拍照工作做好充分的准备。

（二）召开新闻发布会

管委会根据设定的时间召开新闻发布会，活动期间每个企业发言人先用5分钟的时间，阐释自己团队对危机问题的理解，接下来是记者或评委的提问环节。最后评委从语言表达、解决方案、记者提问3个方面进行打分。

（三）活动结果与经验总结

活动最终选出分别获得一、二、三等奖的企业团队。通过新闻发布会活动，学生可以总结危机公关的经验，认识到企业发生类似问题时要积极承担责任，与消费者真诚沟通，并从各个方面来综合分析，严谨处理好每一个细节，最终形成一套完整、清晰、专业的解决方案，从而达到化患为利、于危机中创造商机的目的。

扩展阅读：《中华人民共和国招标投标法》

第三节　招投标专题活动

招投标专题活动是在遵循公开、公平、公正和诚实信用的原则的基础上，由招标公司通过撰写招标书和组织招标活动，锻炼参与者相应的写作能力和组织能力。投标企业利用此项活动，对外展示企业具体的运营状况和企业形象。

一、招标的内涵

(一) 招标的概念

招标，是指由招标人发出招标公告或通知，邀请潜在的投标商进行投标，最后由招标人对各投标人所提出的价格、质量、交货期限和该投标人的技术水平、财务状况等因素进行综合比较，确定其中最佳的投标人为中标人，并与之签订合同的过程。

(二) 招标的分类

(1) 根据招标方式不同，招标可以分为现场招标和网上招标。

(2) 根据投标对象不同，招标可以分为公开招标和邀请招标。公开招标，是指招标人以招标公告的方式邀请不特定的法人或者其他组织投标。在本仿真综合实验课程中会模拟公开招标的方式。邀请招标是指招标人以投标邀请书的方式邀请特定的法人或者其他组织投标。

招标文件针对某一个项目在社会上公开招标，把客户需求变成招标文件，让应标单位有针对性地了解客户需求。

投标文件是针对招标方的招标文件内容专门制作的应标方案(投标书)。

投标书的三种形式为：装订成册的投标书；制作成光盘的投标书；电子版标书(可实行网上投标)。

二、活动思路

在仿真综合实验中根据进程会安排 1 ~ 2 次招投标活动。该专题活动由招标公司组织招标人、投标人共同进行开标，各个团队轮流讲解自己的企业，主要包括企业的发展概况、产品性能、投标价格、前景展望等方面。这一方面有助于学生了解招投标活动的流程和规则；另一方面能调动各机构内部的积极性，并对自己的运营状况有详尽的了解。

三、活动流程

(一) 招标书撰写

招标公司根据老师的要求，一般安排在制造企业运营第三、第五季度开展招投标活动。招标公司负责根据招标产品类型、数量等，完成招标书撰写。这个过程首先是在企业负责人的带领下，分头查阅资料，完成初稿；其次针对老师提出的相应建议，进行修改，直至符合招标要求。特别是投标评分标注是投标企业撰写投标书的重要依据，要反复修改。投标评分的参考标准参见表 9–2。

表 9–2 招投标评分标准细则表

序号	评分项目	基准分值	评分标准
1.	商务部分(40 分)	40 分	取各有效投标单位的投标总价报价平均值作为基准价。 投标报价得分以投标人的投标报价计算： ① 投标价每高于评标基准价 1%，扣 1 分，扣完为止。 ② 投标价每低于评标基准价 1%，扣 1 分，扣完为止。

续表

序号	评分项目	基准分值	评分标准
2.	售后服务体系、能力(30分)	8分	供货计划及安装方案,优良8~5分、一般4~3分,较差2~0分
3.		8分	技术服务及培训方案,优良8~5分、一般4~3分,较差2~0分
4.		7分	维修保养具体措施,优良7~5分、一般4~3分,较差2~0分
5.		7分	详尽的售后服务措施,优良7~5分、一般4~3分,较差2~0分
6.	产品功能配置及技术指标(20分)	5分	产品说明是否全面、详尽,优良5分,一般4~3分,较差2~0分
7.		15分	投标人所投产品的技术响应情况,每一项非“画线加粗字体部分”指标不满足,扣2分,最多扣15分,扣完为止
8.	企业资质信誉(10分)	1分	自主创新品牌得1分
9.		2分	提供重合同守信用证书(有效期内)得2分,无证书不得分
10.		3分	财务状况优秀得3分,良好为2分,一般得1分(按最新年度财务审计报告评定)
11.		4分	品牌所占市场份额 市场份额第一,得4分 市场份额第二,得3分 市场份额第三,得2分 市场份额第四,得1分

(二) 制造企业投标书撰写

招标公司发布招标公告或向各个制造企业发放投标邀请书。制造企业按照招标文件的要求编制投标书。企业负责人首先要组建投标小组。其次组织小组成员撰写投标书,投标书要针对招标书中设定的评分标准撰写,包括公司基本情况介绍、生产经营能力、团队风貌、报价等方面,形成完善的投标书。再次要落实投标小组负责演讲的人员,完成招标现场展示的PPT和模拟演讲。

(三) 组建评标委员会

由招标公司组织管委会、市场监督管理局或者税务局等团队的人员组成评标委员会。评标委员会成员共同商议招投标现场方案,比如明确招标具体时间、评分规则、投标企业展示的顺序等一系列具体活动细节。

(四) 开标和定标活动

招标公司根据评标委员会确定的时间、地点,提前由专人负责布置会场,摆放桌签等。活动中,在主持人的引领下,各企业依次展示,同时开启投标人按规定提交的投标文件,评标委员会成员可以针对企业阐释不清晰的问题,现场提问,从而对每个企业的情况有清晰的判断。最后根据各企业介绍以及投标书的内容,逐一打分,在招标公司进行统计汇总的基础,现场确定中标企业。同时,邀请投标人代表和其他机构代表对整个投标过程进行监督。

(五) 中标结果公示和订单发放

招标人在确定中标人后,对中标结果在实验平台公示,时间为一个季度。公示无异议后,招标公司将招标、开标、定标的整个活动情况,写成书面报告,提交给上课教师,由教师在后台为中标企业增加相应订单。

第四节 专家讲座专题活动

一、活动思路

本仿真综合实验的目的是提升学生的综合素质,增强其创新创业的能力。上课过程中任课教师可以穿插小规模的专题讲座,聘请有实践经验的企业管理者,从自身成长经历、企业经营的角度,与学生进行互动交流。通过专家讲座活动,可以有效搭建虚拟仿真和现实企业经营的桥梁,丰富学生的体验内容,从而提升实验效果。

二、活动策划

专题讲座应与当前经济环境和形势、企业实际需要、经管理论前沿等相契合。专家讲座专题活动的策划重在针对性和科学性,围绕企业经营的某一方面进行细致的互动交流。比如"商业礼仪讲座""职业选择与职业素养""创业融资的探讨"等选题。在讲座专家选择上,可以充分调动校内外资源,构建一定数量的专家库。专题培训的方式和内容应灵活多样,可以是知识性的,也可以是操作性的。要注重对专题培训的目标、内容、方式、时间等的合理安排。专题讲座时机,最好考虑在实验的中期,此时一方面学生接受过前期实训,有了很多企业运营方面的疑问,另一方面学生在讲座中所学到的知识,在接下来的实训中有机会验证。

第五节 辩论赛专题活动

一、活动目的

辩论是一项可以提高思辨能力、培养团队精神、锻炼思维表达的活动。在仿真综合实验中开展此项专题活动,可以使学生更好地融入团队活动,增强对企业运营管理的认知理解,在活动中提高自信,提升学生的创新创业能力。

二、活动流程

(一) 辩论赛选题征集

针对每次仿真综合实验课程不同专业的授课对象,首先由管委会联合相关服务机构,负责征集辩论赛主题。辩论赛主题一定要结合学生专业和仿真实验中遇到的问题,比如产品规划、企业社会责任等。同时,组建辩论赛评委团队,选拔辩论赛主持人。

（二）辩论赛准备

在明确辩论赛主题后，通过微信群或其他方式征询各个团队建议，最终确定由辩论赛的几家企业联合组建的正方和反方两大团队。在此基础上，管委会下发辩论赛通知，告知各个团队辩论赛时间、地点等具体事宜。

（三）相关团队准备

首先，辩论赛确定的正方和反方团队，各自召开准备会议，推选辩手。其次，围绕辩论主题准备相关资料。先对问题进行全面的剖析，再拿出标准，标准就是为什么你方在这个辩题上能赢对方。再次，确立战场，就是准备从哪些方面打这场辩论赛。估计对方会怎样打这场比赛，然后就针对这些反驳对方；还要准备要提的问题，问题要精练，最好15字以内。最后要准备总结陈词，总结应该在赛前就大致定好框架，确保最后阐释的条理性。

（四）辩论赛活动

首先由主持人介绍参赛团队、参赛队员及所持立场，介绍评委和点评嘉宾；然后辩论赛正式开始，按照辩论赛细则的相关要求，正反双方展开辩论活动；最后在评委评议，观众自由提问结束后，根据比赛评分细则，确定比赛结果。

三、辩论赛细则

（一）时间提示

自由辩论阶段，每方使用时间剩余30秒时，记时员以一次铃声提示；用时满时，以铃声终止发言。攻辩小结阶段，每方使用时间剩余10秒时，记时员以铃声提醒；用时满时，再次响铃终止发言。其他阶段，每方队员在用时剩30秒时，记时员以铃声提醒；用时满时，再次响铃终止发言。再次响铃时，发言辩手必须停止发言，否则作违规处理。

（二）开篇立论

开篇立论提倡即兴陈词，引经据典恰当，无须在理论的层面上过多纠缠。立论要求逻辑清晰，言简意赅。

（三）攻辩

(1) 攻辩由正方二辩开始，正反方交替进行。

(2) 正反方二、三辩参加攻辩。正反方一辩作攻辩小结。正反方二、三辩各有且必须有一次作为攻方；辩方由攻方任意指定，不受次数限制。攻辩双方必须单独完成本轮攻辩，不得中途更替。

(3) 攻辩双方必须回答对方问题，提问和回答都要简洁明确。重复提问和回避问题均要被扣分。每一轮攻辩，攻辩角色不得互换，辩方不得反问，攻方也不得回答问题。

(4) 正反方选手站立完成每一轮攻辩阶段，攻辩双方任意一方落座视为完成本方攻辩，对方选手在限时内任意发挥（陈词或继续发问）。

(5) 每一轮攻辩阶段为1分30秒，攻方每次提问不得超过10秒，每轮必须提出三个以上的问题。辩方每次回答不得超过20秒。用时满时，以钟声终止发言，若攻辩双方尚未完成提问或回答，不作扣分处理。

(6) 四轮攻辩阶段完毕,先由正方一辩再由反方一辩为本队作攻辩小结,限时1分30秒。正反双方的攻辩小结要针对攻辩阶段的态势及涉及内容,严禁脱离比赛实际状况的背稿。

(四) 自由辩论

这一阶段,正反方辩手自动轮流发言。发言辩手落座为发言结束,即为另一方发言开始的计时标志,另一方辩手必须紧接着发言;若有间隙,累积计时照样进行。同一方辩手的发言次序不限。如果一方时间已经用完,另一方可以继续发言,也可向主席示意放弃发言。

另外,针对仿真综合实验不同专业的学生,可以增加模拟法庭、点钞大赛、拍卖会、企业LOGO展示等系列活动。具体活动方案和流程参考以上活动。

本章小结

为了塑造线下职场情境,充分体现本课程线上线下相结合的特色,本仿真综合实验设计了一系列的线下专题实践活动。建议读者们可以通过LOGO、海报绘制设计、海报评选等环节,集中开展企业文化专题活动,展示各团队风采;通过危机公关专题活动,锻炼各个团队应对问题的能力;招投标专题活动在遵循公开、公平、公正和诚实信用原则的基础上,招标公司通过撰写招标书和全程组织招标活动,训练写作能力和组织能力;通过专家讲座专题活动,进一步开拓学生视野;通过专题辩论会,锻炼思辨能力和语言表达能力。

案例讨论题

华为企业文化

一、华为精神

(一) 吃苦耐劳精神

几乎每个华为人都备有一张床垫,卷放在各自储存铁柜的底层或办公桌、计算机台的底下,外人从整齐的办公环境中很难发现这个细节。可以说,一张床垫半个家,华为人是携着这样一张张床垫走过8年创业的艰辛与卓越。

(二) 敬业精神

什么人能做好工作?就是要有强烈的敬业精神,有献身精神的人,华为努力去发现这样的人。不具备华为文化,又不努力去学习华为文化,就不会成为这样的人。

(三) 艰苦奋斗精神

华为公司提倡思想上艰苦奋斗。思想如何去艰苦奋斗呢?提高思想,提高认识,不断地学习,思想不断进步,这应该是艰苦奋斗吧。然而细想一下,这似乎还不够,还只是一般性的思想进步。怎样才算是艰苦奋斗呢?艰苦奋斗还应有一个目标,这应该是不断地超越自我。

思想上的艰苦奋斗除了横向的比较外，还应该与自己的纵向比较。你的思想不提高，别人的思想就会超过你，只有不断地超越自我，思想进步最快，这才算是思想上的艰苦奋斗。

二、主要特色

（一）狼性文化

华为非常崇尚“狼”，认为狼是企业学习的榜样，要向狼学习“狼性”，狼性永远不会过时。作为最重要的团队精神之一，华为的“狼性文化”可以用这样几个词语来概括：学习、创新、获益、团结。用狼性文化来说，学习和创新代表敏锐的嗅觉，获益代表进攻精神，而团结就代表群体奋斗精神。

在华为的发展历程中，任正非对危机特别警觉，在管理理念中也略带“血腥”，他认为做企业就是要培养一批狼。因为狼有让自己活下去的三大特性：一是敏锐的嗅觉；二是不屈不挠、奋不顾身的进攻精神；三是群体奋斗。正是这些凶悍的企业文化，使华为成为连跨国巨头都寝食难安的一匹“土狼”。

（二）不穿红舞鞋

在任正非眼里，红舞鞋虽然很诱人，就像电信产品之外的利润，但是企业穿上它就脱不了，只能在它的带动下不停地舞蹈，直至死亡。因此任正非以此告诫下属要经受其他领域丰厚利润的诱惑，不要穿红舞鞋，要专注于公司的现有领域。

（三）文化洗脑

华为每年都要招聘大量的大学毕业生，当他们到达华为的时候，要过的第一关就是“文化洗脑”。

三、华为基本法

华为在业界是以注重制度和文化而著称的。1998 年 3 月正式出台的《华为基本法》也许就是这一说法的最佳印证。华为认为，制定一个好的规则比不断批评员工的行为更有效，它能让大多数员工努力地分担自己的工作、压力和责任。在华为的发展史上，这部基本法具有非同一般的影响力。它是中国第一部总结企业战略、价值观和经营管理原则的“宪法”，是一家企业进行各项经营管理工作的纲领性文件，也是制定各项具体管理制度的依据。

《华为基本法》蕴涵着很多在当时的中国企业界看来非常超前的眼光和智慧。比如，在讨论“价值的分配”时，任正非就非常希望能够从理论上对他独特的“全员持股”和“知识资本化”的做法加以明晰的论证。1998 年 6 月，任正非给中国联通处级以上干部作了一次《华为基本法》解释的报告，其中有一段意味深长的话道出了他起草《华为基本法》的核心目的：“一个企业怎样才能长治久安，这是古往今来最大的一个问题。我们十分关心并研究这个问题，也就是推动华为前进的主要动力是什么，怎么使这些动力长期稳定运行，而又不断地自我优化。”

从某种意义上讲，这部《华为基本法》就是任正非开始追寻利用制度建立起一个基业长青的企业，一个可以一直向其“世界级”目标迈进的企业的起点。

当然，制度的建立并不是企业管理的终点，通过制度体系的建立而改变人，实现企业价值观念的代代相传才是最终的目标。可以说，《华为基本法》反映了华为的价值观，华为希望这些价值观能够保障华为成为一家基业长青的世界级企业。所以,华为真实的意图在于,通过组织发动公司上下学习《华为基本法》,将这些价值观灌输到新一代管理者头脑中,以确保即便管理层不断更替,华为的优秀"DNA"仍然能一代一代地传承下去。

资料来源:改编自相关网络报道.

问题:谈谈你对华为"狼"文化的认识。企业如何打造企业文化?

第十章 软件系统假设、数据模型与平台注册

本章导读

创业设计与仿真实验课程的虚拟仿真实验环节是在方宇的软件平台上运行的。该软件的业务流、数据流与资金流相互贯通是基于一定的系统假设、数据模型以及一系列经营规则来实现的。对系统假设和数据模型的了解是正确制定企业运营决策的基础。虚拟仿真实验的第一个环节是在平台注册个人账号和进行企业登记注册。本章以制造企业为例，详细说明平台注册的相关步骤。

第一节 系统假设

一、生产主体假设

为使实验具有直观性、代表性和可操作性，本实验选择学生较为熟悉的手机制造业作为经营模拟的行业，同时假设该手机制造行业是一个从生产技术水平较低向研发、生产高技术产品发展的成长性行业。

本系统假定由学生组成的若干家手机生产制造企业为生产经营主体，每家企业的注册资本金为 1 000 万元人民币(贸易企业为 2 000 万元)，模拟 L、H、O 及 S 型四种不同类型的手机产品的生产及经营管理过程。在一定的经营规则下，每家企业可以自由生产、自主决策、公平竞争。

二、经营分期假设

该系统假定企业在存续期，连续生产、分期经营、逐期核算。一个经营周期是指企业从战略决策开始，到产品生产、销售、交付的全过程。经营分期假设是指将企业生产经营活动期间划分为若干连续的、长短相同的期间。每个企业从经营准备期开始，依靠企业经营管理决策层在调查研究的基础上，在基础设施建设、产品研发、市场开拓、产品销售、人力资源管理、信息化等方面做出科学决策，使企业逐步成长、发展壮大。

三、模拟市场假设

本系统模拟具有一定竞争性的买方市场，即各期产品市场总需求略小于市场总供给。其中，买方由系统模拟，卖方由若干家手机生产制造企业组成。

此外，全部市场划分为东北市场、南部沿海市场、黄河中游市场、大西北市场、北部沿海市场、长江中游市场六个国内分市场和亚洲市场一个国际分市场。

四、产品生命周期假设

本系统模拟 L、H、O 及 S 型四种不同类型的手机产品的生产及经营管理过程。各产品需求生命周期曲线如图 10-1 所示。

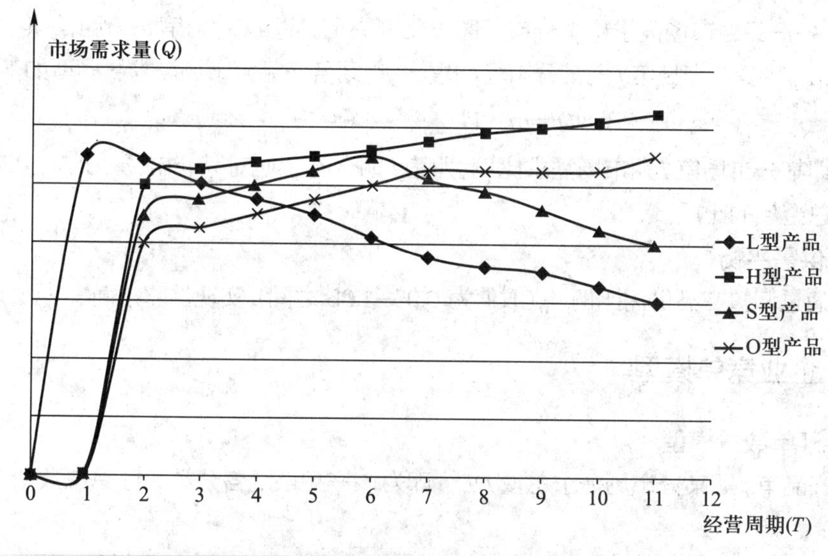

图 10-1 软件系统各产品需求生命周期曲线

五、外部服务环境假设

假定企业是在与外部服务部门交互中开展竞争的，因而企业在经营过程中，除了要遵守企业经营规则外，还必须遵守外部服务部门的各项约定，做到合法经营、灵活运用，在竞争中求生存、谋发展。

第二节 数据模型

本仿真综合实验以企业竞争模拟为核心，其数据模型主要有：

一、市场供需模型

(一) 市场供给总量

设有若干家手机生产企业，企业初始准备期为第 0 期，共经营 n+1 期，i=1,2,3,4 分别代表L、H、O及S四种不同类型的产品;又设 $TS_{(i,j-1)}$ 为第 i 产品第 $j-1$ 期市场全部企业供给总量,$TP_{(i,j)}$ 为第 i 产品第 j 期市场全部企业生产总量,则

$$TS_{(i,j-1)}=F[TP_{(i,j)}],\quad (j=1,\cdots,n+1)$$

即本期市场供给总量由上期市场生产总量决定。

(二) 市场需求总量及分市场需求量

首先,在本期市场供给总量确定的基础上,系统模拟给出该四种产品在企业竞争不同时期的市场需求总量。各期市场需求总量模型如下:

$$TD_{ij}=k_{ij}\cdot TS_{(i,j-1)},\quad (j=1,\cdots,n+1)$$

式中:TD_{ij} 为第 i 产品第 j 期市场需求总量;k_{ij} 为第 i 产品第 j 期供需比例,该比例由系统根据L、H、O及S型四种产品的生命周期曲线,模拟给出。

其次,各产品分市场需求量由分市场需求比例决定。设 DD_{ij} 为第 i 产品第 j 期某分市场需求总量,m_{ij} 为第 i 产品第 j 期某分市场需求比例,则各产品分市场需求量模型如下:

$$DD_{ij}=m_{ij}\cdot TD_{(i,j)},\quad (j=1,\cdots,n+1)$$

式中:m_{ij} 即某分市场第 j 期市场需求比例,为第 j 期全部企业对某分市场投入总金额占全部市场投入总金额的比重。

(三) 供需平衡

系统通过调整产品供需比例 k_{ij}(取值为0.95–1.05之间),实现供需平衡。

二、企业竞单模型

(一) 订单数量模型

第 i 产品第 j 期某分市场需求总量 DD_{ij},即为该产品该期各分市场订单总数。订单数量模型如下:

$$DD_{ij}=m_{ij}\cdot TD_{(i,j)}=m_{ij}\cdot k_{ij}\cdot TS_{(i,j-1)}$$

即某产品某分市场的订单总数量由该产品本期市场供需比例 k_{ij}、该产品本期分市场需求比例 m_{ij} 及上期所有企业该产品的产能总量决定。该期全部产品订单形成订单池,供企业竞单。

(二) 竞单得分模型

企业根据自身需求向订单池申请订单,所申请个数由企业自行决定。系统根据竞单得分模型计算企业竞争力,并按照企业竞争力大小排序,竞单得分越多,企业竞争力越大。竞单得分 = 价格分 + 市场影响力得分 + 质量分。

企业竞单模型如图10–2所示。

以标底价格4 000元为例。

价格分:卖出的价格高于标底1%,则扣 –10分,例如(出价4 040元,则扣除10分);卖出的价格低于标底1%,则加2分,例如(出价3 960元,则加2分)。满分100分;若出价为4 010元高出标底价为0.25%,此时四舍五入不扣分。

市场影响力:影响力(影响力 = 本企业市场有效投资总额 / 该市场所有有效投资总额,

其取值范围为 [0~100%]）占 1%，加 0.5 分。例如，占 50%，得分 25 分。

质量分：即产品认证分。每完成一个质量认证，加相应的分值。

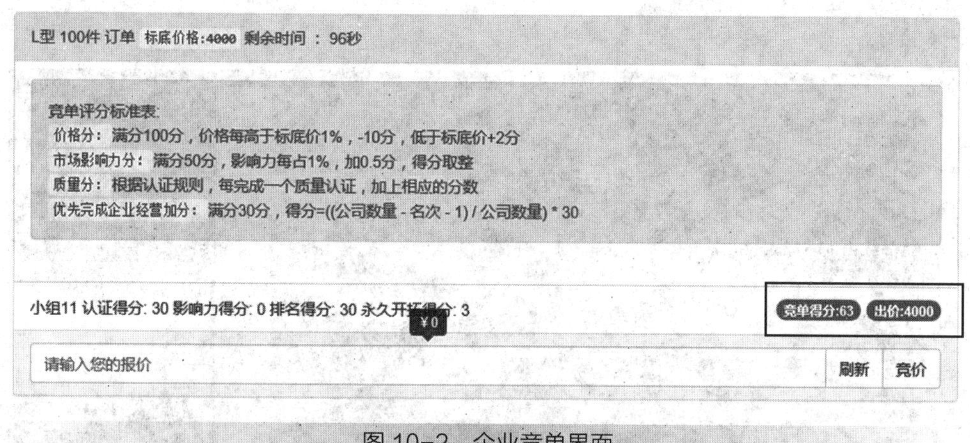

图 10-2 企业竞单界面

永久开拓得分：永久开拓的市场都加 3 分。

三、产品交付模型

企业根据产品竞单价及竞单数量向系统进行产品交付，系统在下一期收回货款并进行成本利润核算。

产品交付时需支付运输费用，由物流公司和核心企业沟通定价。

第三节 平 台 注 册

本节仅以制造企业的操作为例，展示软件操作相关内容。

中华人民共和国国家市场监督管理总局是根据党的十九届三中全会审议通过的《中共中央关于深化党和国家机构改革的决定》《深化党和国家机构改革方案》和第十三届全国人民代表大会第一次会议批准的《国务院机构改革方案》设立。2018 年 4 月 10 日，国家市场监督管理总局正式挂牌，国家工商行政管理总局退出历史舞台。而本仿真综合实验课程教学软件是 2017 年版本，软件中仍沿用“工商局”，而本教材文字表述为“市场监督管理局”，两者指同一个政务机构。

一、个人账户注册与登录

（一）账号注册

1. 如何注册

登录软件平台网址，点击注册按键（见图 10-3），出现注册信息（见图 10-4）。

（1）正确地填写用户名邮箱（登录账号）、密码、姓名、学号，姓名 / 学号是后期找回账号密码的唯一凭据。

(2) 正确地输入教师给用户独有的注册码(CEO 使用 CEO 注册码,组员使用员工注册码)。

(3) 点击提交之后自动登录。

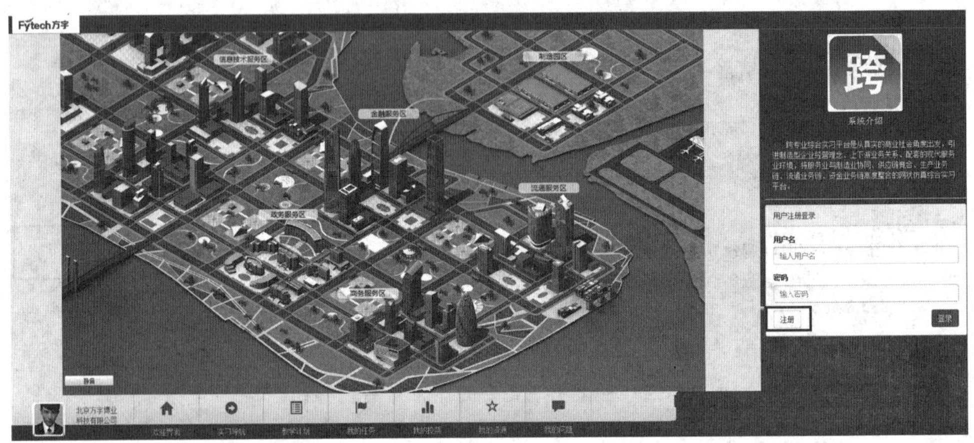

图 10-3　登录软件平台登录界面

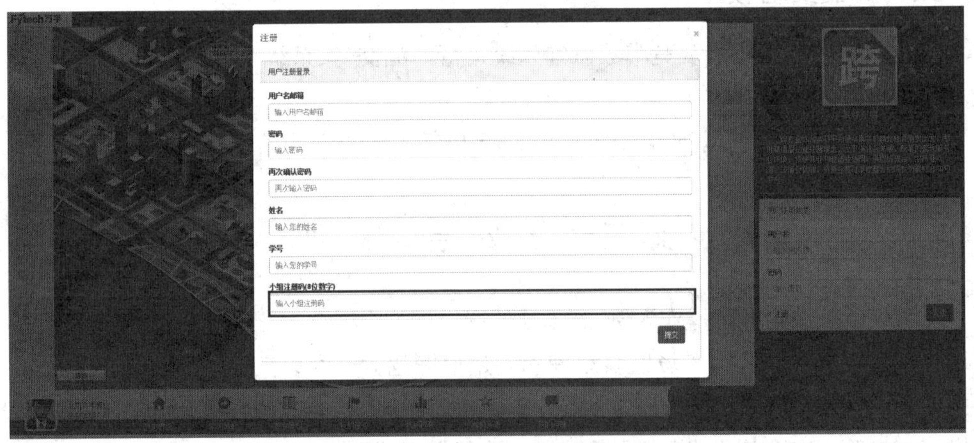

图 10-4　登录软件平台注册界面

2. 如何登录

如果用户已经注册,直接输入用户、密码。点击登录即可。

(二) 如何进入企业界面

系统中存在很多类型的企业,如图 10-5 所示。

① 制造园区(制造企业)。

② 金融服务区(商业银行、会计师事务所)。

③ 政务服务区(市场监督管理局、国家税务局)。

④ 流通服务区(国际货代、物流公司)。

例如,选择 ① 模块,点击制造企业,进入企业。

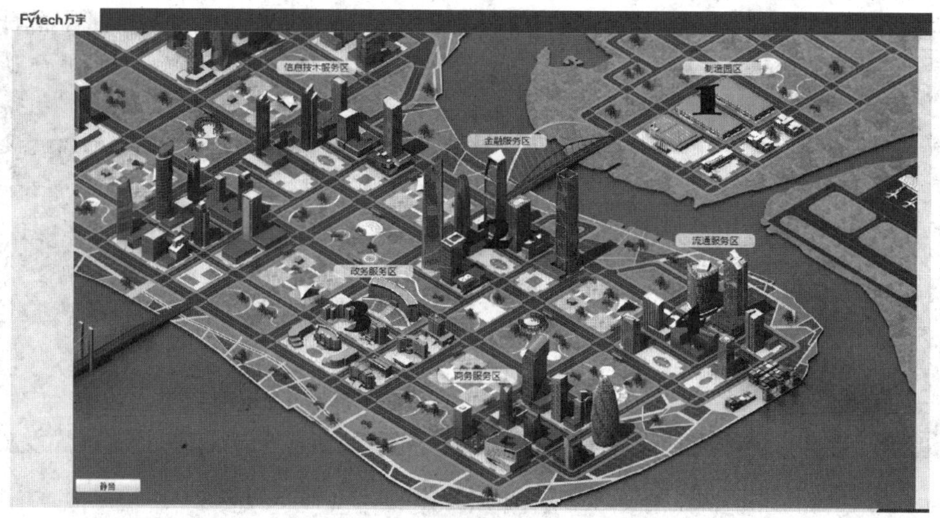

图 10-5 软件平台园区界面

点击具体企业的时候，系统会判断，如果点击的是本企业，则自动进入企业。如果不是归属企业，则进入这家企业的外围服务机构（相当于归属企业去这家企业办理业务）。

例如，如果账号绑定的企业是制造企业，可以到市场监督管理局去办理工商注册和年检业务。

二、制造公司设立

进入制造公司界面后（见图 10-6），按照步骤进行企业设立。

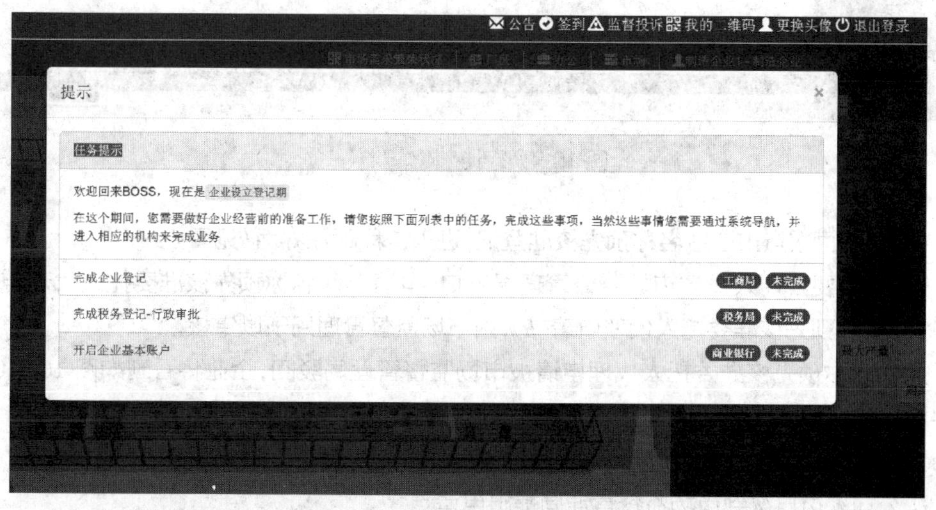

图 10-6 制造公司设立任务界面

（一）市场监督管理局登记

在名称预先核准委托人代理申请书界面中，看到流程后，点击“新建”，填写名称预先核准委托人代理申请书（见图 10-7、图 10-8）。

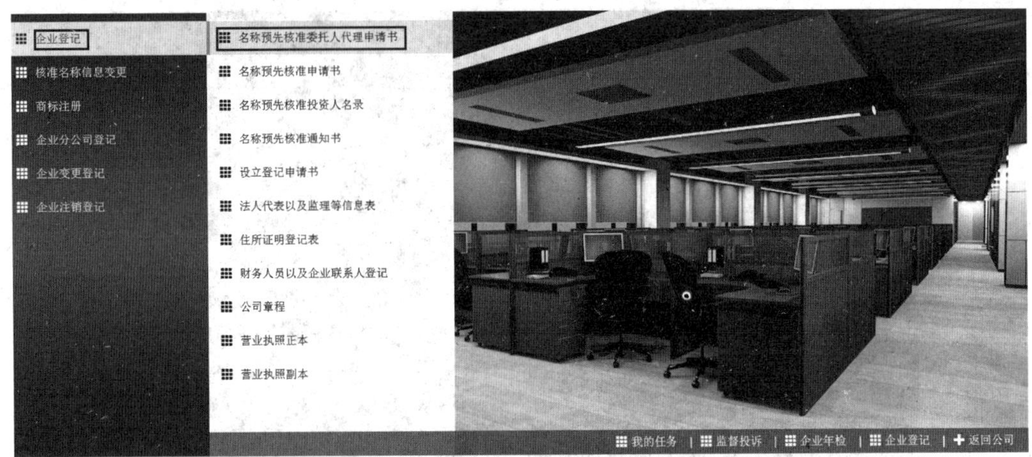

图 10-7　名称预先核准委托人代理申请书界面

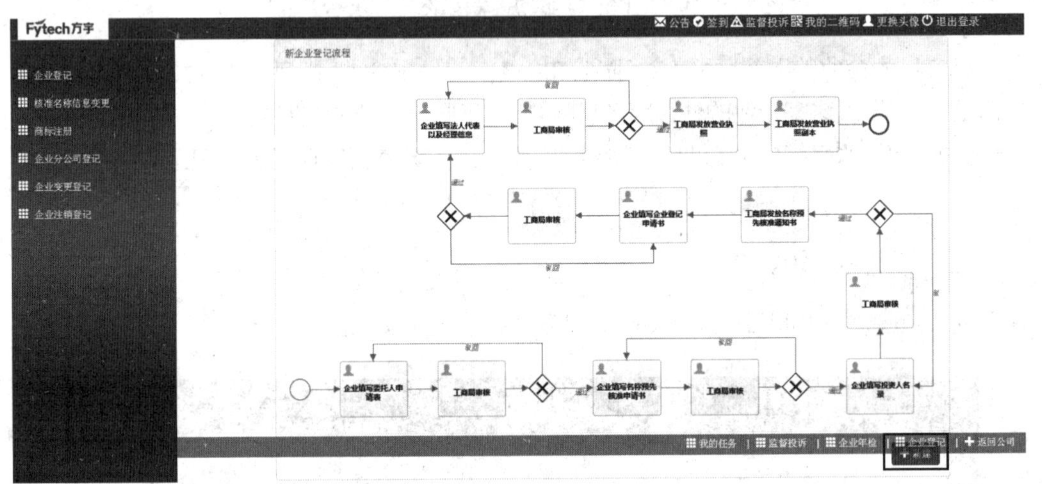

图 10-8　新企业登记流程

提交后，再次点击企业名称预先核准登记，进入流程跟踪界面（见图 10-9）。

这时，需要公司人员到市场监督管理局窗口，申请办理名称预先核准委托人代理申请，并提交《名称预先核准委托人代理申请书》，由市场监督管理局予以审核。

如果名称预先核准委托人代理申请被市场监督管理局驳回，企业将看到如图 10-10 所示界面。

点击领取并处理，可重新填写并提交。

派公司人员再次到市场监督管理局提出申请。

如果名称预先核准委托人代理申请被市场监督管理局柜员准予通过，企业将看到如图 10-11 所示界面。

点击领取并处理，企业可继续填写《名称预先核准申请书》。

提交《名称预先核准申请书》后，去市场监督管理局审核（见图 10-12）。

流程跟踪
×
新企业登记流程
驳回
企业填写法人代表以及经理信息
工商局审核
通过
工商局发放营业执照
工商局发放营业执照副本
通过
工商局审核
企业填写企业登记申请书
工商局发放名称预先核准通知书
通过
驳回
工商局审核
驳回
驳回
企业填写委托人申请表
工商局审核
企业填写名称预先核准申请书
工商局审核
通过
企业填写投资人名录
我的任务 | 监督投诉 | 企业年检
教师
制造企业1
新企业名称核准委托申请书 - 已完成

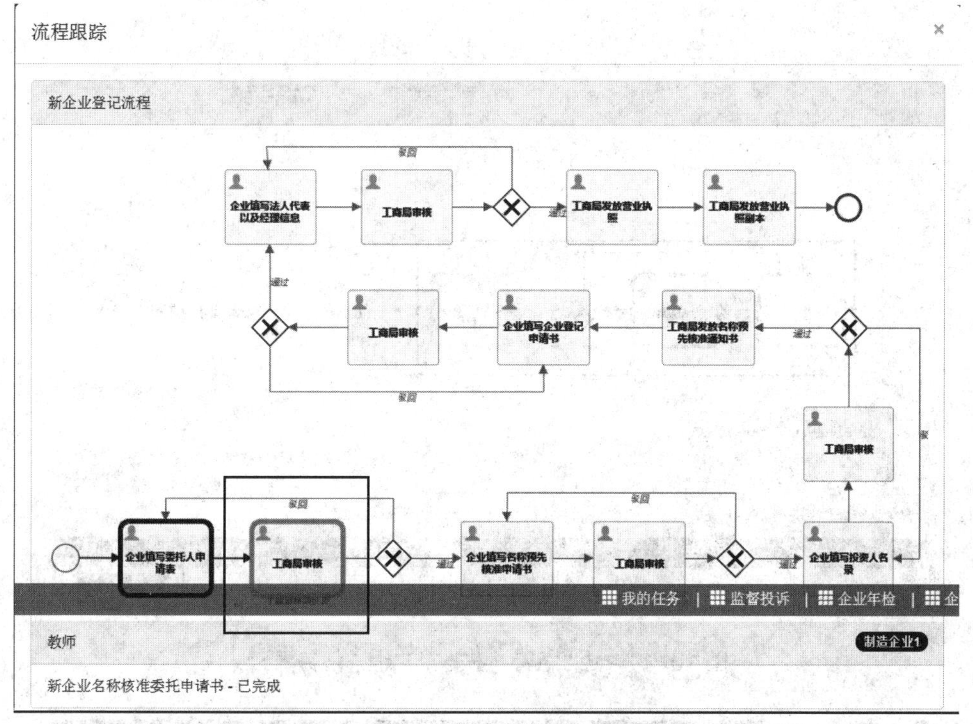

图 10-9 企业登记流程跟踪界面

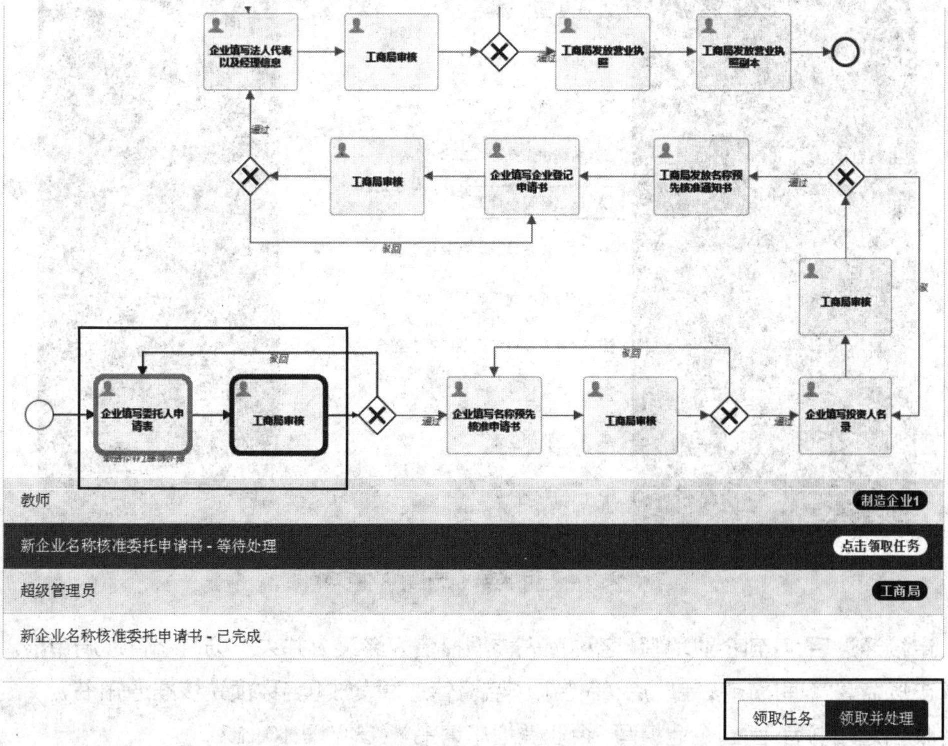

企业填写法人代表以及经理信息
工商局审核
通过
工商局发放营业执照
工商局发放营业执照副本
通过
工商局审核
企业填写企业登记申请书
工商局发放名称预先核准通知书
通过
驳回
工商局审核
驳回
驳回
企业填写委托人申请表
工商局审核
通过
企业填写名称预先核准申请书
工商局审核
企业填写投资人名录
教师
制造企业1
新企业名称核准委托申请书 - 等待处理
点击领取任务
超级管理员
工商局
新企业名称核准委托申请书 - 已完成
领取任务
领取并处理

图 10-10 名称预先核准委托人代理申请书驳回界面

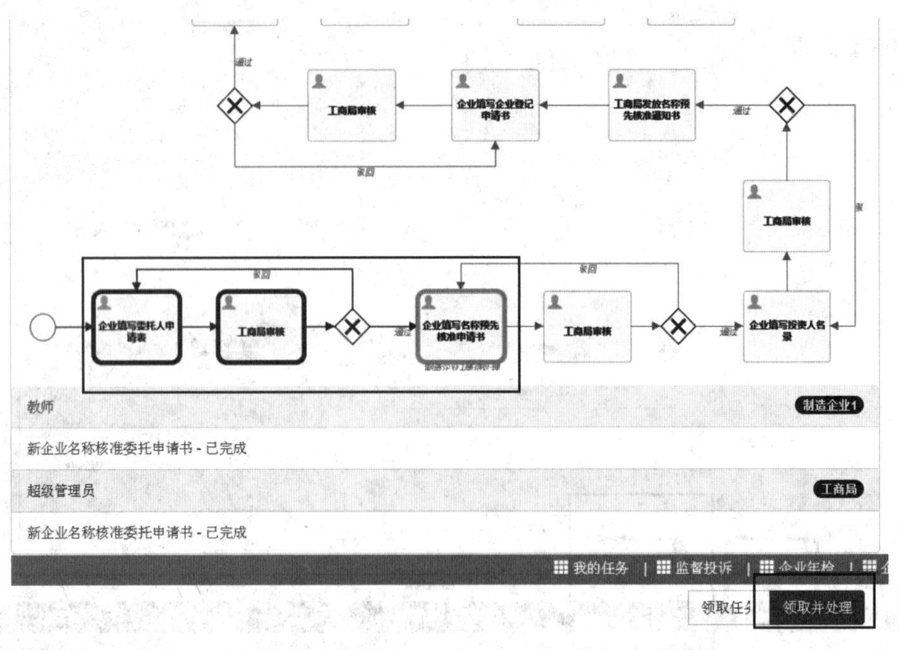

图 10-11　企业名称预先核准申请书任务界面

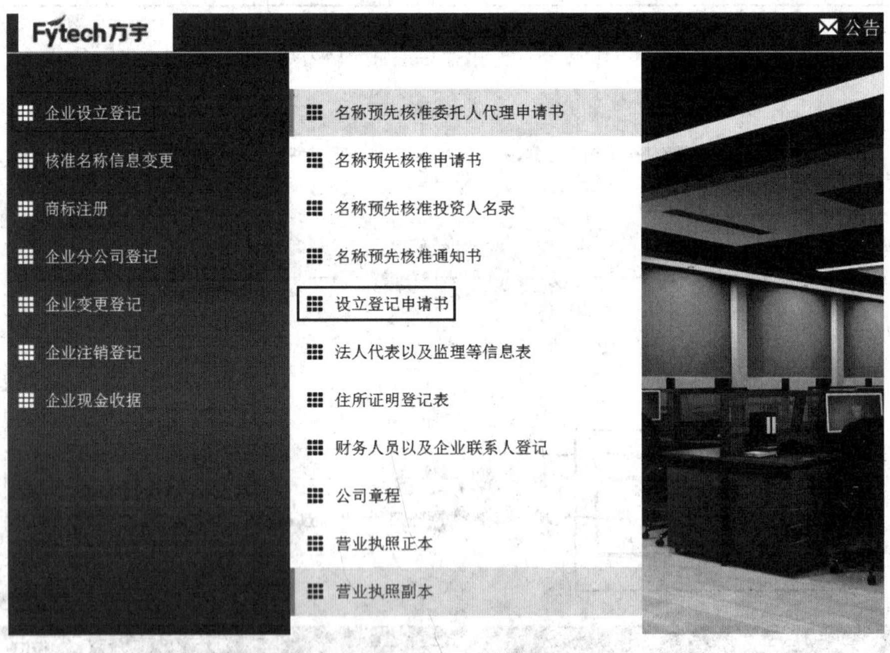

图 10-12　企业登记申请书任务界面

审核通过后，回到企业填写《名称预先核准投资人名录》，并去市场监督管理局审核。

市场监督管理局审核完成后，等待市场监督管理局发放《名称预先核准通知书》。

收到通知书后，回到企业填写《企业登记申请书》（参见图 10-12）。

市场监督管理局审核通过后，回到企业填写《法人代表以及监理等信息表》（见图 10-13），并到市场监督管理局审核。

市场监督管理局审核通过后接收市场监督管理局发放的营业执照及副本，企业登记完成(见图 10-14)。

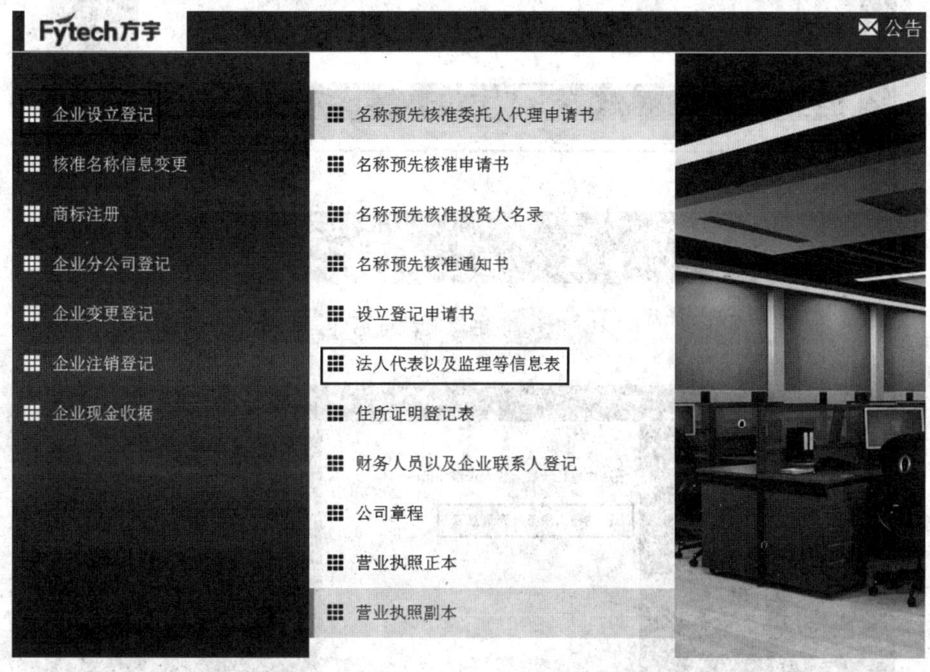

图 10-13 企业法人代表以及监理等信息表任务界面

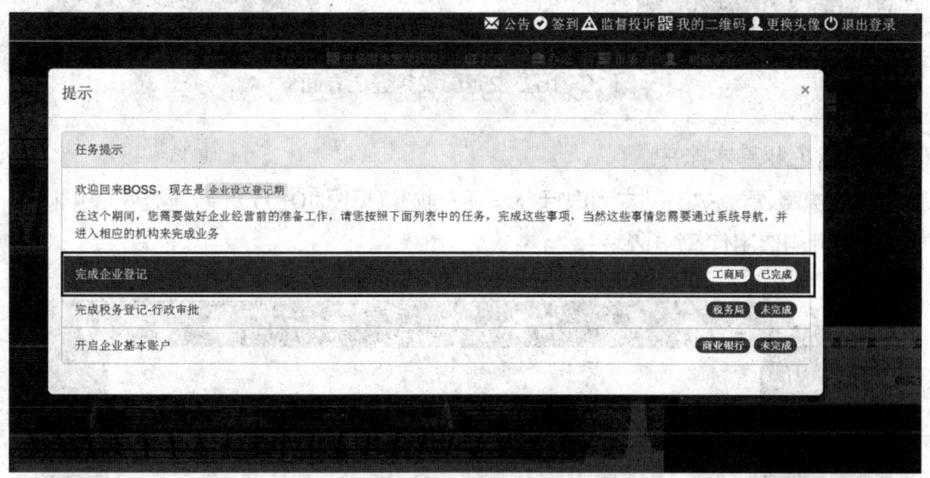

图 10-14 企业市场监督管理局登记完成界面

(二) 税务局登记

去税务局完成企业税务信息补充登记后(见图 10-15、图 10-16)，才能进行企业临时账户开立。

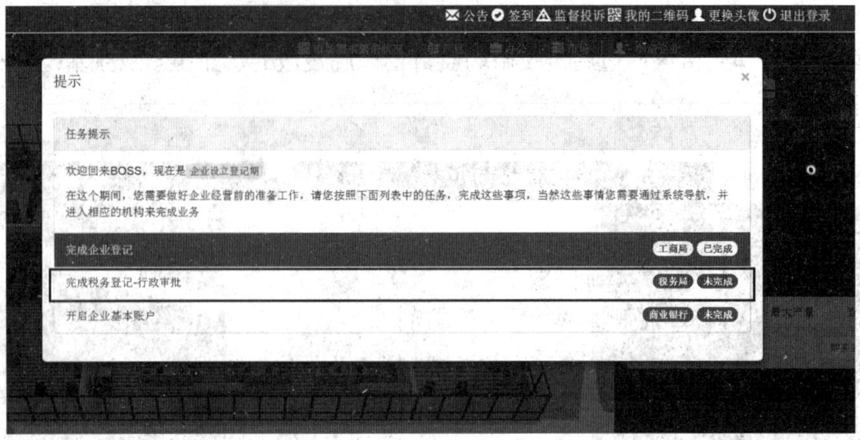

图 10-15　税务局领取任务界面

图 10-16　税务局税务登记界面

(三) 开启企业基本账户

携带营业执照、营业执照副本到银行办理开户业务(见图 10-17)。新建流程(见图 10-18)，填写电子版“机构信用代码申请表”。

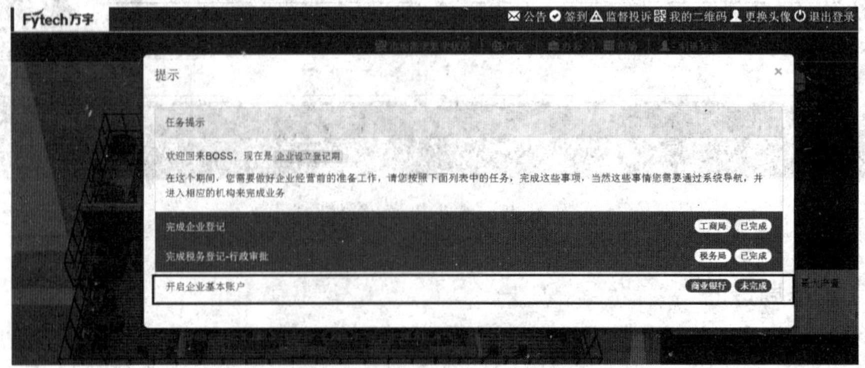

图 10-17　开启企业基本账户任务界面

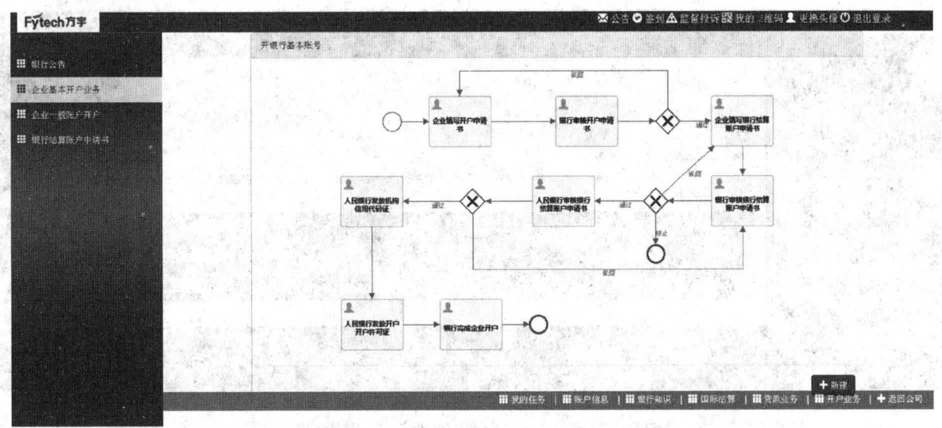

图 10-18 开启企业基本账户流程界面

银行审核通过后，制造企业再次进入开户业务功能界面，填写电子版《银行账户结算申请书》提交给银行（见图 10-19）。

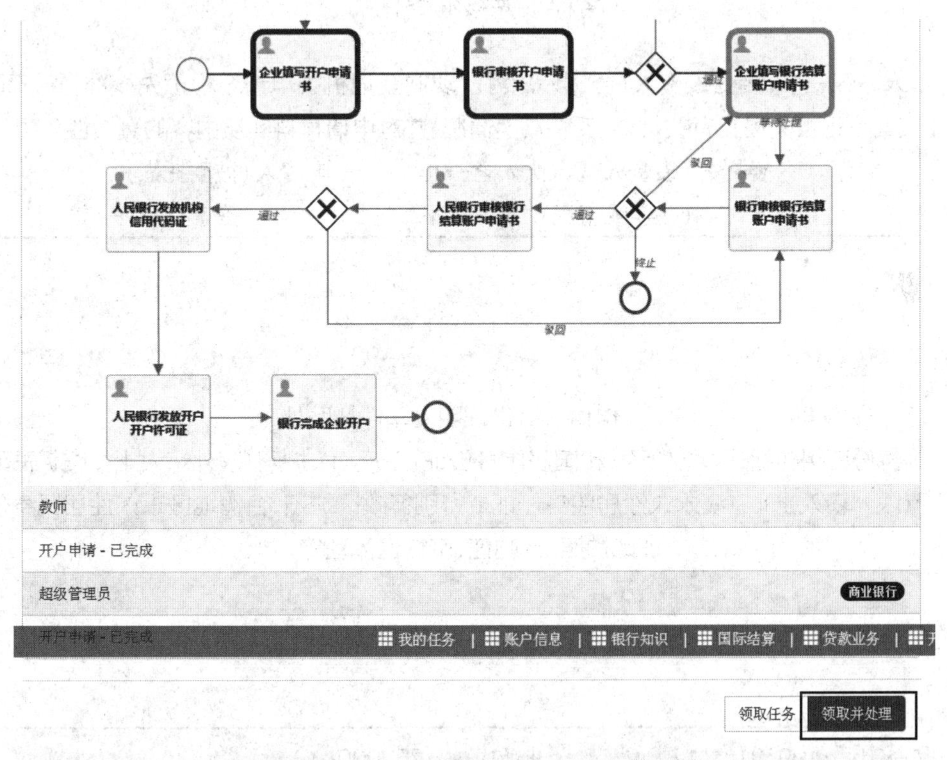

图 10-19 银行账户结算申请书任务领取界面

中国人民银行审核完《开立单位银行结算账户申请书》，企业开户业务办理完毕，可以领取机构信用代码证、开户许可证，企业基本账户就开立完成。

所有业务完成后（见图 10-20），企业可以进入企业经营期。

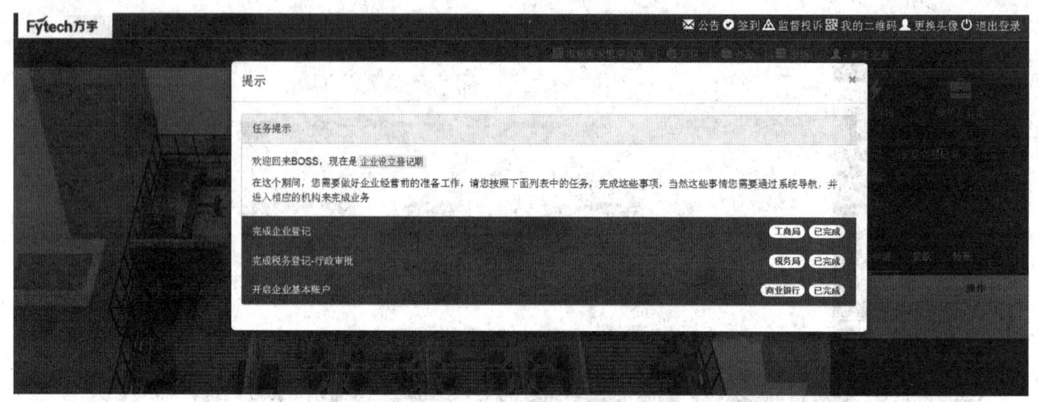

图 10-20　企业设立业务完成界面

三、企业注册单据样表

（一）名称预先核准委托书

名称预先核准委托书

本人　张三　，接受投资人（合伙人）委托，现向登记机关申请名称预先核准，并郑重承诺：如实向登记机关提交有关材料，反映真实情况，并对申请材料实质内容的真实性负责。

委托人（投资人或合伙人之一）　　　　申请人（被委托人）

（签字或盖章）　张三　　　　　　　（签字）　张三

申请人身份证明复印件粘贴处 （身份证明包括：中华人民共和国居民身份证（正反面）、护照（限外籍人士）、长期居留证明（限外籍人士）、港澳永久性居民身份证或特别行政区护照、台湾地区永久性居民身份证或护照、台胞证、军官退休证等）

联系电话：199531***17　　　　　　邮政编码：250000

通信地址：济南市历下区　　　　　　申请日期：**** 年 ** 月

(二) 名称预先核准申请书

名称预先核准申请书

<table>
<tr><td>申请名称</td><td colspan="4">济南燕山科技有限责任公司</td></tr>
<tr><td rowspan="3">备选字号</td><td>1</td><td></td><td>4</td><td></td></tr>
<tr><td>2</td><td></td><td>5</td><td></td></tr>
<tr><td>3</td><td></td><td>6</td><td></td></tr>
<tr><td>主营业务</td><td colspan="4"></td></tr>
<tr><td rowspan="2">企业类型</td><td colspan="4">○ 合资经营企业○ 港澳台个体工商户○ 股份有限公司○ 合伙企业● 有限责任公司○ 股份合作○ 个人独资企业○ 外资企业○ 集体所有制企业○ 个体工商户○ 合作经营企业○ 农民专业合作组织○ 全面所有制企业</td></tr>
<tr><td colspan="4">○ 分支机构</td></tr>
<tr><td>字号许可方式(无此项可不填写)</td><td>○ 投资人字号/姓名许可
○ 商标授权许可
○ 非投资人字号许可</td><td>许可方名称(姓名)及证照或证件号码</td><td colspan="2">张三+(身份证号/学号)</td></tr>
<tr><td>注册资本(金)或资金数额或出资额(营运资金)</td><td colspan="4">(小写)<u>1000</u>万元(如为外币请注明币种)</td></tr>
<tr><td>备注说明</td><td colspan="4"></td></tr>
</table>

注:1. 申请名称:行政区域+字号+行业特征+组织形式,例如:北京无敌科技有限公司,无敌就是其中的字号并且也是他的名字,备选字号就是需要多写几个名字,以免重复。

2. "主营业务"是指企业所从事的主要经营项目。例如:信息咨询、科技开发等。企业名称中的行业用语表述应当与其"主营业务"一致。主营业务包括两项及以上的,以第一项主营业务确定行业用语。

3. 填写"企业类型"栏目时,请在相应选项对应的"○"内打"√","√"选"分支机构"类型的,请对其所从属企业的类型也进行"√"选。例如:北京华达贸易有限公司分公司的"企业类型"请选择有限责任公司和分支机构两种类型。

4. 本申请表中所称企业均包括个体工商户。

（三）内资公司设立登记申请书

内资公司设立登记申请书

公司名称：济南燕山科技有限责任公司

郑 重 承 诺

本人　张三　拟任 济南燕山科技有限责任公司（公司名称）的法定代表人，现向登记机关提出公司设立申请，并就如下内容郑重承诺：

1. 如实向登记机关提交有关材料，反映真实情况，并对申请材料实质内容的真实性负责。

2. 经营范围涉及照后审批事项的，在领取营业执照后，将及时到相关审批部门办理审批手续，在取得审批前不从事相关经营活动。需要开展未经登记的后置审批事项经营的，将在完成经营范围变更登记后，及时办理相应审批手续，未取得审批前不从事相关经营活动。

3. 本人不存在《公司法》第一百四十六条所规定的不得担任法定代表人的情形。

4. 本公司一经设立将自觉参加年度报告，依法主动公示信息，对报送和公示信息的真实性、及时性负责。

5. 本公司一经设立将依法纳税，自觉履行法定统计义务，严格遵守有关法律法规的规定，诚实守信经营。

法定代表人签字：张三

××××年　××月　××日

登记基本信息表

公司名称	济南燕山科技有限责任公司		
住所	济南　市　历下　区（县）　001（门牌号）		
生产经营地	济南　省（区、市）济南　市　历下　县　001（门牌号）		
法定代表人	张三	注册资本	1 000　万元
公司类型	有限责任公司		
经营范围	手机生产与销售		
经营期限	长期/20年	申请副本数	1份

续表

<table>
<tr><td rowspan="5">股东（发起人）
名称或姓名</td><td>张三</td></tr>
<tr><td></td></tr>
<tr><td></td></tr>
<tr><td></td></tr>
<tr><td></td></tr>
</table>

注：1. 填写住所时请列详细地址，精确到门牌号或房间号，如“×× 市 ×× 区 ×× 路（街）×× 号 ×× 室”。
2. 生产经营地用于核实税源，请如实填写详细地址；如不填写，视为与住所一致，发生变化的，由企业向税务主管机关申请变更。
3. 公司“法定代表人”指依据章程确定的董事长（执行董事或经理）。
4. “注册资本”有限责任公司为在公司登记机关登记的全体股东认缴的出资额；发起设立的股份有限公司在公司登记机关登记的全体发起人认购的股本总额；募集设立的股份有限公司为在公司登记机关登记的实收股本总额。

（四）法定代表人、董事、经理、监事信息表

法定代表人、董事、经理、监事信息表

股东在本表的盖章或签字视为对下列人员职务的确认。如可另行提交下列人员的任职文件，则无须股东在本表盖章或签字。

<table>
<tr><td rowspan="2">姓名</td><td rowspan="2">现居所</td><td colspan="3">职务信息</td><td rowspan="2">是否为法定代表人</td><td rowspan="2">法定代表人移动电话</td></tr>
<tr><td>职务</td><td>任职期限</td><td>产生方式</td></tr>
<tr><td>张三</td><td>济南</td><td>董事长</td><td>20 年</td><td>选举</td><td>√</td><td>137165××××9</td></tr>
<tr><td></td><td></td><td></td><td></td><td></td><td></td><td></td></tr>
<tr><td></td><td></td><td></td><td></td><td></td><td></td><td></td></tr>
<tr><td></td><td></td><td></td><td></td><td></td><td></td><td></td></tr>
<tr><td></td><td></td><td></td><td></td><td></td><td></td><td></td></tr>
<tr><td></td><td></td><td></td><td></td><td></td><td></td><td></td></tr>
<tr><td>全体股东盖章签字</td><td colspan="6">张三</td></tr>
</table>

注：1. 本页不够填的，可复印续填。
2. “现居所”栏，中国公民填写户籍登记住址，非中国公民填写居住地址。
3. “职务”指董事长（执行董事）、副董事长、董事、经理、监事会主席、监事。上市股份有限公司设置独立董事的应在“职务”栏内注明。
4. “产生方式”按照章程规定填写，董事、监事一般应为“选举”或“委派”；经理一般应为“聘任”。
5. 担任公司法定代表人的人员，请在对应的“是否为法定代表人”栏内填“√”，其他人员勿填此栏。
6. “全体股东盖章（签字）”处，股东为自然人的，由股东签字；股东为非自然人的，加盖股东单位公章。不能在此页盖章（签字）的，应另行提交有关选举、聘用的证明文件。

核发营业执照情况

<table>
<tr><td>发照人员签字</td><td>(市场监督管理局发照人员签名)</td><td>发照日期</td><td>×× 年 ×× 月 ×× 日</td></tr>
<tr><td>领执照情况</td><td colspan="3">本人领取了执照正本__份,副本__份。
签字:张三　　时间:×××× 年 ×× 月 ×× 日</td></tr>
<tr><td>备注</td><td colspan="3"></td></tr>
<tr><td colspan="4">一次性报告情况
您提交的文件、证件还需要进一步修改或补充,请您按照第__号一次性告知单中的提示部分准备相应文件,此外,还应提交下列文件:

被委托人:张三　　受理人:市场监督管理局人员　　时间:×××× 年 ×× 月 ×× 日</td></tr>
</table>

(五) 投资人(合伙人)名录

投资人(合伙人)名录

序号	投资人(合伙人)名称或姓名	投资人(合伙人)证照或身份证件号码	投资人(合伙人)类型	拟投资额(出资额)(万元)	国别(地区)或省市(县)
1	张三	身份证 / 学号	企业法人	1000	济南
2					
3					
4					
5					
6					

注:1. 请您认真阅读《投资办照通用指南及风险提示》中有关投资人资格的说明,避免后期更换投资人给您带来不便。

2. 投资人(合伙人)名称或姓名应当与资格证明文件上的名称或身份证明文件的姓名一致,境外投资人(合伙人)名称或姓名应翻译成中文,填写准确无误。申请设立分支机构,请在“投资人(合伙人)名称或姓名”栏目中填写所隶属企业名称。

3. “投资人(合伙人)类型”栏,填自然人、企业法人、事业法人、社团法人或其他经济组织。

4. “国别(地区)或省市(县)”栏内,外资企业的投资人(合伙人)填写其所在国别(地区),内资企业投资人(合伙人)填写证照核发机关所在省、市(县)。

5. 本页填写不下的可另复印填写。

<table>
<tr><td>一次性告知记录
您提交的文件、证件还需要进一步修改或补充,请您按照第__号一次性告知单中的提示部分准备相应文件,此外,还应提交下列文件:

被委托人:张三　　受理人:市场监督管理局人员　　时间:×××× 年 ×× 月 ×× 日</td></tr>
</table>

（六）纳税人税种登记表

纳税人税务补充信息表

<table>
<tr><td>统一社会
信用代码</td><td colspan="2">（营业执照上的编码）</td><td>纳税人名称</td><td colspan="2">张三</td></tr>
<tr><td>核算方式</td><td colspan="2">独立核算</td><td>从业人员</td><td colspan="2"></td></tr>
<tr><td>适用会计制度</td><td colspan="5"></td></tr>
<tr><td>生产经营地</td><td colspan="5">__山东__省（市 / 自治区）__济南__市（地区 / 盟 / 自治州）
__历下__县（自治县 / 旗 / 自治旗 / 市 / 区）__甸柳__乡（民族乡 / 镇 / 街道）
村（路 / 社区）__001__号</td></tr>
<tr><td>办税人员</td><td>身份证件
种类</td><td>身份证件
号码</td><td>固定电话</td><td>移动电话</td><td>电子邮箱</td></tr>
<tr><td></td><td></td><td></td><td></td><td></td><td></td></tr>
<tr><td>财务
负责人</td><td>身份证件
种类</td><td>身份证件
号码</td><td>固定电话</td><td>移动电话</td><td>电子邮箱</td></tr>
<tr><td></td><td></td><td></td><td></td><td></td><td></td></tr>
<tr><td colspan="6">税务代理人信息</td></tr>
<tr><td colspan="2">纳税人识别号</td><td>名称</td><td>联系电话</td><td colspan="2">电子邮箱</td></tr>
<tr><td colspan="2"></td><td></td><td></td><td colspan="2"></td></tr>
<tr><td colspan="6">代扣代缴代收代缴税款业务情况</td></tr>
<tr><td colspan="3">代扣代缴、代收代缴税种</td><td colspan="3">代扣代缴、代收代缴税款业务内容</td></tr>
<tr><td colspan="3"></td><td colspan="3"></td></tr>
<tr><td colspan="3"></td><td colspan="3"></td></tr>
<tr><td colspan="3">经办人签章（签字）：张三
____年__月__日</td><td colspan="3">纳税人公章（签字）：（盖章）
____年__月__日</td></tr>
<tr><td>国标行业（主）</td><td colspan="2"></td><td>主行业明细行业</td><td colspan="2"></td></tr>
<tr><td colspan="3">国标行业（附）</td><td colspan="3">国标行业（附）明细行业</td></tr>
<tr><td colspan="3"></td><td colspan="3"></td></tr>
<tr><td colspan="3"></td><td colspan="3"></td></tr>
<tr><td>纳税人所处街乡</td><td colspan="2"></td><td>隶属关系</td><td>国地管户类型</td><td></td></tr>
<tr><td>国税主管税务局</td><td colspan="2"></td><td>国税主管税务局
（科、分局）</td><td colspan="2"></td></tr>
<tr><td>地税主管税务局</td><td colspan="2"></td><td>地税主管税务局
（科、分局）</td><td colspan="2"></td></tr>
<tr><td>经办人</td><td colspan="2"></td><td>信息采集日期</td><td colspan="2"></td></tr>
</table>

(七)临时账户

<table>
<tr><td>

临 时 账 户

兹有企业设立,允许济南燕山科技有限责任公司开立临时账户,账号为:6228487676526XXXX。

××××银行

加盖银行公章

</td></tr>
</table>

(八)开立单位银行结算账户申请书

开立单位银行结算账户申请书

<table>
<tr><td>存款人</td><td colspan="2">济南燕山科技有限责任公司</td><td>电话</td><td colspan="2"></td></tr>
<tr><td>地址</td><td colspan="2">济南市历下区</td><td>邮编</td><td colspan="2"></td></tr>
<tr><td>存款人类别</td><td>有限责任公司</td><td>组织机构代码</td><td colspan="3">企业组织机构代码</td></tr>
<tr><td rowspan="2">法定代表人( )
单位负责人( )</td><td>姓名</td><td colspan="4">张三</td></tr>
<tr><td>证件种类</td><td colspan="2">身份证或学号</td><td>证件号码</td><td>41312312312312</td></tr>
<tr><td>行业分类</td><td colspan="5">A( )B( )C( )D( )E( )F( )G(√)H( )I( )J( )
K( )L( )M( )N( )O( )P( )Q( )R( )S( )T( )</td></tr>
<tr><td>注册资金</td><td>独资</td><td>地区代码</td><td colspan="3">31312312</td></tr>
<tr><td>经营范围</td><td colspan="5">手机生产制造、销售、研发</td></tr>
<tr><td>证明文件种类</td><td>营业执照</td><td>证明文件编号</td><td colspan="3">31312127878897</td></tr>
<tr><td>税务登记证编号(国税或地税)</td><td colspan="5">税务登记证编号</td></tr>
<tr><td>关联企业</td><td colspan="5">关联企业信息填列在“关联企业登记表”上</td></tr>
<tr><td>账户性质</td><td colspan="5">基本(√)一般( )专用( )临时( )</td></tr>
<tr><td>资金性质</td><td>日常经营</td><td>有效日期至</td><td colspan="3">×××× 年 ×× 月 ×× 日</td></tr>
</table>

以下栏目由开户银行审核后填写:

<table>
<tr><td>开户银行名称</td><td colspan="2"></td><td colspan="2">开户银行机构代码</td><td></td></tr>
<tr><td>账户名称</td><td colspan="2"></td><td colspan="2">账号</td><td></td></tr>
<tr><td colspan="2">基本存款账户开户许可证核准号</td><td></td><td colspan="2">开户日期</td><td></td></tr>
<tr><td colspan="2">本存款人申请开立单位银行结算账户，并承诺所提供的开户资料真实、有效。
存款人（公章）
济南燕山科技有限责任公司
××××年××月××日</td><td colspan="2">开户银行审核意见：
同意
经办人（签章）商业银行
存款人（签章）济南燕山科技有限责任公司
××××年××月××日</td><td colspan="2">人民银行审核意见：
同意
经办人（签章）商业银行
人民银行（签章）人民银行
××××年××月××日</td></tr>
</table>

本章小结

本章首先介绍了软件系统的假设和数学模型，作为虚拟仿真实验的基础性信息，学生在进行实验决策前必须了解；其次，图文并茂地介绍了制造企业设立的具体流程，包括与市场监督管理局、税务局和银行之间的具体注册业务，并示例了注册环节主要的单据样表。

第十一章 各模拟机构的主要业务

本章导读

在创业设计与仿真实验课程的设计中，按照“企业价值链商务主体机构甄别—实验教学内容模块划分—实验项目群设计”的思路，改革了基于价值链的实验项目群，形成了生产制造企业、市场监督管理局、税务局、银行、会计师事务所、招投标公司、贸易公司、物流公司、法律事务所、媒体公司等不同功能模块的实验项目群。本章选取几个代表性机构，对其业务经营规则分别予以介绍。

第一节 制造（贸易）企业经营业务

本节详细介绍软件平台上制造企业不同职能的业务规则。贸易公司与制造企业相比，除没有生产环节外，其他业务规则与制造企业一样，就不再另行说明。

一、厂区

系统为制造公司提供了六种不同的厂区区域，即京津唐经济特区、环渤海经济特区、长三角经济特区、珠三角经济特区、东北老工业基地、西部大开发基地，每个区域内都有不同类型的大、小型厂区可供选择。

本系统中的厂区相当于土地，企业购置厂区后，在厂区内可以依需要分别建设产成品库、原材料库、厂房。在厂区决策中，企业竞争者需共同遵守如下规则：

(1) 系统默认每个企业在整个经营过程中，只能购买一个厂区。

(2) 购买厂区后，所有类型厂区系统默认一定大小面积，可以根据需要建设产成品库、原材料库、厂房。

(3) 当企业在经营过程中要求增加各类建筑物数量时，需对厂区进行扩建。厂区每期都有一定的扩建的面积，每次扩建面积 = 厂区现有面积 /（已扩展次数 +1）^{2}，每次扩建金额 = 每次扩建面积 × 土地的价钱。或用于建造产成品库，或用于建造原材料库或厂房。

(4) 厂区购买必须一次性付款。

(5) 不同厂区的土地价格不同，不同类型的厂区，面积大小不同。

(6) 厂区购买后，不需要支付开拓费用即可拥有本地市场资格，并在系统中将该市场标记为“本地市场”，并在竞单中具有永久市场的分值。

厂区决策相关参数见表 11-1。

表 11-1　厂区基本情况表

所在地区	代表城市	类型	土地价格(元 /m^2)	厂区面积 (m^2)	每期最大可扩建面积 (m^2)	竞单加分 (分)
京津冀地区	北京	小型	1 000	1 000	1 200	3
		大型	1 000	1 200	1 000	3
环渤海地区	大连	小型	850	1 000	1 200	3
		大型	850	1 200	1 000	3
长江三角洲地区	武汉	小型	800	1 000	1 200	3
		大型	800	1 200	1 000	3
珠江三角洲地区	深圳	小型	1 100	1 000	1 200	3
		大型	1 100	1 200	1 000	3
东北老工业基地	长春	小型	900	1 000	1 200	3
		大型	900	1 200	1 000	3
西部大开发基地	成都	小型	700	1 000	1 200	3
		大型	700	1 200	1 000	3

根据公司决策内容选择公司建厂地址，点击每个厂区的时候，可以显示该市场在本地的市场份额，做出决策后购买并签收。

签收完成后，显示厂区画面，并根据企业要求进行厂房、仓库、厂区扩建等内容(见图 11-1)。

图 11-1　厂区界面

厂区购买后，当季度可以使用；扩建后，当季度可使用。

厂区内的建筑物,当季度租赁或者是建造后,当季度可以使用。租赁的建筑物不占用厂区的面积,建造的建筑物占用厂区面积。

仓库的吞吐量,在每个季度开始会重新还原到最初数值。

本系统中的固定资产主要包括厂房、库房及生产线等。固定资产的形成可选择购买(自行建造)或者租赁。购买须一次性付款,支付后可立即投入使用。购买的固定资产每经营期须承担维护费用,维护费用在下一期支付;租赁的固定资产在租赁后即可投入使用,每经营期须承担租赁费,租赁费在下一期支付。

无论购买还是租赁的厂房或库房都需支付原材料或产成品保管费用。对存放在库房中的原材料和产成品按照期末存放的数量收取保管费用。

(一) 厂房购建规则

(1) 购买厂区后,企业可以根据规划决策,选择购买(自行兴建)厂房。企业只有购买厂房后,才可以购买生产线。

(2) 厂房有大、中、小三种规格,不同规格厂房的价格、面积大小及容量都不同。其基本参数见表 11-2。

表 11-2　厂房基本信息表

厂房类型	容量(条)	兴建价格(元)	厂房面积(平方米)	折旧期限(周期,年)
小型厂房	1	250 000	200	40
中型厂房	2	400 000	400	40
大型厂房	3	600 000	500	40

(二) 仓库购建规则

选择购买厂区后,企业可以根据规划决策,选择购买(自行兴建)或者租赁仓库,用来存放开展生产所需的原辅材料及产成品。

系统中,企业购买的仓库每个周期都有吞吐量限制。

仓库有大、中、小三种规格,不同规格的仓库的价格、吞吐能力、面积大小及容量都不同,相关参数见表 11-3。

表 11-3　仓库基本信息表

产成品库类型	容量(件)	兴建				租赁	吞吐量(件)
		兴建价格(元)	维护费用(元/季度)	折旧期限(季度)	占地面积(m×m)	租赁费(元/季度)	
小型仓库	3 000	300 000	2 000	40	300	80 000	10 000
中型仓库	6 000	600 000	2 000	40	500	100 000	20 000
大型仓库	12 000	800 000	2 000	40	1 000	200 000	30 000

二、生产部

(一) 生产线

(1) 企业可以根据生产决策,购买生产线,用于组织开展生产。

(2) 购买的生产线须安放在厂房中。厂房容量不足时,无法购买安装生产线。

(3) 购买生产线一次性支付全部价款,在价款支付完毕后开始安装,在安装周期完成的当季度可投入使用。

(4) 生产线的产能初始都为0,每种生产线都有最大产能。企业必须通过招聘生产工人和生产管理人员,并且将人员调入生产线进行生产,使生产线的产能得到提高。产能最大只能提高到最大产能。人员使用表示每个人员在生产线提高的产能。

(5) 每条生产线都具有技术水平,只能产于低于或者等于该生产线技术水平的工艺产品。生产线的产量 =(生产线水平 − 产品的工艺水平)× 产能。每条生产线都可以升级技术水平,提升的水平 = 当前技术水平 ÷2÷ 提升次数;提升费用 = 生产线购买价格 ÷2。当生产线水平与产品的工艺水平相等时,1 单位产能对应 0.5 单位产量。

(6) 生产线转产须在生产线建成完工,而且在空闲状态下才能进行。转产无须支付转产费,但有的生产线有转产周期,并且注意转产期间不能对这条生产线进行任何操作,因此在转产之前,如果需要调查人员,应先调出人员,然后再进行转产。

(7) 系统中模拟四种类型的生产线,不同生产线的价格、技术水平、强度及产能各不相同,详细信息见表 11–4。

表 11–4 生产线基本信息表

生产线类型	购买价格(元)	安装周期(季度)	转产周期(季度)	技术水平	最大产能(件/季度)	人员使用率(%)	折旧期限(季度)
劳动密集型生产线	500 000	0	0	2	500	50	40
半自动生产线	1 000 000	0	1	3	500	100	40
全自动生产线	1 500 000	1	1	4	450	1 000	40
柔性生产线	2 000 000	1	0	4	400	300	40

注:1. 劳动密集型生产线、柔性生产线购买、签收、验收后,可以购买原材料,可直接投入生产;半自动、全自动生产线需要一个季度的安装周期。

2. 每条生产线的周期全部为一个季度,到下个季度后产品可入库。

3. 生产线在由现有的生产产品改为其他产品生产(包括不同工艺)需要一个季度的转产周期。

4. 生产线的强度是会降低的,降低后需要进行维修,维修时间为一个季度。

5. 生产线的产量 =(该生产线的技术水平 − 工艺水平)× 生产线产能(工人的能力 × 人员利用率)。

6. 产品研发在投入研发后,下季度才能看到研发结果是否成功。

(二) 产品研发

(1) 制造企业初始都可以生产 L 型产品 A 型工艺清单,如果企业想生产新的产品,就需要投入资金和科研人员进行产品研发。

(2) 本期投入资金,下一期系统会提示产品研发是否成功。如果研发成功率达到 100%,下一期肯定研发成功。研发成功的当季度可以投入生产。

(3) 所有产品的工艺改进都需要研发;研发成功 H 型产品后才可以研发其他产品(O 型、S 型)。

各类产品研发的具体信息见表 11–5。

表 11-5　产品研发基本信息表

研发项目	基本研发能力要求	最少投放资金（元）	推荐资金（元）	代表 BOM	技术水平
L 型产品研发	0	0	0	L 型产品 A 型工艺清单	1
L 型产品工艺改进	50	100 000	300 000	L 型产品 B 型工艺清单	0
H 型产品研发	100	300 000	1 000 000	H 型产品 A 型工艺清单	2
H 型产品工艺改进	50	100 000	300 000	H 型产品 B 型工艺清单	1
O 型产品研发	100	1 000 000	2 000 000	O 型产品 A 型工艺清单	3
S 型产品研发	100	1 500 000	3 000 000	S 型产品 A 型工艺清单	4
高端工艺改进	30	300 000	600 000	O 型产品 B 型工艺清单	2
				S 型产品 B 型工艺清单	3

注：1. 基本研发能力要求：对应研发人员的研发能力，只有该研发项目的研发人员能力达到该项要求后，研发才能开始。

2. 推荐资金：推荐企业在资金有效期内达到的资金额，以保证研发成功。

其中：资金有效期指企业投入研发资金能够对研发产生效果的时间。产品研发可一次性集中投入资金研发，也可分期投入资金研发。

研发成功率＝(企业投入的有效研发资金 ÷ 推荐资金 ×80％＋(投入的研发人员研发能力－基本研发能力要求)÷100×20％)－(20%～40%)

(三) 产品 BOM 结构

产品物料清单（BOM 结构）如图 11-2、图 11-3 所示（括号中的数字为所需原材料个数）。

1. 制造企业

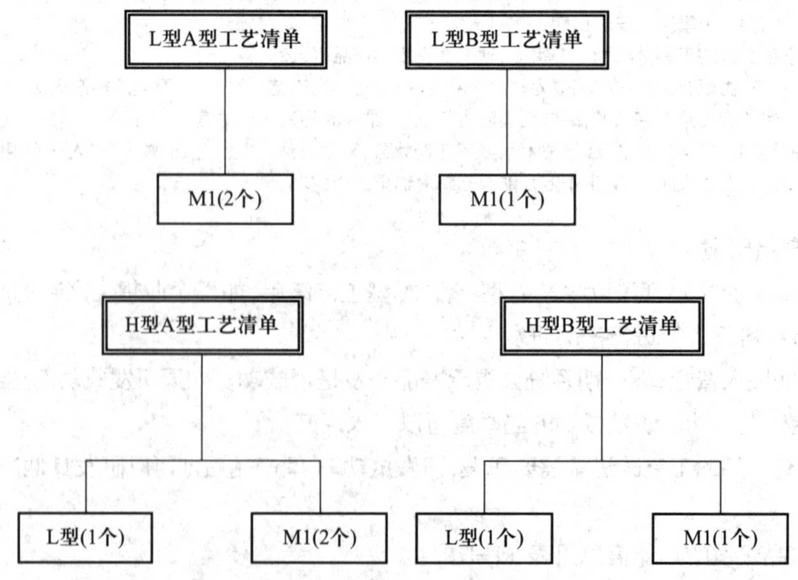

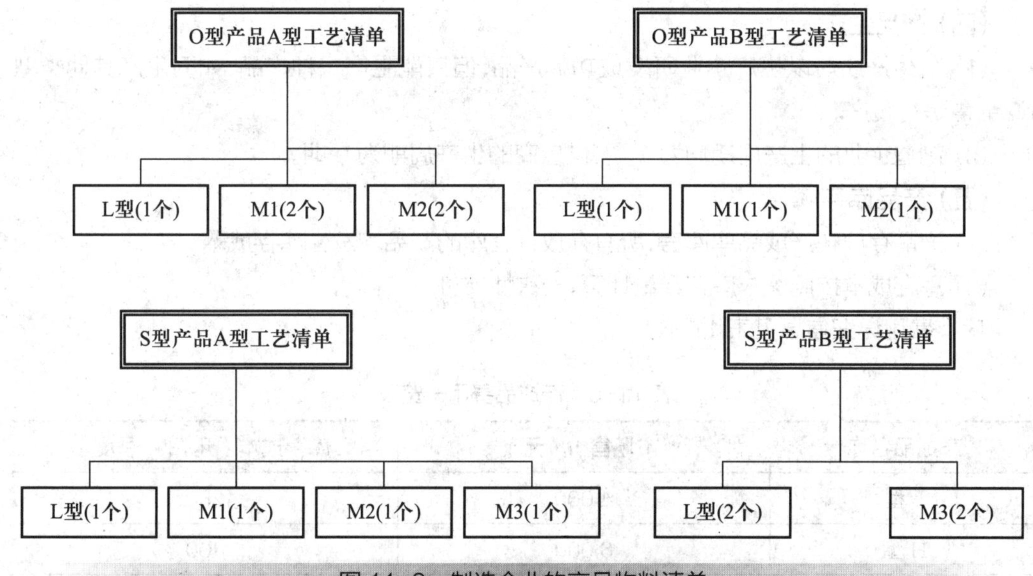

图 11-2 制造企业的产品物料清单

2. 供应商

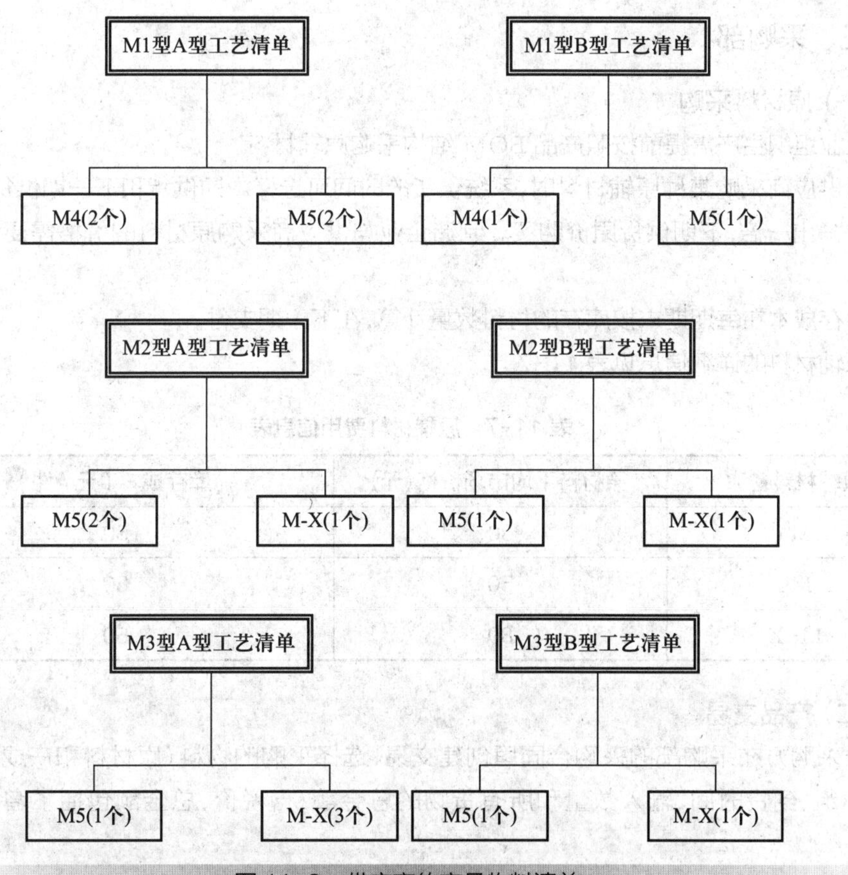

图 11-3 供应商的产品物料清单

(四) 产品生产

(1) 各生产线可以生产企业研发成功的产品,但只能生产一种产品,如要生产其他类型产品,需进行转产。

(2) 制造企业的生产周期均为 1 期,供应商的生产周期为 0 期。

(五) 产品库存

(1) 产品存放在产成品库库房,所有存放在仓库的产品均发生库存成本。

(2) 库存成本按照季末库存数量计算,一次性支付。

库存费用详细信息见表 11-6。

表 11-6　产成品费用一览表

产成品名称	市场售价(元)	库存成本(元/件·季度)
L 型	4 000	250
H 型	6 000	400
O 型	8 000	400
S 型	10 000	400

三、采购部

(一) 原材料采购

企业组织生产需提前按照产品 BOM 结构采购原辅材料。

当供应商采购某种原辅材料时,系统供货的时间可选择本期供货和下一期供货,本期供货价钱多出一倍,下期供货原价购买。制造企业与供应商采购原材料的价格需要双方谈判协商。

库存成本在每期期末按库存的材料数量计算,在下一期支付。

原辅材料的详细信息见表 11-7。

表 11-7　原辅材料费用信息表

原辅材料名称	原材料平均市场价格(元)	库存成本(元/件)
M4	30	50
M5	50	50
M-X	80	50

(二) 产品交易

由采购方在采购部的采购合同里创建交易,选择采购的物料(原材料和产成品)、被采购的小组、到货时间、输入数量和所有货物的总金额(含税价,总金额包括了增值税),见图 11-4。

平台内企业之间的交易货物是当期到,但是货款是在下个季度初到销售方账户中。

创建交易　×

物料交易合同申请

您现在正在起草一份企业间的物料交易合同，合同提交后，对方企业将会收到合同，只有当对方确认合同后，合同方能生效

甲方：

山东智兴科技有限公司

乙方：

山东同心科技有限公司-制造企业

物料类型：

L型

采购数量：

0

采购时间：

◉ 本期采购 ○ 下一期采购 ○ 下二期采购

注意，金额部分为合同总额，不是单价

请输入合同总额　确认

图 11-4　产品交易界面

注：1. 紧急采购当季度是可以收到原材料的。

2. 下期采购后在下个季度才能收到该单原材料。

3. BOM 单可以查看该产品的工艺水平。

四、市场部

（1）企业可以通过各种宣传手段，投入广告费，来开拓市场和提高市场影响力。

（2）本期投放的广告费用，在下一期生效，每种宣传手段，每期只能投入一次。

（3）市场投资的宣传手段详细信息见表 11-8。

表 11-8　各宣传手段信息表

宣传手段	最少投入资金(元/市场)	资金分配比率(%)	投放形式	每季度允许投放次数(次/季)
网络新媒体广告	400 000	50	群体市场	1
电视广告	300 000	100	个体市场	1
电影广告植入	600 000	150	个体市场	1
产品代言	500 000	60	群体市场	1

注:1. 资金分配比率,是指投入本项宣传的广告费将会按照分配率进入选中的市场形成有效资金。例如,A 企业采用“网络新媒体”向“东北”“长江中下游”“京津唐”三个地共投入 100 万元,按照分配比率每市场将实际在三个市场同时产生 100 万 ×50%=50 万元。

2. 个体投放和群体投放:个体投入的广告一次只能面向一个市场。群体投放则允许一笔广告费同时投入多个市场。

(4) 临时性开拓与永久开拓。当某季度进入该市场的有效资金超过该市场的“临时性开拓所需”时,则当季度该市场标注为“开拓”。企业可以接收本市场的订单,企业不需要支付维护费用。临时性开拓所需资金、永久性开拓所需资金详细信息见表 11-9。

表 11-9　市场开拓费用表

市场名称	代表城市	临时性开拓所需(元)	永久性开拓所需(元)	永久市场竞单加分(分)
东北	沈阳	200 000	3 000 000	3
珠江三角洲	深圳	250 000	3 000 000	3
京津冀	北京	300 000	4 000 000	3
欧洲	伦敦	300 000	5 000 000	3
西部大开发	成都	250 000	2 000 000	3
环渤海	大连	250 000	1 500 000	3
长江三角洲	武汉	150 000	1 500 000	3

(5) 企业投入市场的有效资金数额直接关系企业在本市场的市场影响力。

某市场影响力 = 本企业市场有效投资总额 ÷ 该市场所有有效投资总额

市场影响力将直接影响企业在本市场的销售竞单的竞标得分,影响办法见销售竞单规则。

五、企业管理部

(一) 企业资质认证

资质认证包括 ISO 9000 和 ISO 14000,企业通过资质认证后将降低销售竞单中的竞标扣分,影响办法见销售竞单规则。

资质认证详细信息见表 11-10。

表 11-10　资质认证信息表

资质认证名称	需要时间(季度)	最少投入(元/季度)	竞单加分(分)	总投入(元/季度)
ISO 9000	1	1 000 000	10	1 000 000
ISO 14000	2	500 000	10	1 000 000

注:1. 所需时间,指认证所需要花费的时间,当资金投入完成后,认证通过后,该认证正式获得。

2. 竞单加分,指一旦认证获取后,会给竞单中响应的得分。

3. 总投入,指资金有效期投入资金总和达到该数值时,开始申请质量认证。

(二) 人力资源

驱动生产线生产、提高研发项目的效率都需要员工的付出与努力。企业通过人力资源管理,可以招聘各式各样的人才,并且将人员分配到合适的岗位开始工作。每种类型都有各种能力的人员,企业在人才招聘时,应注意能力的搭配,在尽可能减少人力成本的同时,提高工作效率。相应规则如下:

(1) 招聘的人员在当季即可投入工作,招聘费用在招聘时立即支付。

(2) 科研人员进入研发项目后,在产品研发成功以前,可以随时调出。

(3) 生产工人在产品完工之前不能从生产线上调出。每季度产品投产前,生产工人可自由调度。

(4) 人员工资在下一季度支付。

(5) 向生产线安排生产类人员是提升生产线产能的唯一途径。人员安排有多种组合,其主要决策为减少人力成本,提高生产效率。多种组合计算方式为:

总提升产能 = 专业能力(工人)× 人数(工人数量)+ 管理能力百分比(车间管理人员)× 人数(车间管理人员人数)。

总提升研发能力 = 科研人员专业能力 × 人数(科研人员数量)

(6) 解聘人员时,除支付本季度工资之外需另支付两个月工资。

(7) 人员为空闲状态时也需要支付工资。

人力资源详细信息见表 11–11。

表 11–11　人力资源信息表

人员类型	招聘费用(元)	人员类型	生产能力(件 / 人)	生产能力提高率(%)	研发能力	工资(元 / 人·季度)
初级工人	6 000	生产人员	10	0	0	4 000
高级工人	10 000	生产人员	20	0	0	6 000
车间管理人员	8 000	生产人员	0	25	0	5 000
研发人员	10 000	研发人员	0	0	10	10 000

注:1. 人员招聘后单季度可以使用,并投入相应的岗位上。
2. 资质认证投入后,下季度才能产生作用,并永久生效。

六、销售部

(一) 销售方式

在本模拟实验中,制造企业的主要销售方式包括三种:

第一种:电子商务。即在系统模拟的市场中进行竞单销售。企业采用此方式销售产品,必须投入广告费,开拓市场,才能接到该市场的订单。

第二种:竞标。制造企业可以参与招投标中心的市场竞标活动,取得销售订单。竞标必须按照招标人的要求准备标书。

第三种:谈判。制造企业之间谈判,签订销售合同进行产品销售。

(二) 销售竞单

输入订单数量、价格,得到竞单分数。

(三) 订单交付

订单都是本期交付,只要库存满足订单要求,便可以进行产品交付,并且将在下一季度获得货款。

(1) 本地市场产品数量计算方法。

本地需求 = 本市场内所有公司的上一季度总产量 × 对应的市场需求比例 + 本市场内所有公司的上一季度总产量 ×(1- 对应的市场需求比例)× 本地市场在全部市场中所占市场份额

(2) 系统回收产品的参考价格是 4 000 元,每降低或者调高 4 元,将降低或者调高 1 分。

第二节 市场监督管理局业务

一、企业登记

企业登记环节的相关业务。我们在上一章已经针对制造企业注册做过介绍,且因其他企业的登记环节比制造企业简单,所以,在此不再赘述。

二、企业年检

(一) 企业年检管理

点击“企业年检”进入企业年检管理界面(参见图 11-5、图 11-6)。

获取任务并审核企业的年检报告书(见图 11-7、图 11-8)。

图 11-5 企业年检任务界面

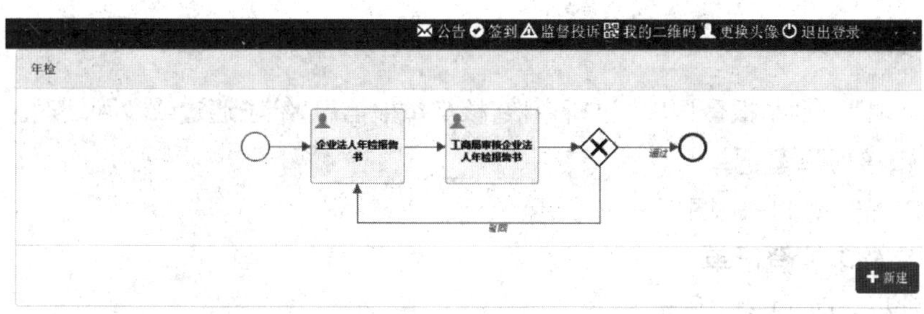

图 11-6 企业年检流程界面

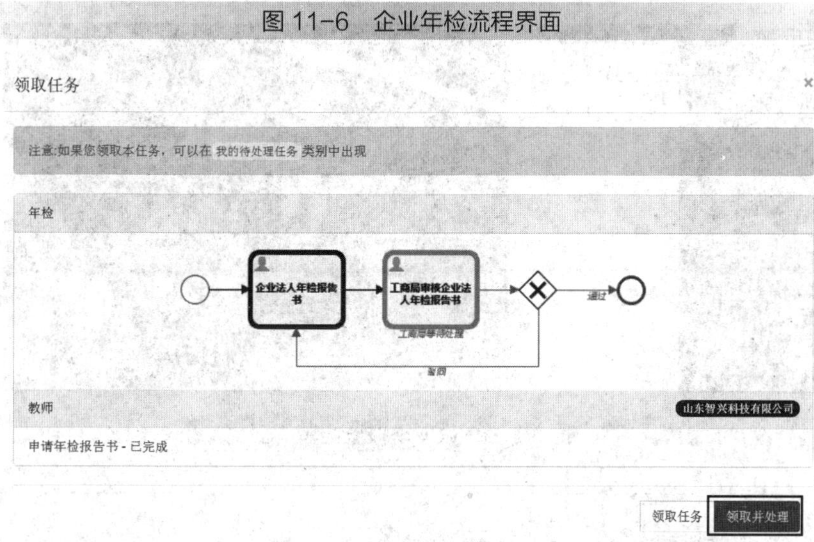

图 11-7 领取企业年检任务界面

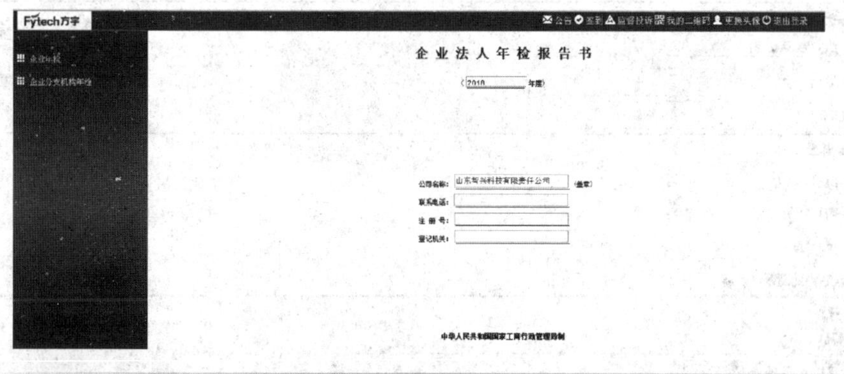

图 11-8 企业年检报告

对填写不符合规范的企业驳回。完成企业年检，市场监督管理局审核完成后在营业执照副本加盖年检公章(线下完成)。

(二) 企业分支机构年检

市场监督管理局对企业分支机构进行年检，查看分支机构企业年检报告书。审核过程同企业年检相同，市场监督管理局审核完成后在企业分支机构营业执照副本加盖年检公章。

三、监督投诉

对企业填写的“举报登记单”进行审核，核实举报信息，给予通过或驳回处理。

(一) 审核检举登记单

操作流程如图 11-9、图 11-10 所示。

(二) 审核申诉登记单

处理流程如图 11-11 所示。

图 11-9　领取举报登记单界面

联系电话：189********

电子邮箱：123@sdufe.edu.cn

通讯地址：cn

密码设置：123

确认密码：123

被举报方信息

名　　称：贸易公司

地　　址：

联系电话：

举报人要求

奖　　励：◉是　○否

保　　密：◉是　○否

回　　复：◉是　○否

*是否愿意协助调查：◉是　○否

举报内容

简要情况：

没有按照约定条款履行合同。

○驳回 ○拒绝执行 ◉通过

提交

图 11-10　处理领取举报登记单界面

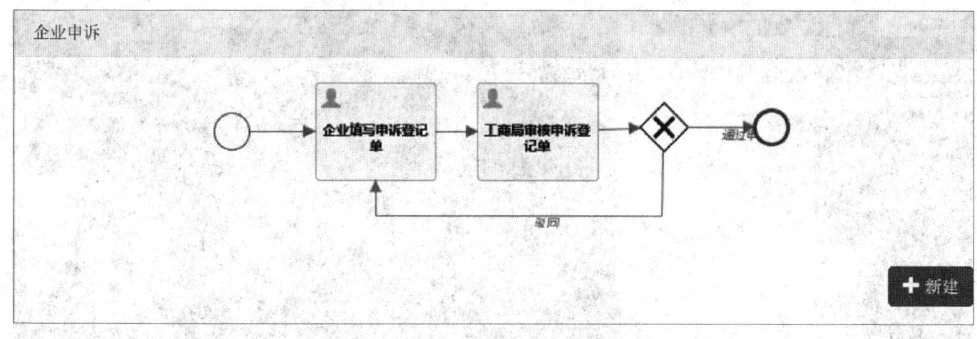

图 11-11　申诉处理流程界面

核心企业到市场监督管理局申请登记单(见图 11-12),市场监督管理局进行登记单审核,若举报通过则执行行政处罚。

申诉登记单

消费者信息

姓　　名：　　*性别：○男　○女

联系电话：

电子邮箱：

通讯地址：

被申诉方信息

名　　称：

地　　址：

联系电话：

申诉内容

商品服务名称：　*

品　　牌：　　型　　号：

数　　量：　　商品/服务价格：

凭　　证：学生证 ▾　*

购买（接受服务）时间：　*

事发生时间：　*注：有效期一年

简要情况：*

注：（1）、请您如实按要求填写申诉登记单的内容。
（2）、标有“*”的信息项，请您务必填写内容，否则申诉登记单无法提交。

我的任务 | 监督投诉 | 企业年检 |

提交

图 11-12　申诉登记单界面

四、查看企业

市场监督管理局可查看每个企业各个季度编制的资产负债表及利润表(见图 11-13)。

图 11-13 财务报表查看界面

五、工作日志

市场监督管理局每天编写工作日志。

六、组织机构

若改变成员角色，拖动相关人员至其他分页栏目内即可。其中经理角色不能改变。

第三节 税务局业务

一、业务办理

进入税务局界面，参见图 11-14。

图 11-14 税务局界面

(一) 行政审批

1. 新企业税务补充信息表

企业注册期中,在开立企业临时账户之前需先去税务局填写“新企业税务补充信息表”,填写完成提交由税务局审核(见图 11-15)。

图 11-15 税务补充信息表界面

如果税务局驳回,企业需要重新填写提交,然后税务局再次审核。

税务局通过企业注册信息审核之后税务报道完成,企业可返回银行进行临时账户申请。

2. 增值税一般纳税人资格登记

分别点击“行政审批”“税务登记”,进入“增值税一般纳税人资格登记”任务。并带上纸质版税务申请到税务局审核(见图 11-16、图 11-17、图 11-18)。

填写完成后提交由税务局审批,审核通过后税务登记完成;若税务局驳回,则企业需重新填写并提交审核。

图 11-16 增值税一般纳税人资格登记任务界面

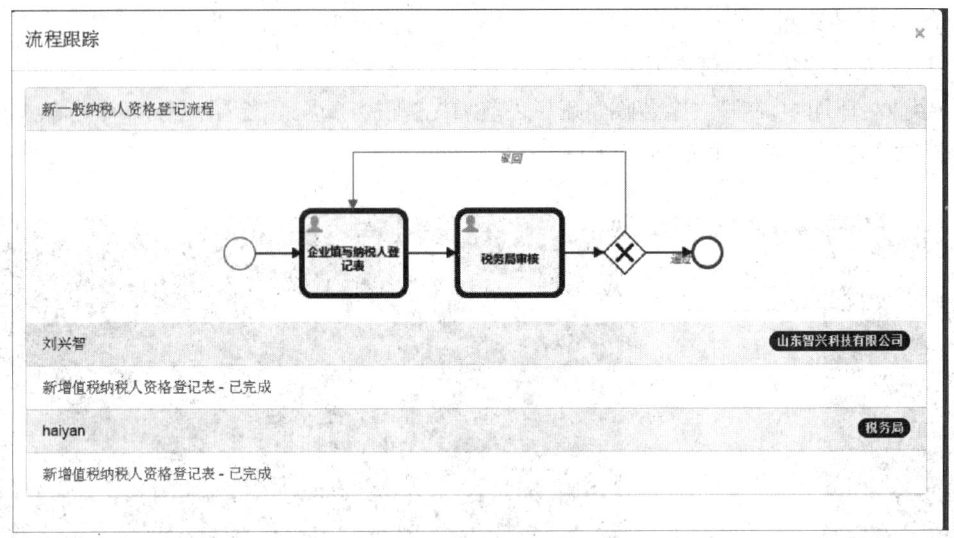

图 11-17　增值税一般纳税人资格登记流程界面

增值税一般纳税人资格登记表

填表日期　***年**月**日

社会信用代码（纳税人识别号）　营业执照上的统一信用编码
纳税人名称　北京天启物流有限公司

法定代表人（负责人、业主）	张三	证件名称及号码	身份证/学号　111111	联系电话	123456789
财务负责人	李四	证件名称及号码	身份证/学号　111111	联系电话	123456789
办税人员	王五	证件名称及号码	身份证/学号　111111	联系电话	123456789
税务登记日期	***年**月**日				
生产经营地址	北京市海淀区***号				
注册地址	北京市海淀区***号				
纳税人类别（单选）：　企业					
主营业务类别：　商业					
会计核算健全：　是					
一般纳税人资格生效之日：　次月1日					

填表说明：
1. 本表由纳税人如实填写。
2. 表中“证件名称及号码”相关栏次，根据纳税人的法定代表人、财务负责人、办税人员的居民身份证、护照等有效身份证件及号码填写。
3. 表中“一般纳税人资格生效之日”由纳税人自行勾选。
4. 本表一式二份，主管税务机关和纳税人各留存一份。

图 11-18　增值税一般纳税人资格登记表

(二) 纳税申报

扩展阅读：国地税合并，到底是怎么回事？

2018 年 3 月 13 日，十三届全国人大一次会议第四次全体会议上，国务委员向十三届全国人大一次会议作关于国务院机构改革方案的说明。该说明第二点第十一条明确指出，“改革国税地税征管体制。将省级和省级以下国税地税机构合并，具体承担所辖区域内的各项税收、非税收入征管等职责。国税地税机构合并后，实行以国家税务总局为主与省（区、市）人民政府双重领导管理体制。”2018 年 7 月，全国省市县乡四级税务机构分步合并和相应挂牌工作全部完成。因为本实验软件是 2017 年版本，纳税申报还是分为国税和地税，特此说明。企业选择纳税申报进入税务局业务界面（见图 11-19）。

1. 国税

国税:审核企业填写的增值税申报表、企业所得税申报表、缴款书申报表等(见图 11-20)。

增值税申报表有好几种:增值税纳税申报表、附表、资产负债表、利润表等(见图 11-21)。所有的申报都是独立的流程。

图 11-19　税务局纳税申报界面

图 11-20　国税界面

图 11-21　增值税纳税申报界面

若企业填写不符合规范，税务局会给予驳回，企业需修改后再次提交，税务局再次审核。

企业填写国税缴款书，提交税务局审核，通过后，税务局完成扣税操作（见图 11-22）。

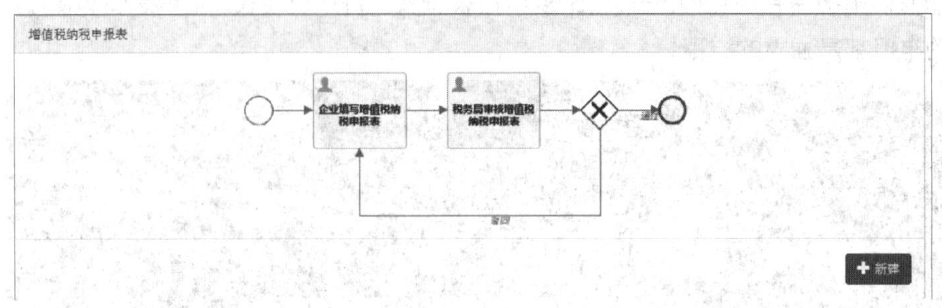

图 11-22　增值税任务流程界面

办理以上业务时，须同时核对企业所携带的“增值税纳税申报表”。

当企业填写完企业增值税或企业所得税款后，务必填写“缴款书”，并由税务局核对。

2. 地税

审核企业填写的营业税申报表、房产税申报表、缴款书、其他税种申报表。所有的申报都是独立的流程，类似于国税（见图 11-23）。

图 11-23　地税界面

办理以上业务时，须同时核对企业所携带的“营业税申报表”。

企业填写完消费税申报表格后，务必填写“缴款书”，并由税务局核对，完成扣费操作。

二、辅助功能

（一）工作日志

填写每日税务局的业务操作和一些简要的日志。

（二）纳税辅导

1. 查看单据

在查看单据界面，税务局可以查看税务登记和发票领购的相关表格样本（见图 11-24）。

图 11-24 税务局查看单据界面

2. 税务流程

提供税务局业务办理的流程(见图 11-25)。

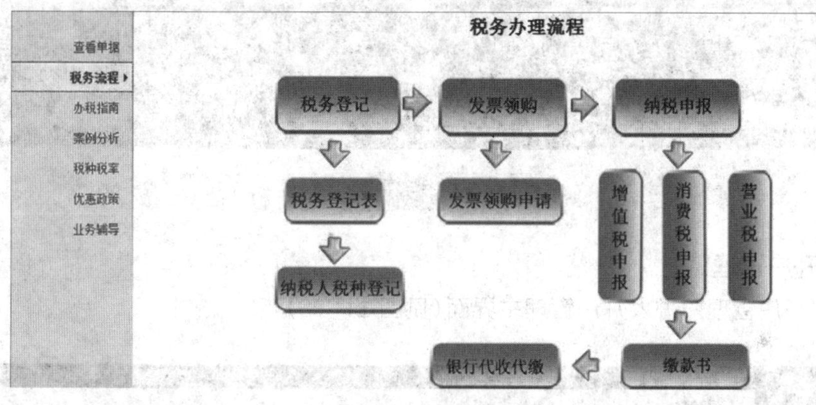

图 11-25 税务局业务流程界面

(三) 组织机构

可以在组织机构界面中管理税务局人员岗位分工(见图 11-26)。

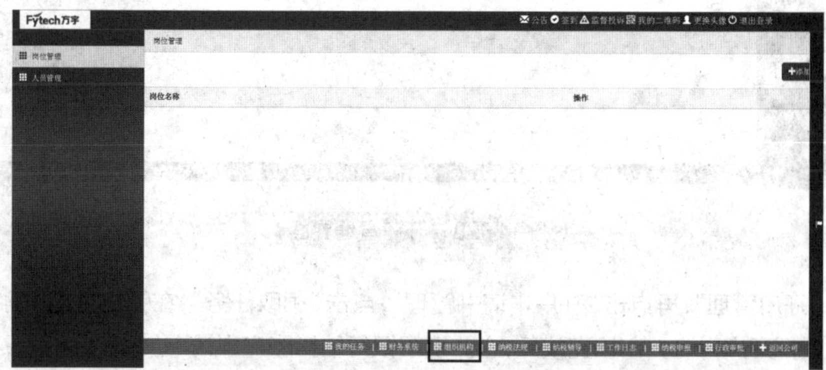

图 11-26 税务局组织机构设置界面

第四节　银 行 业 务

一、银行业务

银行界面如图 11-27 所示。

图 11-27　银行业务界面

(一) 开户管理

点击“开户管理”,进入开户管理主界面(见图 11-28)。

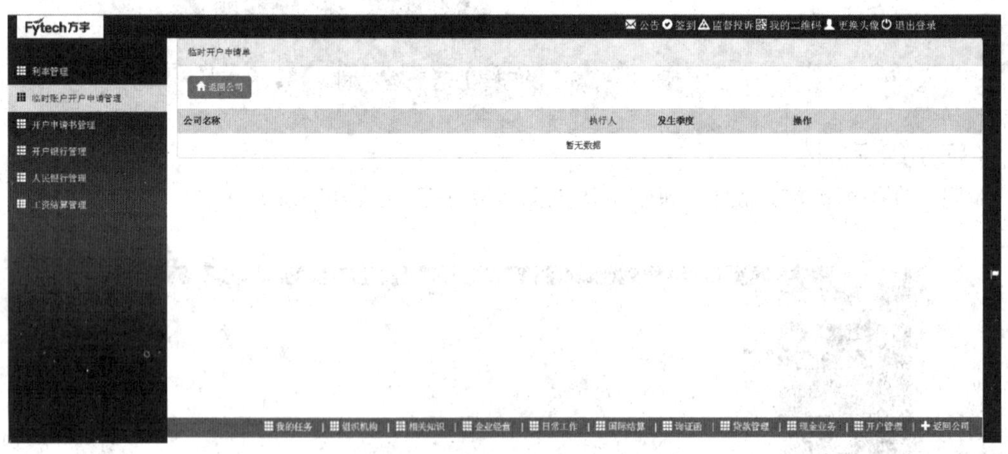

图 11-28　开户管理界面

点击“开户管理”,再点击“开户申请书管理”,点击“领取任务”,在弹出框点“确定”。审核银行开户申请。审核完成后,企业填写银行结算账户申请书。

银行到开户管理→开户申请书管理→再次领取任务,如图 11-29 所示。

接下来,审核“银行结算账户申请书”(见图 11-30)。

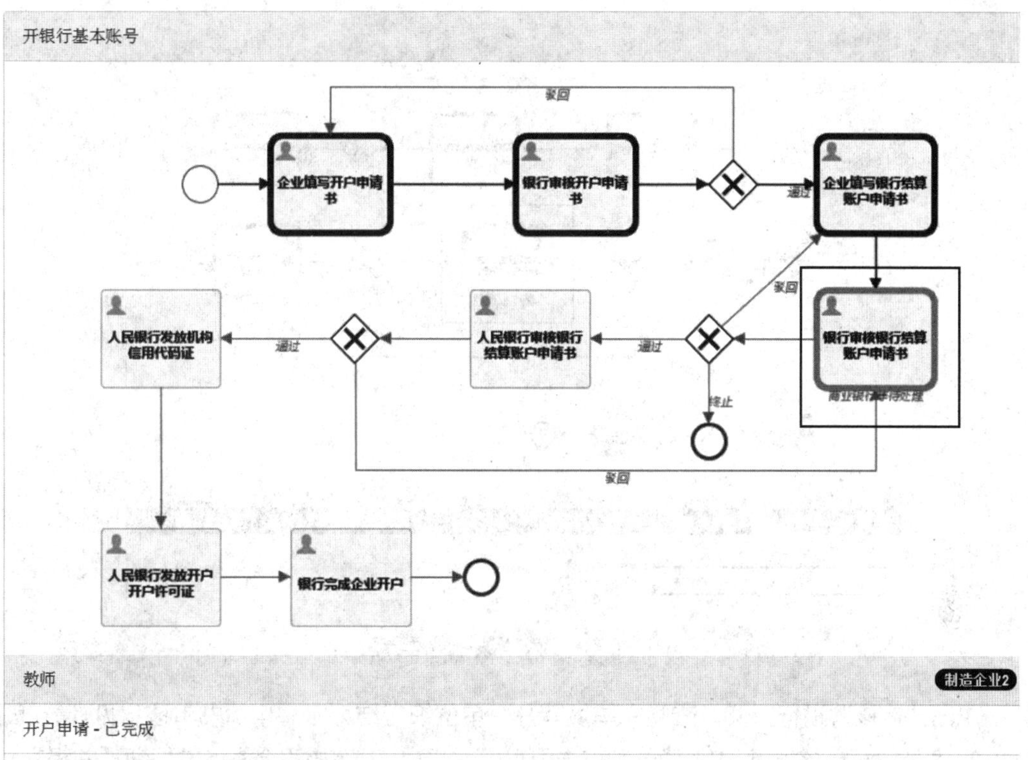

图 11-29 银行领取开户申请任务界面

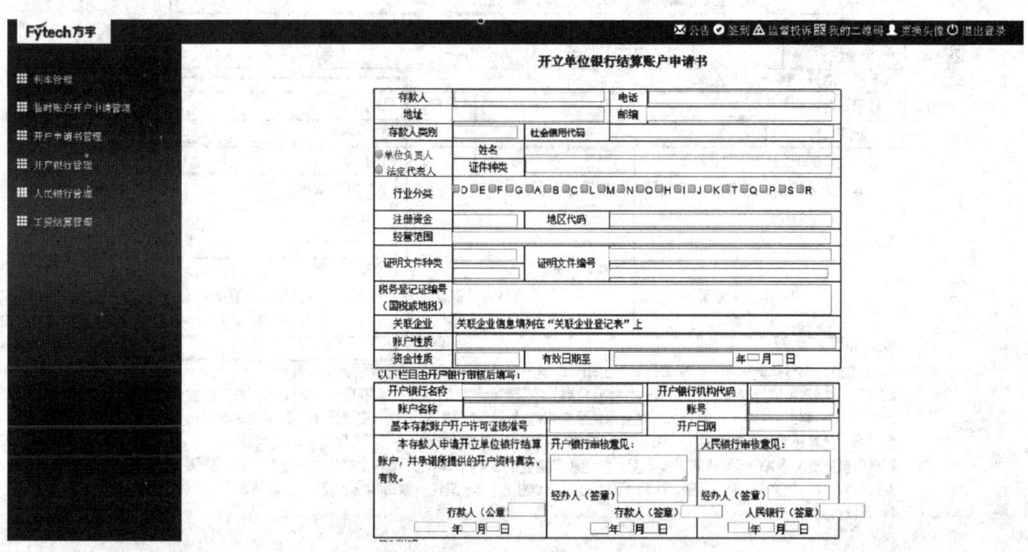

开立单位银行结算账户申请书

存款人		电话	
地址		邮编	
存款人类别		社会信用代码	
单位负责人 / 法定代表人	姓名		
	证件种类		
行业分类	D E F G A B C L M N O H I J K T Q P S R		
注册资金		地区代码	
经营范围			
证明文件种类		证明文件编号	
税务登记证编号（国税或地税）			
关联企业	关联企业信息填列在“关联企业登记表”上		
账户性质			
资金性质		有效日期至	年 月 日

以下栏目由开户银行审核后填写：

开户银行名称		开户银行机构代码	
账户名称		账号	
基本存款账户开户许可证核准号		开户日期	

本存款人申请开立单位银行结算账户，并承诺所提供的开户资料真实、有效。 存款人（公章） 年 月 日	开户银行审核意见： 经办人（签章） 存款人（签章） 年 月 日	人民银行审核意见： 经办人（签章） 人民银行（签章） 年 月 日

图 11-30 银行审核结算账户申请书界面

(二) 人民银行管理

银行到开户管理→人民银行管理→再次领取任务，如图 11-31 所示。

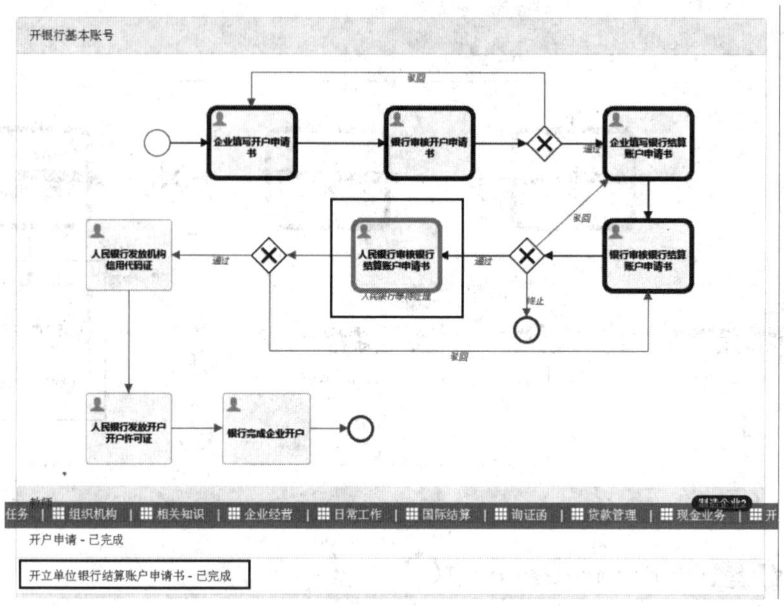

图 11-31 人民银行管理界面

点击“审核”，进行查阅。查阅完毕填写开立单位银行结算账户申请书审核意见（请在图 11-32 框处填写审核意见，审核通过则点击“通过”并提交。若审核不合格点击“驳回”并提交）。

税务登记证编号（国税或地税）			
关联企业	关联企业信息填列在“关联企业登记表”上		
账户性质			
资金性质		有效日期至	年 月 日

以下栏目由开户银行审核后填写：

开户银行名称		开户银行机构代码	
账户名称		账号	
基本存款账户开户许可证核准号		开户日期	
本存款人申请开立单位银行结算账户，并承诺所提供的开户资料真实、有效。 存款人（公章） 年 月 日	开户银行审核意见： 经办人（签章） 存款人（签章） 年 月 日	人民银行审核意见： 经办人（签章） 人民银行（签章） 年 月 日	

填列说明：

1、申请开立临时存款账户，必须填列有效日期；申请开立专用存款账户，必须填列资金性质。

2、该行业标准由银行在营业场所公告，“行业分类”中各字母代表的行业种类如下：A：农、林、牧、渔业；B：采矿业； C：制造业； D：电力、燃气及水的生产供应业； E：建筑业；F：交通运输、仓储和邮政业； G：信息传输、计算机服务及软件业； H：批发和零售业；I：住宿和餐饮业； J：金融业；K：房地产业； L：租赁和商务服务业； M：科学研究、技术服务和地质勘查业； N：水利、环境和公共设施管理； O：居民服务和其他服务业；P：教育业；Q：卫生、社会保障和社会福利业； R：文化、教育和娱乐业；S：公共管理和社会组织；T：其他行业。

○驳回 ◉通过 打印

提交

图 11-32 人民银行审核意见界面

二、企业余额财务数据查询

银行可通过企业经营→财务报表查看查询各企业的财务数据(见图 11-33)。

图 11-33 查询企业账户余额界面

三、贷款管理

(一) 调查报告管理

银行按照贷款流程(见图 11-34),首先点击“贷款管理”,进入调查报告管理界面,点击“领取任务”。

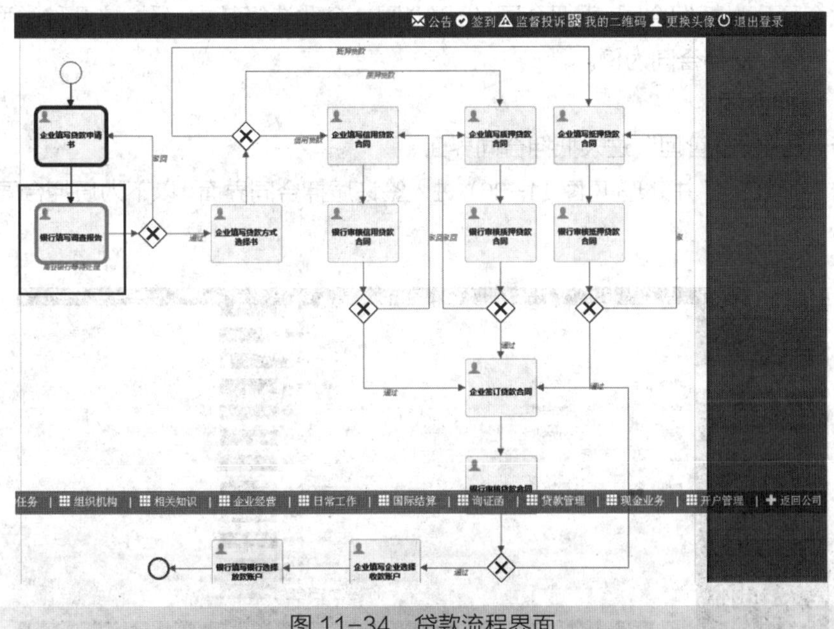

图 11-34 贷款流程界面

点击“领取”并处理任务。

银行贷款业务办理,首先需提交调查报告。

填写调查报告。经过审核后，情况属实则点击“通过”并提交。若企业情况不符合贷款标准，则在调查结论处填写不同意贷款，点击“驳回”并提交（见图 11-35）。

图 11-35 贷款调查报告界面

贷款调查报告填写后，等待企业提交贷款合同签订书。

贷款合同分为抵押合同、质押合同、信用合同。企业选择其中一种，这几种类型贷款流程一样。下面以抵押合同为例。

（二）抵押合同

银行点击“贷款管理”，进入抵押合同界面。

点击“领取任务”并处理（见图 11-36），进入签订质押合同界面。以下为质押合同样本（见图 11-37）。

图 11-36 抵押合同管理界面

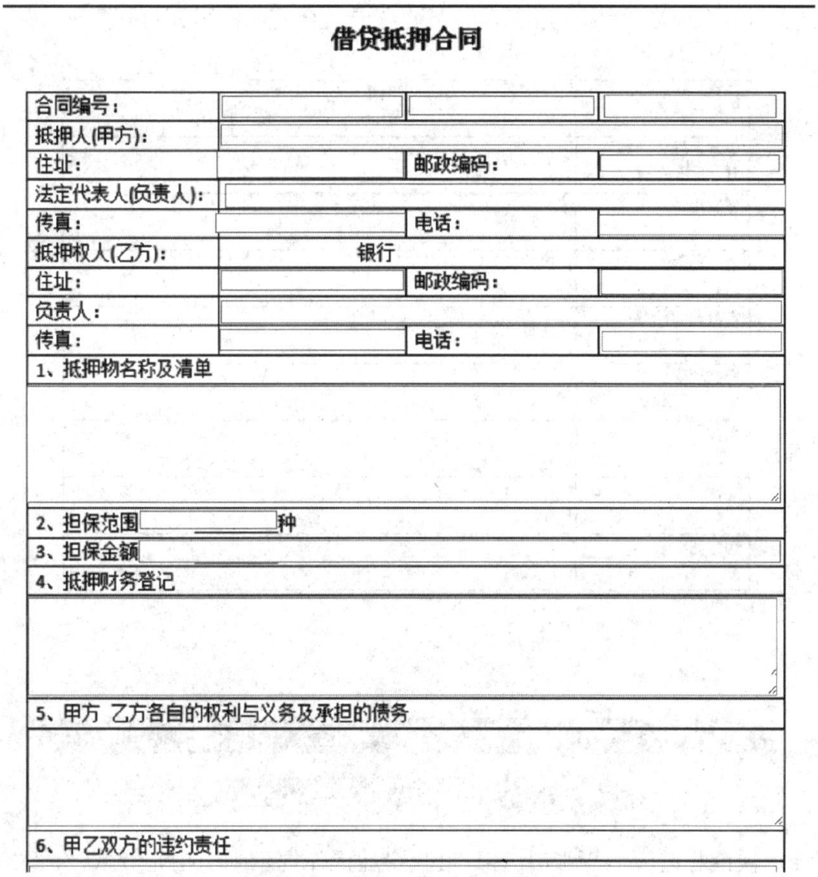

借贷抵押合同

合同编号：			
抵押人(甲方)：			
住址：		邮政编码：	
法定代表人(负责人)：			
传真：		电话：	
抵押权人(乙方)：	银行		
住址：		邮政编码：	
负责人：			
传真：		电话：	
1、抵押物名称及清单			
2、担保范围______种			
3、担保金额			
4、抵押财务登记			
5、甲方 乙方各自的权利与义务及承担的债务			
6、甲乙双方的违约责任			

图 11-37 借贷抵押合同样本

抵押合同签订完，贷款企业需要签订贷款合同。

(三) 人民币资金借贷合同

银行点击“贷款管理”，进入贷款合同管理界面（见图 11-38）。

图 11-38 贷款合同管理界面

点击“处理”，再点击“确认”进入人民币资金借贷合同审核界面(见图 11-39)。

传真：		电话：	
借款金额： 注：只能填写数字	6000000		
借款用途：			
借款期限： 注：只能填写数字	3		
借款利率种类：	○长期贷款 ◉短期贷款		
借款利率： 注：只能填写数字（‰）	50		
贷款种类：			
违约责任：			
罚金利率：			

○驳回 ◉通过

提交

| 相关知识 | 企业经营 | 日常工作 | 国际结算 | 询证函 | 贷款管理

图 11-39 贷款合同审核界面

由签订贷款企业进行银行账户选择：贷款企业操作提示中→企业贷款→领取任务，确认账户。最后由银行放款，贷款业务完成(见图 11-40)。

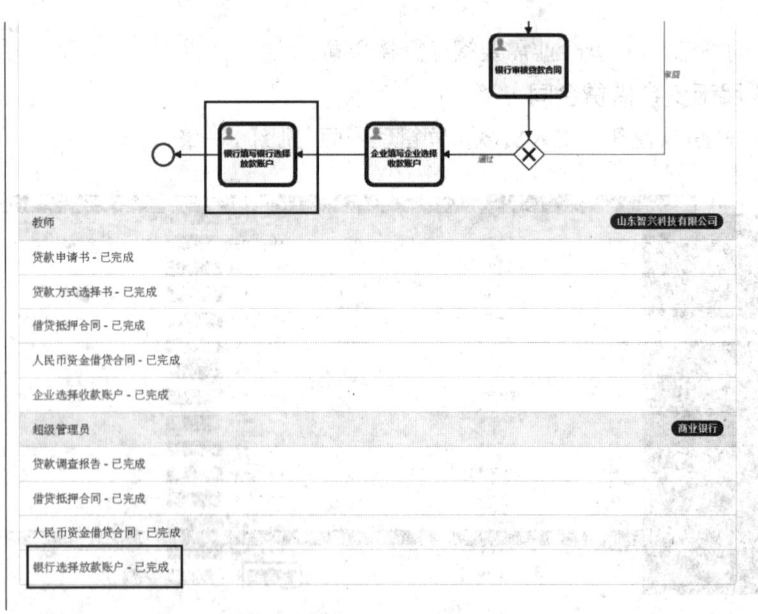

图 11-40 银行放款界面

（四）还款情况查看

银行可以通过贷款管理→还款情况查看，来了解企业贷款情况（见图 11-41）。

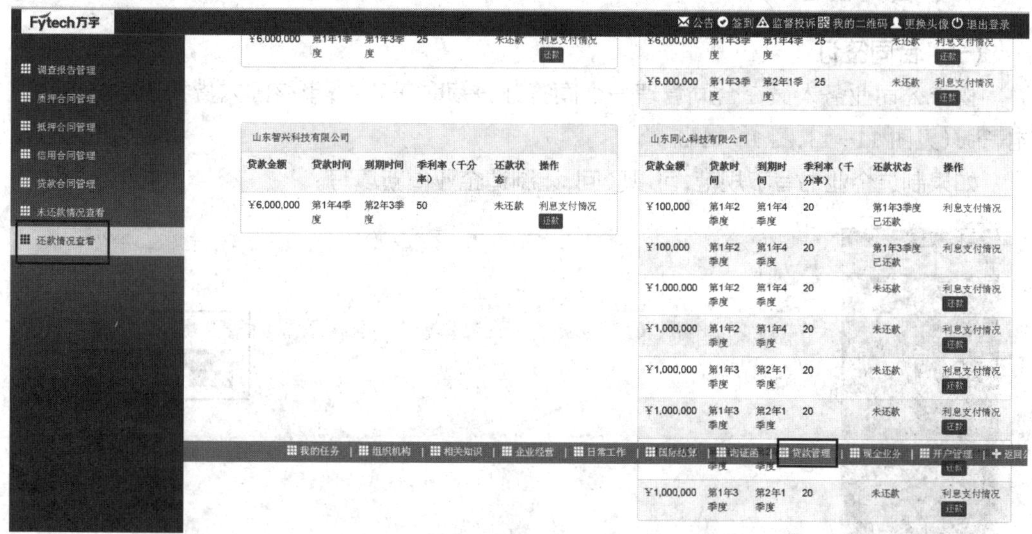

图 11-41　还款情况界面

四、常规经营活动

（一）工作日志管理

日常工作→工作日志管理（银行员工点击“新增”，将自己每天的工作写成工作日志）。

（二）组织机构

银行经理可通过创建岗位、加入人员的方式给用户提供岗位（见图 11-42）。

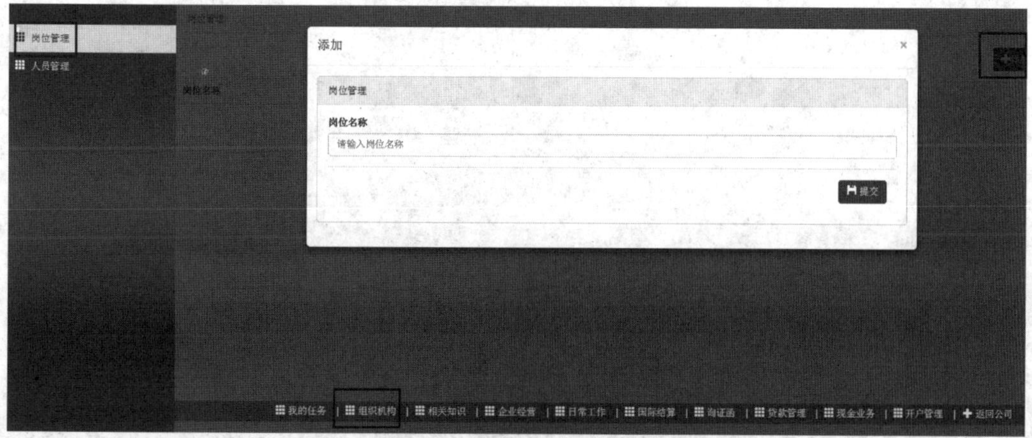

图 11-42　银行组织机构管理界面

第五节　物流公司业务

一、合同管理

(一) 合同签订

物流公司业务人员在合同管理→合同签订→领取任务中，审核国内货物运输协议合同电子版(见图 11-43、图 11-44)。

如果制造企业书写不规范，可以驳回，让制造企业重新填写。

图 11-43　物流合同签订任务领取界面

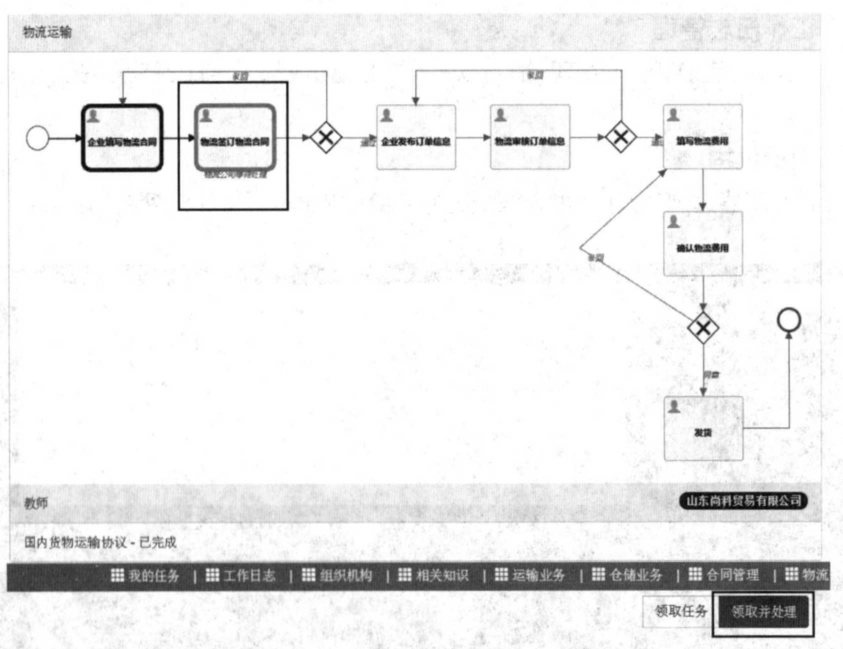

图 11-44　物流合同签订流程界面

物流合同签订后，需要客户填写《国内货物运输协议》(见图 11-45)。

国内货物运输协议

编号：

甲方：
法定代表人：
地址：
电话：

乙方：
法定代表人：
地址：
电话：

依照有关法律规定，甲乙双方本着平等互惠的原则，就甲方委托乙方办理货物运输事宜达成如下协议：

1、委托代理事项

1.1、甲方委托乙方托运品为：______，运输方式为以下第____项运输服务业务；

A、航空货物运输业务（国内各航空公司）；

B、省际汽运业务（含国内汽运门对门业务）；

C、铁路货物运输业务（含行包、行邮、专列、中铁快运等）；

1.2、甲方委托乙方托运货物事宜时，应准确真实填写发货（提货）清单并盖章（签名）确认或如实填写[并签名（盖章）]乙方所提供的《货物托运书》并由乙方签收。

1.3、甲方委托乙方代理取货事宜时，应当明确告知乙方待取货物的名称、数量（件数），取货地点，并提供取货所需的单证。

1.4、甲方不得以隐瞒的形式委托乙方托运限运、禁运物品，否则由此产生的责任由甲方承担。

的任务 | 工作日志 | 组织机构 | 相关知识 | 运输业务 | 仓储业务 |

1.5、乙方指派________为办理甲方货运事宜的联系代表，代表乙方处理为甲方办理货物托运的相关事宜，该代表变更时乙方必须以书面形式通知甲方，非乙方指定人员处理接货、对帐、结算等事宜，甲方又不提出异议，而产生的甲方货物被冒领、货款被他人代领等不正常事件，其责任及损失应由甲方全部承担。

2、保密条款

图 11-45　签订国内货物运输协议界面

（二）订单信息

物流公司在合同管理→订单信息界面中，点击“领取任务”并审核电子版订单信息（见图 11-46）。查看订单的详细信息，见图 11-47。

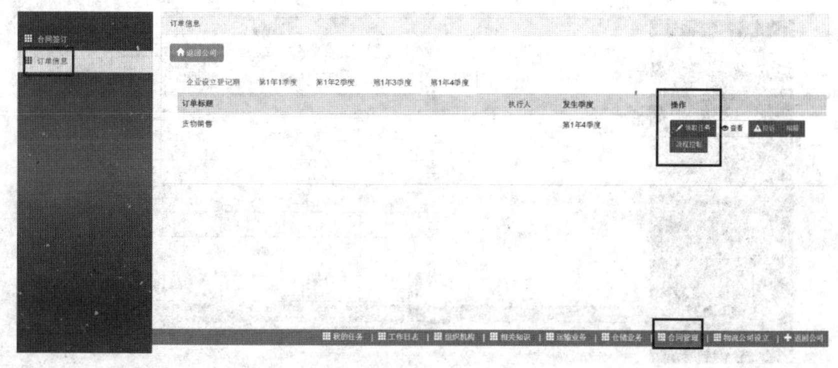

图 11-46　订单信息任务界面

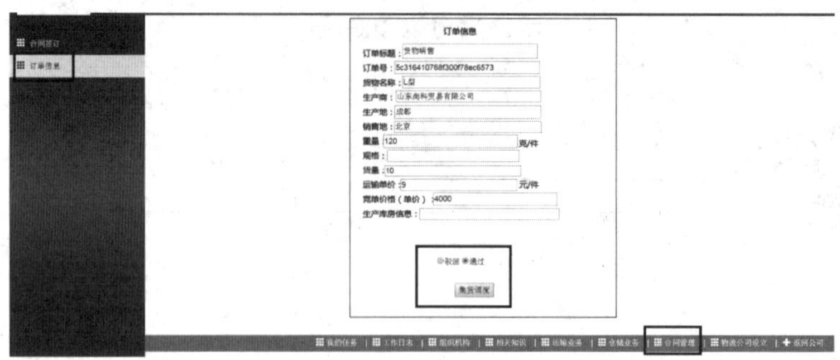

图 11-47　订单信息界面

物流企业填写物流费用(物流费用的价格为正整数,且无单位,中间不能有空格、英文及非法数字)。

在合同管理 →订单信息界面中,点击“领取任务”并处理。

制造企业需要确认物流总费用、发货并付款。

二、仓储业务

(一) 入库明细

在仓储业务→仓储管理界面中,点击“入库明细”,见图 11-48。

图 11-48　入库明细界面图

在入库明细界面点击“新增”按钮,填写纸质版和电子版“入库明细单”,见图 11-49。

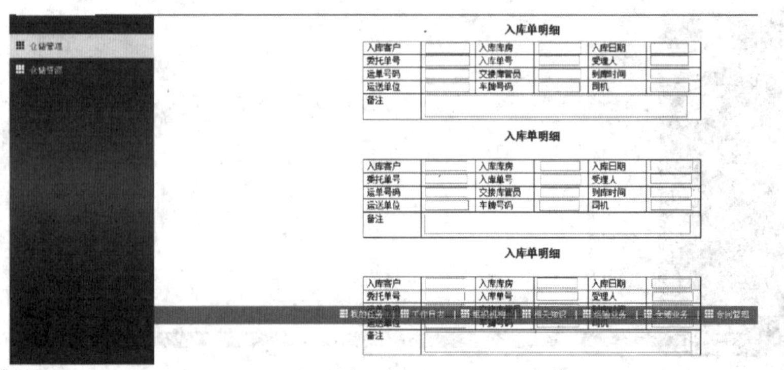

图 11-49　入库明细单填写界面

(二) 出库明细

在仓储业务→仓储管理界面中,点击“出库明细单”,然后点击“新增”按钮,见图 11-50。

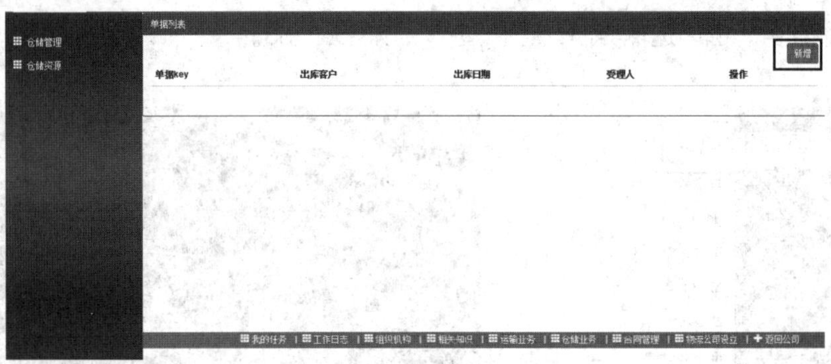

图 11-50 出库明细管理界面

填写“出库明细单”,见图 11-51。

图 11-51 出库明细单填写界面

(三) 盘库单

在仓储业务→仓储管理界面中,点击“盘库单”,如果没有盘库单,点击“新增”按钮,填写电子版盘库单,见图 11-52。

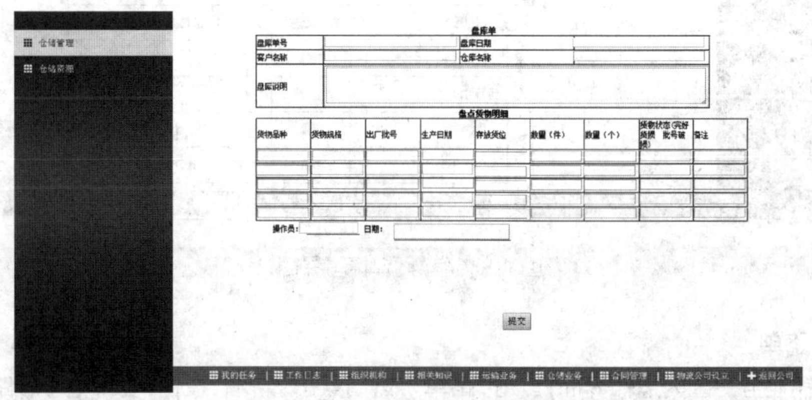

图 11-52 盘库单填写界面

三、运输业务

（一）运单

在运输业务→国内运输界面，点击“运单”，见图 11-53。

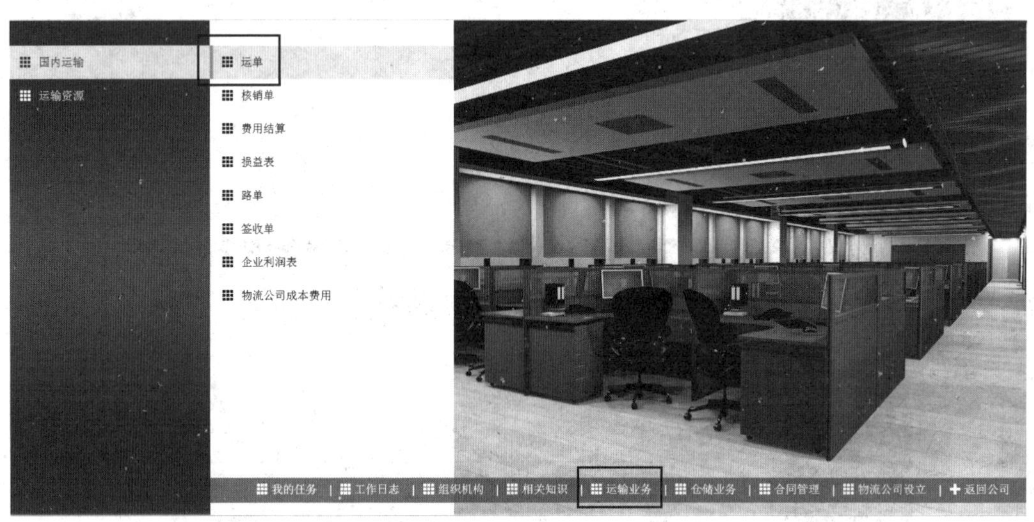

图 11-53 运单操作界面

点击“新增”按钮，填写纸质版和电子版运单信息，见图 11-54。

国内运输
运输资源

运单

运单信息	系统运单号		交接运单号		系统订单号	
	起运地		目的地		距离	
	中转		中转联系人		中转联系电话	
	特约事项		其他			
承运信息	承运商		承运商电话		车牌号	
	司机		司机电话			
费用信息	应付运费		应付配送费		应付提货费	
	其他费用		应付合计			
	运费付款方式		代收贷款			
货物信息	货物名称		数量		重量	
	体积		单价		计价单位	

我的任务 | 工作日志 | 组织机构 | 相关知识 | 运输业务 | 仓储业务 | 合同管理 | 物流公司设立 | 返回公司

图 11-54 运单填写界面

（二）路单

在运输业务→国内运输界面，点击“路单”，然后点击“新增”按钮，填写电子版路单信息，见图 11-55。

路单信息管理

路单编号	起运地	目的地	起运时间	承运商	车牌号	状态

提交

图 11-55 路单填写界面

(三) 签收单

在运输业务→国内运输界面，点击“签收单”，见图 11-56。

图 11-56 签收单操作界面

点击“新增”按钮，填写电子版签收单信息，见图 11-57。

国内运输
运输资源

签收单

运单信息	路单号		托运单位	
	起运地		目的地	
货物明细	货物名称		类型	
	规格		包装	
	装车数		签收数量	
	签收体积		签收重量	
签收信息	签收人		签收时间	
	返单收回方式		返单收回日期	
	返单收回人			
	现金欠付			
签收人意见				

我的任务 | 工作日志 | 组织机构 | 相关知识 | 运输业务 | 仓储业务 | 合同管理 | 物流公司设立 | 返回公司

图 11-57 签收单填写界面

(四) 核销单

点击“核销单”,点击“新增”按钮,填写电子版核销单信息,见图 11-58。

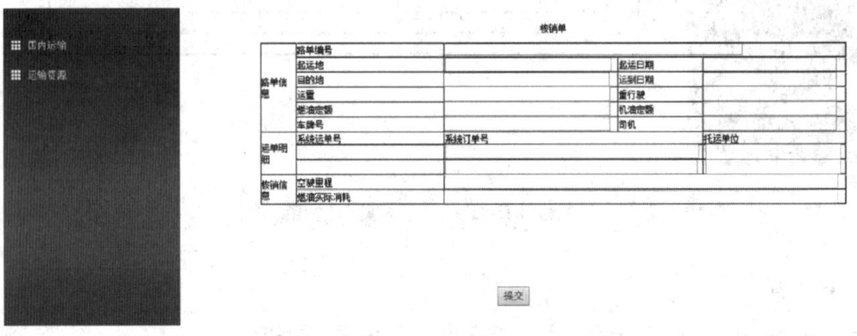

图 11-58 核销单填写界面

(五) 费用结算

在运输业务→国内运输界面,点击“费用结算”,点击“新增”按钮,填写电子版费用结算单,见图 11-59。

图 11-59 费用结算单填写界面

(六) 企业利润表

在运输业务→国内运输界面,点击“企业利润表”,点击“新增”按钮,填写电子版企业利润表,见图 11-60。

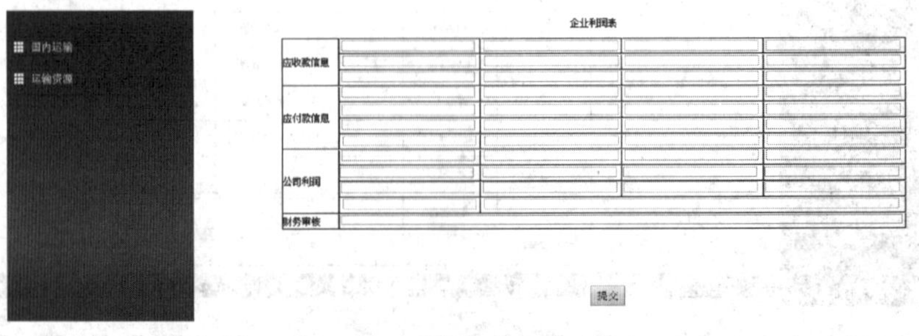

图 11-60 企业利润表填写界面

(七) 损益表

在运输业务→国内运输界面,点击“损益表”,见图 11-61。

图 11-61　损益表操作界面

点击“新增”按钮,填写电子版损益表信息,见图 11-62。

国内运输
运输资源

损　益　表

年　月

编制单位:　　　　单位:元

项目	行次	本月数	本年累计
一、营业收入	1		
减:营业成本	2		
营业税金及附加	3		
销售费用	4		
管理费用	5		
财务费用	6		
资产减值损失	7		
加:公允价值变动收益(损失以“-”号填列)	8		
投资收益(损失以“-”号排列)	9		
其中:对联营企业和合营企业的投资收益	10		
二、营业利润(亏损以“-”号填写)	11		
加:营业外收入	12		
减:营业外支出	13		
其中:非流动资产处置损失	14		
三、利润总额(亏损总额以“-”号填列)	15		
减:所得税费用	16		
四、净利润(净亏损“-”号填列)	17		
五、每股收益:	18		
(一)基本每股收益	19		
(二)稀释每股收益	20		

单位负责人:　　财会负责人:　　复核:

提交

图 11-62　损益表填写界面

(八) 物流公司成本费用

在运输业务→国内运输界面,点击“物流公司成本费用”,见图 11-63。

点击“新增”按钮,填写电子版物流公司成本费用,见图 11-64。

图 11-63　物流公司成本费用操作界面

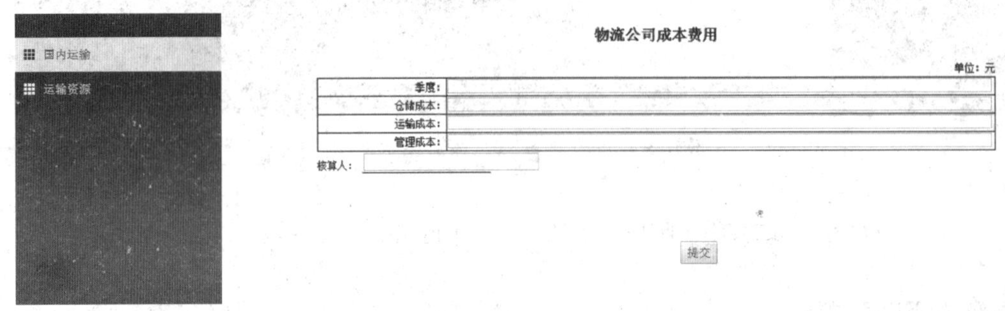

图 11-64　物流公司成本费用填写界面

本章小结

本章图文并茂地介绍了软件平台上主要模拟机构的经营业务。制造（商贸）公司业务是虚拟仿真实验的核心业务，本章分部门详细分析了不同业务的规则；另外还介绍了政务和商务服务机构的业务内容，包括市场监督管理局、税务局两个政务服务机构以及银行、物流公司两个商务服务机构。

第十二章 实验总结和常见问题解答

本章导读

“他山之石，可以攻玉”，意指别的山上面的石头坚硬，可以琢磨玉器——既比喻别国的贤才可为本国效力，也比喻能帮助自己改正缺点的人或意见。在我们工作、学习过程中，借鉴别人的经验，可以少走弯路。本章主要通过展示多年上课积累的实验报告和常见问题解答，以期为老师和学生在实验教学中做好各项实验任务提供参考。

第一节 实验总结报告

本仿真综合实验结束时，需要学生提交实验总结报告，并作为成绩考核的一个指标。实验报告分为机构总结和个人总结两种。机构总结反映团队的实验内容与业绩，个人总结反映个体的实验经历与体会。下面分别展示一份以往学生上课时的机构总结和个人总结。

一、机构总结

(一) 各部门人员工作目标、内容

1. CEO

(1) 拟订企业战略和指标。

(2) 构建企业文化。

(3) 建立团队。

(4) 资金调配。

(5) 对公司的重大运营事项制定决策，包含对财务、运营方向、营业范畴的增减等。

2. 财务主管

(1) 主持公司财务预决算、财务核算、会计监督和财务管理工作；组织协调、指导、监督财务部日常管理工作，监督执行财务计划，完成公司财务目标。

(2) 与财政、税务、银行等相关政府部门及会计师事务所相关中介机构建立并保持良好的关系。

(3) 向上级汇报公司经营状况、经营成果、财务收支及计划的具体情况，提出有益的建议。

3. 销售主管

(1) 负责产品的市场渠道开拓与销售工作，执行并完成公司产品年度销售计划。

(2) 根据公司市场销售战略，提升销售价值，控制成本，扩大产品在所负责区域的销售，积极完成销售量指标，扩大产品市场占有率。

(3) 与客户保持良好沟通，实时把握客户需求。为客户提供主动、热情、满意、周到的服务。

(4) 动态把握市场价格，定期向公司提供市场分析及预测报告和个人工作周报。

(5) 维护和开拓新的销售渠道和新客户，自主开发及拓展上下游用户，尤其是终端用户。

4. 生产采购主管

(1) 根据公司的战略规划设定生产能力。

(2) 建立规范的工业流程和质量保证体系，完成从输入到输出的转变。

(3) 安排每季生产计划，并对物料进行控制。

(4) 制定采购战略。

(5) 控制物资库存。

(6) 制定供应商选择标准并实施供应商选择的评估考核。

(7) 控制采购活动中的物流、信息流和资金流。

5. 企业管理主管

(1) 负责绩效管理体系的建立及维护。

(2) 负责工厂内部管理沟通的疏导，做好部门之间的协调工作。

(3) 负责组织、调动各事业部、行政等相关责任部门对专项管理问题、工作的调查、研究和分析，并提供针对性的解决方案。

(4) 协助人事行政科做好人力资源和行政管理工作。

(5) 负责建立工厂的沟通机制、控制机制、激励机制。

(6) 负责向总经理提供管理变革建议，并参与管理变革。

(7) 负责工厂内部重要管理文档的存档、保管和索引。

(8) 总经理布置、指派的其他各项工作。

(二) 运营历程

上午 9 点 50 分，团队组建成功，五人团队形成。紧接着为团队宣讲做准备。进行企业人员分工、工作职责确定以及公司名称、LOGO 设计，选择口号，公司规章制度和理念确定，并为宣讲制作 PPT 展示。

11：00 宣讲会开始。首先是向制造企业 CEO 和服务类机构负责人颁发聘书，接着每个机构用 5 分钟时间介绍自己的团队。

在正式运营之前，先完成个人账号注册，并到市场监督管理局、税务局和银行完成企业设立，最终获得营业执照、税务登记证和开户证明。

接下来，正式运营开始了。每个制造企业有 1 000 万元的启动资金。响应国家西部大开发，我们决定投身大西北建设，总部选址在大西北。鉴于营运周期的时间较短，我们租赁了厂房、仓库，这样可以给我们留下更多的资金投入接下来的季度，也能灵活地调节库存的问题。在西北地区,面对较大需求量和较小的竞争压力,我们决定走低端短路线。前期扩大生产量,这是我们积累发展的第一步,是我们后续滚雪球式发展的坚实基础。但是,积压的库存作为遗留问题,对我们影响相当久,经过中间变故,当进入第四季度我们陷入了困境。第三季为了消化库存,我们进行市场开拓 / 信息化以及科研投入,流动资金相当紧张。第四季度开始的抢单,主场大西北和客场东北因为贸易公司介入和其他原因没有达到预期,最终零单完结。银行贷款到期催款,科研失败导致原材料采购预计失误,第二条生产线不得不空置。贸易公司继上次寡头垄断之后持续压价,我们已然陷入困境,不得已只能割肉获得部分资金。我们经过与贸易公司协商,转折点出现,我们在第五季度终于清仓,资金回笼,第六季度轻松度过。刚进入零库存时间,可惜高兴早了,随着科研的发展,低端半成品的市场供货量不足,价格大幅度上涨,贸易有单无货,我们好像错过了什么。转入第七季度,根据经营排名我们终于摆脱了前几个季度的倒数,得到一个不错的名次。

(三) 经营总结

企业经营成败取决于决策,如企业定位,长远目标的确定,内部整合外部协调,资源充分利用,流动资金的利用,制造企业同类之间的合作,与贸易企业的合作发展关系,库存控制,成本计算,生产计划、科研计划、市场开拓计划制定,信息化改造,等等。资金的投入要符合企业自身的实际情况,不能想当然,不能拍脑门,要多进行成员间的交流,要集思广益,要加强信息交流沟通,要联合,不能搞特殊、搞恶意竞争。价格战并不是实现盈利的好策略,前期越发低的价格导致后期价格被贸易压制。对于某些模糊问题要尽快了解,对于当季还是下季度到货、出货、发货等小细节多注意,多观察,多了解,在正确的大方向上少走弯路、少兜圈子,这样才能减少企业不必要的开支,避免出现错误的决策,甚至重大失误。

二、个人总结

(一) 环境认知

1. 对现代商业环境的认知

现代商业环境的变化主要体现在经济全球化、制造和信息技术进步、顾客导向、商业模式和管理方式变革、社会及政治和文化因素等方面。其中,产品在供应链上的分工与协作、先进制造技术的投入与应用、顾客导向的价值理念等,对现代企业成本管理产生了深远影响。

2. 对现实企业管理的认知

现代企业管理是对企业的生产经营活动进行计划、组织、协调和控制等一系列职能的总称。

良好的企业管理使企业的运作效率大大增强,让企业有明确的发展方向,使每个员工都能充分发挥潜能,使企业财务清晰,资本结构合理,投融资恰当,并能向顾客提供满意的产品和服务,树立正面企业形象。同时良好的企业管理也增强了企业的运作效率,让企业具有明确的发展方向。

3. 对公司岗位的认知

采购是企业从供应市场获取产品,保证企业生产经营活动正常开展的活动。根据公司经营发展战略,制定采购部门的工作目标、材料供应计划和资金需求计划。采购部门负责所需材料、设备、成品、半成品的采购的合同签订与执行;负责所需材料、设备、成品、半成品的出入库管理;负责完善采购数据,落实工作计划的完成情况。

生产部门执行生产的一切工作,认真检查机器的运转情况,转换运转方式,保证产品质量指标。确保本部门与其他相关部门及部门内部良好的沟通渠道与合作关系,建立相互信任及融洽的工作团队,按时完成上级布置的工作。

4. 对团队协作的认知

通过实验推进,我们发现团队协作确实有利于提高企业的整体效能,通过发扬团队协作精神,加强团队协作建设,能进一步减少内耗。团队协作还有助于企业目标的实现。企业目标的实现需要每一个员工的努力,具有协作精神的团队尊重成员的想法,激发员工的潜能,使每一个成员参与到团队工作中,风险共担,利益共享,相互配合,实现团队的工作目标。总之,团队协作就是将人的智慧、力量、经验等资源进行合理的调动,使之产生最大的效益。

(二) 专业认知

参加虚拟仿真实验,可以将管理经济学、市场营销学、会计学、财务管理、生产运作管理、运筹学、统计学等课程中的现代管理决策理论、方法和内容有机地结合起来,融会贯通,让学生能够系统地进行实践性尝试。比如进行市场需要预测、产品销售优化决策、物料采购方案优化等。

在这次的虚拟仿真实验中,通过对现代企业经营决策仿真系统的应用,我们在短短的时间内,对市场经济条件下现代企业经营决策进行了实践性尝试。这增强了我们的市场竞争意识,认清了产品市场销售和企业生产间的关系,提高了把握市场机会的能力,了解到各种成本费用的形成和实施一定的营销战略对企业经营成果的影响;并提高了我们综合运用现代管理理论、方法的能力和科学决策的水平,获得了在现实中需要几年才能感受到的经验和体会,学到了很多书本上学不到的东西。

(三) 素质训练

1. 演讲能力方面提升

因为参加了几次 PPT 的演讲,现在站在众人面前已经不怯场了,并且语言表达能力也有了很大的提升。

2. 沟通能力方面提升

在团队中因为我是属于比较活跃的一员,主要负责大家的沟通,所以,在沟通时,言语表达方面有了很大的改善。

3. 商务谈判与礼仪方面

在与贸易公司的签单过程中,我的谈判技巧、语言有了很大的提升。同时对谈判时所要注意的礼仪也有了深入的了解和应用,有效推进谈判进程。

4. 自学能力方面提升

第一次接触制造企业经营中的相关业务,我们有很多东西需要自己学习,这提高了动手与动脑能力。

5. 判断能力方面提升

制造业中,对于市场的判断,对于厂房与仓库、生产线的选择,还有对原材料投入的多少,都需要合理的判断与计算。在这一方面,我得到了很大的提升。

(四) 感受感想

虚拟仿真实验课让我收获颇多。企业经营远没有我们想象的那么简单,不是各个部门自己做完分内事就算完成任务了。每个部门都是环环相扣,有密切关联的,任何一个单独的部门都不能完成整个业绩;任何一个单独的个体也都不能完成某项业绩。同样,任何个体的出错也会使整个经营出现问题,所以各个部门的及时沟通和协作是企业经营的重中之重。

1. 合适的团队

无论在什么情况下,拥有良好团队的公司是达成目标的最基本前提。在招聘环节上出现的问题往往一直持续地影响公司后续运营的活动。各种问题的产生或许从开始就不可避免。人员的问题永远是最大的问题,机器系统是忠诚的、可靠的,人永远不会像系统一样不带有感情色彩,团队总会困扰我。

2. 缜密的战略

企业战略的确定对企业长期发展意义重大,尤其是开始制定的战略。我们选择没有制造企业选择的大西北地区,建设投入较少,初期销售抢单较容易。我们根据西北地区需求预测发现低端市场需求较大,决定尽快增加第二条生产线,以提高产量。我们公司的战略问题在后期逐渐暴露,特别是经历两次压货问题后,几乎让公司陷入绝境。因为西北地区竞争少但是订单数量少,每单数量也小。

3. 协作的群体

企业模拟运营成功的标志不是一切业务都比竞争对手优秀。这次实验课,并不是竞争性的比赛,而是一次仿真的模拟公司全部经营过程的实训。所以,我们公司五个人,在应付诸多的任务上,即使各有分工,也还是会相互帮助,因为单凭一己之力是很难快速完成任务的。团队协作良好,使我们有更多的时间应付随之而来的任务。

4. 融洽的关系

对于即将进入社会的我们来说,虚拟仿真实验课让我明白处理好同事关系是很有必要而且很有难度的。世界上不可能有两片完全相同的叶子,每个人的喜好也是不同的。我必须学会与各类不同性格人打交道的能力,才能在工作之中充分利用人力资源,让我尽快在社会中成长起来。

第二节 实验常见问题解答

在多年的经管类虚拟仿真实验教学中,我们发现学生总会遇到一些问题。为避免大家犯相同的错误,我们从制造企业、贸易公司、其他服务机构三方面分别整理了一些代表性的常见问题及其解决方法。本节实验常见问题解答主要涉及三方面:制造企业运营、贸易公司运营和其他服务机构业务。

一、制造企业运营方面

在经管类虚拟仿真实验中,制造企业的业务是核心,内容较多。下面把常见的问题分为团队、采购、生产、营销、人力、财务、其他七个方面。

（一）团队

● 问题1：CEO在最初的任务安排中，没有明确的分工，导致在后期的运营中，团队成员的工作任务出现两极分化。

解决办法：了解组员意向和能力，并根据组织需要进行合理分工；让大家都参与进来，同心协力，规范、合理地分配团队成员在实验软件中的决策权限。

● 问题2：机构内部沟通存在问题，以至于决策效率低。

解决办法：CEO合理分配任务，成员协调完成工作，制定完善的公司章程和员工奖励制度，提高员工的工作积极性。

● 问题3：对于CEO这个职位，是亲力亲为，还是总控大局。

解决办法：CEO要对自己的成员给予足够的信心，任何事都不是靠一个人完成的，所以要进行组内协调，任务分派，对于成员们忽视的事情要及时提醒。

（二）采购

● 问题4：原材料的初期购买不太通顺，在紧急购买和正常购买的选择中出现过小的失误，没有准备好和产量相适应的一定数量和类型的原材料。

解决办法：购买前认真熟悉BOM单，与生产部沟通协商，了解下一季度的生产计划，并根据公司的实际财务状况等来计算购买相应数量的原材料。

● 问题5：对原材料仓库的吞吐量没有正确的判断，导致部分原材料无法及时利用，造成了一定的时间延误。

解决办法：在计算原材料购买量的时候，根据产量、库存量以及仓库吞吐量综合做出购买决策。

● 问题6：原材料购买的量不够，耽误生产，可能会交违约金。

解决办法：综合考虑违约金和双倍购买原材料的成本，决定是否继续生产。

（三）生产

● 问题7：在初期决策过程中，由于对企业运营规则不熟悉和对长期决策不明，导致生产线购买和厂房扩建出现问题，资金链紧张。且与贸易公司合作的过程中，由于对于未来市场预估偏差导致决策出错。

解决办法：提前规划企业长期战略，办理业务时签订合同，懂得用规则来保护自己的合法权益，而不仅是靠信用和交情。

● 问题8：前期眼光不足，只考虑了当前的生产情况，忽略了下个季度以及之后可能发生的状况，导致换季度之后生产原料不足可能要用双倍的价格购买当季的生产原料。

解决办法：在计算当季生产情况时，至少将接下来两个季度可能发生的情况计算在内。

● 问题9：研发成功后，相应的研发人员可以撤出吗？

解决办法：产品研发成功后，相应的研发人员可以撤出，然后去研发其他产品。

● 问题10：全自动生产线如何达到最大生产量？

解决办法：尝试不通的工人数量比例，使生产线达到生产最大化。

● 问题11：在批量生产时没考虑成品库容量问题，导致生产的产品没法入库出库。

解决办法:租赁大型仓库缓解压力。

● 问题 12:转产时忽略了需要的时间。

解决办法:发现问题及时扩产,增加 1 ~ 2 条生产线以弥补生产线的季度空缺。

(四) 营销

● 问题 13:市场价格定位不准,导致低价出售商品。

解决办法:加强市场价格的预估水平,完善决策机制。

● 问题 14:制造公司需要投放广告吗?哪种广告的回报率最高?

解决办法:相比贸易公司,制造企业投放广告必要性不强,可按自身企业能力投放群体广告打开市场。

● 问题 15:为什么在市场上抢不到单?

解决办法:因为竞标价格太高,竞争公司太多,且开拓的市场不够大,多开拓市场可以有更多的抢单渠道。

● 问题 16:出现抢单过多,而仓库货量不足。

解决办法:市场抢单人员要与生产部门增加沟通协调;向其他制造公司购买货物交付订单。

● 问题 17:市场上竞单的情况十分激烈。

解决办法:贸易公司竞单得分高,制造企业必须提高自己的竞争得分,前期慢慢积累资金,然后对自己的产品进行质量认证以提高竞单得分。

● 问题 18:与商贸公司之间的协议签订不到位,导致产品难以售出。

解决办法:降低价格,将大批量产品分割成小批量产品,由几家商贸公司分销。

● 问题 19:过分依赖单一商贸公司,导致产品价格过低,利润额较低,销售渠道难以打开。

解决办法:改进生产工艺,大批量向多家商贸公司供货;提高自己的预测能力,提前两期与商贸公司进行合同细节洽谈,从而获得在市场上的竞争优势。

● 问题 20:销售谈判过程中难以把握客户。

解决办法:进行多轮和反复的谈判;在谈判过程中,把重点放在以产品为核心的生产质量能力方面,制定多个计划,把握客户的心理以满足客户的价值取向和购买需求。

● 问题 21:制造企业生产的产品与市场需求不匹配。

解决办法:提前与贸易公司进行沟通,根据市场需求调整生产结构。

● 问题 22:在交货过程中两边的操作不熟练导致交货过慢,可能会错过季度导致货物售销停滞。

解决办法:尽快熟悉业务流程,并且与市场部的同事进行合理必要的沟通以确保交货时间。

● 问题 23:无法及时把生产出的产品卖给贸易商,总是出现供不应求或者供过于求的情况。

解决办法:提前和贸易商沟通其购买量,按照贸易商的购买量销售产品,生产多的产品应用于更高级的商品的生产,尽力把损失降到最低。

● 问题 24：错误签订销售合同，决策失误。

解决办法：为了不支付违约金，与对方商贸公司协商，延长交货期限。

● 问题 25：亚洲交易怎样办理物流以及缴费方式？

解决办法：亚洲市场的物流不需要通过国内物流公司，正常付款缴费就好。

（五）人力

● 问题 26：企业人力资源策略出现问题：前期数量少，素质低；中期人员素质结构不够优化；后期人员冗杂，成本过高。

解决办法：

前期：兼顾招聘层次，在配置最优之前不要急于生产。

中期：考虑生产成本、效率等各种因素，提前算好使组织效率最高的配置方法。

后期：按需设岗，按需招人，无用的员工及时处理解聘，以免增加不必要的成本。

● 问题 27：对工人数量的计算上不够准确；对专业员工和管理员工的搭配不够合理。

解决办法：前期的生产线建设应该为后期的扩大生产做好准备，考虑到人员的产能利用率和生产线的损耗；多与生产主管沟通。

（六）财务

● 问题 28：公司初期资金紧张，需要紧急贷款。

解决办法：积极与银行业务人员沟通，及时发放贷款。督促银行职员尽快办理我们的业务。

● 问题 29：制造企业前期在研发部分投入较多，致使企业资金链存在问题。

解决办法：延缓研发新产品进度，通过量产打开市场，扩大生产，获得经济效益，维持企业的生存发展；通过向银行借款缓解资金周转困难；向长期合作伙伴寻求帮助。

● 问题 30：由于没有考虑税率的问题，低估了产品的成本，以至于前两季度低价销售了大量的 L 型产品。

解决办法：考虑进项税、销项税等，重新计算产品成本，并提高销售价格。

（七）其他

● 问题 31：计算机反应较慢，导致重复任务和订单。

解决办法：小心处理任务，接取任务时再三核对。

● 问题 32：在企业注册、贷款、纳税等环节由于不熟悉流程使得办事效率低下。

解决办法：先熟悉流程并及时了解相关专业知识，多次与相关机构进行交涉，将其中存在的问题尽快加以解决。

● 问题 33：前期找错合作伙伴，在信息不对称的情况下，盲目合作。

解决办法：根据企业经营现状和市场需求，及时调整恰当的合作伙伴。

● 问题 34：参加了线下活动占用时间，以至于回来之后跟不上公司的决策思路，没有及时了解到市场需求。

解决办法：在参加线下活动时，至少保证能有一位员工自始至终参与公司经营决策；保证公司能及时获取市场需求并安排生产。

以上是我们整理的虚拟仿真实验制造企业运营中可能遇到的问题及解决方法。

二、贸易公司运营方面

下面我们来学习一下贸易公司运营中常见问题及其解决方法。

● 问题 1：企业初期经营能力欠缺，无法把握市场行情，忽略队友的意见。

解决办法：提前学习企业经营方面的有关知识，提高自己的综合能力，经常与组员交流，听取意见。

● 问题 2：前期策略较为保守，导致市场较为狭小，限制了公司的发展。

解决办法：采用较为激进的战略，合理利用贷款，扩大市场、增加广告投入以提高毛利。

● 问题 3：运营初期未协调好人员职能分配，导致与制造企业的合同重复发放，在市场竞价时多人竞同一单。

解决办法：重新调配员工职能，各员工分工明确，与制造企业协调，向市场支付违约金。

● 问题 4：订单下错了，然后没法满足市场需要。

解决办法：优先满足小额订单，减少违约订单数。放弃一部分大订单，交违约金。

● 问题 5：某个市场某种产品需求很低，无法保证该产品大部分都能出售，甚至有时同时竞单无法竞争过另一企业。

解决办法：通过投放广告开辟新市场和提高影响力。

● 问题 6：广告投放及效益了解不足，致使出现不必要的开支。

解决办法：熟悉软件规则，咨询老师、同学，提前做好广告等计划。

● 问题 7：不同制造商相同货物价格差距过大，且商贸公司之间给出的价格差距也大。

解决办法：与多个制造商讨论价格，尽力压低进价，尽可能提前一个季度进货，尽早谈拢价格。

● 问题 8：竞价问题难以掌握，导致订单量不合理，影响公司利润。

解决办法：查询软件规则，咨询老师、同学，明确定价原则。

● 问题 9：对市场价格定位不准，导致低价收购产品，前期盈利不足。

解决办法：收购产品之前必须比较考虑市场价，谨言慎行，做到不亏本收购。

● 问题 10：供应商难以选择，且有些产品的供应商选择性较小。

解决办法：建立一套供应商评估与选择体系，慎重选择一个长期合作伙伴，全面了解供应商信息。

● 问题 11：当企业的仓库租赁时间到期时，如果库内存在物料，库内物料会消失吗？

解决办法：这种情况下，系统会自动将租赁合同延期一个季度，作为临时租赁，直到库内物料完全清空后再回收。

● 问题 12：供不应求，买不到货。

解决办法：提前了解市场供给状况，根据市场供给抢市场订单。

● 问题 13：收购货物时没有考虑到资金周转问题，没有足够的流动资金去支付合同款。

解决办法：向银行贷款或临时借高利贷弥补资金问题。

● 问题 14：贸易公司谈判的过程中双方市场部达成的协议受各方生产部和库存管理

部门限制，导致后期谈判合约失效。

解决办法：制造公司生产部门应该在生产季度提前和销售部门沟通好在销售季度可以销售货物的数量，并注意仓库的吞吐量能否达到标准。同时贸易公司库存管理部门也应该提前和市场部沟通好，提前说好本季度可以购买的产品的数量。

● 问题 15：贸易公司发货订单过多，物流单填写混乱。

解决办法：分配每个员工填写固定的城市，这样物流单的填写不至于混乱。

● 问题 16：系统上物流单子被领取以后不提醒，导致点击到已被领取的订单。

解决办法：退出本单，重新选择订单，直到选到未被领取的订单。

● 问题 17：随着季度增加，工作量扩大，导致工作容易出错。

解决办法：理清头绪，合理分工，做到忙中不乱，认真地完成每一个订单和任务，从而提高工作效率。

以上是我们整理的虚拟仿真实验中贸易公司运营可能遇到的问题及解决方法。

三、其他服务机构业务方面

下面我们来学习一下其他服务机构的常见问题及其解决方法。

● 问题 1：由于同学们来自不同的班级，所以前期磨合以及任务分配上会存在不完善——不能人尽其用。

解决办法：主动积极沟通，彼此加深了解和联系。

● 问题 2：在开户阶段没有做好分工，导致多人负责一个公司业务，最后发放开户许可时混乱，重发或者漏发。

解决办法：一开始就分工到个人，大家只负责分配给自己公司的业务，做到责任到人，避免混乱。

● 问题 3：不了解注册流程，经验不足，在企业注册时有一些不会填写的地方。

解决办法：提前学习并掌握有关企业注册的知识，与市场监督管理局、税务局、银行主动咨询了解业务流程。可以咨询老师，或在网上查阅相关文件模板。

● 问题 4：没有将团队成员的能力发挥到最大，造成闲职存在。

解决办法：将每个职位的工作明确，进行合理分工。

● 问题 5：需要计算的业务比较多，如果只有一个人计算比较容易出错。

解决办法：团队合作很重要，各部门人员要协作好，可以两人负责测算，比较结果。

● 问题 6：单凭个人决策，导致决策失误，造成企业经营出现问题。

解决办法：遇到决策问题大家一起商量着来，运用头脑风暴进行决策。

● 问题 7：前期银行工作准备不足，由于没有完成在市场监督管理局的注册，导致企业贷款业务延时。

解决办法：银行应先完成注册，再为其他企业提供业务服务。

● 问题 8：假如公司钱不够，银行的钱到期需要还，公司是不是不还钱就会破产？

解决办法：不是，公司可以和银行商量延迟还款期限。

● 问题 9：与物流公司沟通不到位，导致物流效率低，不能按时发货。

解决办法:安排专人提前做好沟通工作,以提高办事效率。

● 问题 10:物流公司应该如何合理定价?

解决办法:物流公司定价需要充分了解各制造以及贸易公司的意见。

● 问题 11:有些企业之间存在不正当竞争。

解决办法:鼓励举报,市场监督管理局也应加大监察、处罚力度。

● 问题 12:如何在众多市场竞争者中取得优势?

解决办法:要紧密关注市场动向,合理调整价格,以诚信为本。

以上是我们整理的虚拟仿真实验中其他服务机构业务可能遇到的问题及解决方法。

本章小结

多年的上课经验告诉我们,学生在上课过程中经常会遇到相似的问题。为了让学生提前熟悉规则和策略,避免虚拟仿真实验中重复犯错,本章我们整理了实验总结和常见问题解答两部分内容。实验总结包括机构和个人两部分;常见问题解答则从制造企业、贸易公司和外围服务机构三方面进行了梳理。

参考文献

1. 张宗益，等．创业管理的理论与实践．北京：北京大学出版社，2007.
2. 雷家骕，王兆华．高技术创业管理．北京：清华大学出版社，2008.
3. 葛培波，孙立莉，许庆华．组织行为学．北京：中国经济出版社，2010.
4. 孟祥霞，王金圣，李刚．基于创业导向的经管类专业新型实验教学模式理论与实践（附光盘）．杭州：浙江大学出版社，2010.
5. 杨明海，耿新，费振国．创业实务——创业准备、实施与保障．北京：电子工业出版社，2011.
6. 万后芬．市场营销学．武汉：华中科技大学出版社，2011.
7. 董克用，李超平．人力资源管理概论．3 版．北京：中国人民大学出版社，2011.
8. 郑旭煦，朱孟楠．探索创新创业教育深化实验教学改革．成都：西南财经大学出版社，2012.
9. 张永智，罗勇．创业综合模拟实训教程．成都：西南财经大学出版社，2012.
10. 杨明海，窦大海，葛培波，孙立莉．大学生学业生涯辅导教程．北京：北京大学出版社，2013.
11. 刘军，刘桂萍．人力资源管理．2 版．北京：经济科学出版社，2013.
12. 陈荣秋，马士华．生产运作管理．4 版．北京：机械工业出版社，2013.
13. 宋玮．金融学概论．3 版．北京：中国人民大学出版社，2013.
14. 许国银，桑小娟，蒋淑华．物流管理新论．南京：东南大学出版社，2014.
15. 张丽华，刘砚平．商业银行经营学．济南：山东人民出版社，2014.
16. 黄中鼎．现代物流管理．上海：复旦大学出版社，2014.
17. 赵跃华．现代物流管理概论．北京：北京大学出版社，2015.
18. 姬杨，张学建．物流管理案例分析．北京：知识产权出版社，2015.
19. 董平军．创业实验：企业经营决策仿真．北京：北京大学出版社，2015.
20. 任建标．生产与运作管理．3 版．北京：电子工业出版社，2015.
21. 廖泉文．招聘与录用．3 版．北京：中国人民大学出版社，2015.
22. 新道教育研究院．中国经管实践教学发展报告 (2015)（实验实训篇）．北京：清华大学出版社，2015.
23. 陈向东．做最好的创业团队．北京：中信出版社，2016.

24. 陈春花，杨忠，曹洲涛．组织行为学 .3 版．北京：机械工业出版社，2016.
25. 张永智，罗勇，詹铁柱．创业综合虚拟仿真实训．成都：西南财经大学出版社，2016.
26. 周兴建，蔡丽华．现代物流管理概论．中国纺织出版社，2016.
27. 张玉利，薛红志，陈寒松，李华晶．创业管理 .4 版．北京：机械工业出版社，2016.
28. 毕继东，陶虎，李斌，费振国．创业设计与实验．北京：清华大学出版社，2016.
29. 蔡鸣龙．商业银行信贷管理 .2 版．厦门：厦门大学出版社，2016.
30. 刘凤霞．现代组织与岗位设计．天津：天津大学出版社，2017.
31. 吴健安，聂元昆．市场营销学 .6 版．北京：高等教育出版社，2017.
32. 郭国庆，钱明辉．市场营销学通论 .7 版．北京：中国人民大学出版社，2017.
33. 赵泉午．卜祥智，现代物流管理．北京：清华大学出版社，2018.
34. [美]F. 罗伯特•雅各布斯，理查德•B. 蔡斯．运营管理 .13 版．任建标，译．北京：机械工业出版社，2011.
35. [美]加里•阿姆斯特朗，菲利浦•科特勒．市场营销学．英文版 12 版．北京：中国人民大学出版社，2017.
36. 梁蔚．美国大学创业教育的发展及其启示．山东省青年管理干部学院学报，2010(05):86–88.
37. 姜莉．论创业设计．新闻爱好者，2010(14):106–107.
38. 王刚，李苓．大学生创业教育新型教学模式的探索与研究．辽宁工业大学学报（社会科学版），2015(06):78–80.
39. 冯晓星．研究高校的创业教育以及创新型人才的培养分析．亚太教育，2016(01):267–268.